Bedeutungspermanenz

Beatrice Sasha Kobow

Bedeutungspermanenz

Entwurf einer kritischen Sozialontologie

BRILL | MENTIS

Gedruckt mit freundlicher Unterstützung des Fördervereins zur Wissenschaftlichen Forschung an der Paris Lodron Universität Salzburg.

Umschlagabbildung: Hilma af Klint „Altar Piece No 3" (1915), Courtesy of The Hilma af Klint Foundation, Stockholm, Schweden.

Bibliografische Information der Deutschen Nationalbibliothek

Die Deutsche Nationalbibliothek verzeichnet diese Publikation in der Deutschen Nationalbibliografie; detaillierte bibliografische Daten sind im Internet über http://dnb.d-nb.de abrufbar.

Alle Rechte vorbehalten. Dieses Werk sowie einzelne Teile desselben sind urheberrechtlich geschützt. Jede Verwertung in anderen als den gesetzlich zugelassenen Fällen ist ohne vorherige schriftliche Zustimmung des Verlags nicht zulässig.

© 2025 Brill mentis, Wollmarktstraße 115, D-33098 Paderborn, ein Imprint der Brill-Gruppe
(Koninklijke Brill BV, Leiden, Niederlande; Brill USA Inc., Boston MA, USA; Brill Asia Pte Ltd, Singapore; Brill Deutschland GmbH, Paderborn, Deutschland; Brill Österreich GmbH, Wien, Österreich)
Koninklijke Brill BV umfasst die Imprints Brill, Brill Nijhoff, Brill Schöningh, Brill Fink, Brill mentis, Brill Wageningen Academic, Vandenhoeck & Ruprecht, Böhlau und V&R unipress.

www.brill.com
info@fink.de

Einbandgestaltung: Anna Braungart, Tübingen
Herstellung: Brill Deutschland GmbH, Paderborn

ISBN 978-3-95743-323-7 (paperback)
ISBN 978-3-96975-323-1 (e-book)

Inhalt

Eine persönliche Vorbemerkung VII

Prolog XIII

TEIL I
Bilder für den Tempel

1. Die *conditio humana*: Bildbeschreibungen 5
2. Perspektiven einer feministischen Metaphysik 15

TEIL II
Vom Ende der Philosophie

3. Der Sturz des Philosophen 29
4. Das Ziel der Philosophie 37
5. Nach dem Sprachschreck 53

TEIL III
Sein und Bedeutung

6. Bedeutungsbilder 69
7. Das ‚Dritte Paradigma einer Ersten Philosophie' 83
8. Zum vierten Paradigma der Bedeutungspermanenz 99

TEIL IV
Drei Fragen einer kritischen Sozialontologie

9. Was können wir wissen? Wissen-als 117

10. Was dürfen wir hoffen? Konatives Streben nach dem Kanon 131

11. Was sollen wir tun? Die Grenzen der Meisterschaft 147

TEIL V
Sprache als Mitsein

12. Probleme der Bedeutungspermanenz 159

13. Wer sind die Menschen? Sprache als Mitsein 183

Epilog 197

Bibliographie 201

Eine persönliche Vorbemerkung

Der eigenen Geschichte nicht bewusst ist das Private. Es ist (noch) nicht beispielhaft, weil es nicht in den Erscheinungsraum des Politischen eintreten kann, wie wir mit Hannah Arendt sagen könnten.[1] So ist das Private, z.B. die Angelegenheiten dieser Autorin, etwa ihre persönliche Geschichte, und als Teil dieser die Entstehungsgeschichte dieses Textes, eben gerade nicht historisch, sondern *ahistorisch*. Vor einiger Zeit wurde der Ruf laut, dass das Private das Politische sei.[2] Dass also die privaten Angelegenheiten der Einzelnen Grund zu und Anlass von politischen Forderungen werden sollten, weil dort, im Bereich des Privaten, die Ungerechtigkeiten und Unzulänglichkeiten einer ungleichen Gesellschaft zu Buche schlagen. Diese Mängel seien nicht im Privaten, sondern nur im politischen Raum des Gemeinsamen, oder: der Bedeutungen, zu verhandeln, weil sie sonst gar nicht zur Erscheinung gebracht werden könnten. Die kritische Vergewisserung des eigenen Standpunktes verlangt also sowohl eine Bewusstwerdung, den Eintritt des Privaten ins Politische, als auch die Wahrnehmung dieses Standpunktes als exemplarisch und historisch, d.h. als eine Position, deren bloßes (da) Sein teilhat an Bedeutung in einer überindividuellen und zeitenverbindenden Gemeinschaft der Sprecher. Das Politische ist und bleibt gerade nicht privat. Andererseits sind ‚persönliche Meinungen' oder: Standpunkte wichtig, nicht, weil sie persönlich-privat (also auch ahistorisch) sind, oder weil das Abstrakt-Allgemeine an ihnen tatsächlich herauszudestillieren und dem objektiven Wissen zuzuführen sei, sondern weil sie im Moment ihrer Verlautbarung *historisch* werden und so zum Grund für weitere (zukünftige) Bedeutungsfindungen.

Ein Text ist eine Spur in die Zukunft. Im Moment des Geschriebenseins bereits überkommen, eine Art Rest, ist er der Ausgangspunkt eines kritischen Weitermachens. Der hier vorliegende Text ist in eben diesem Sinn ein Entwurf. Das Nebeneinanderstellen von Gedanken in ihm erklärt sich aus den poetischen Interessen seiner Autorin, aus ihrer Absicht, verschiedene Momente des (eigenen) Lesens in (kanonischen) Texten miteinander zu verbinden, so dass ein neues Bild sichtbar wird. Die Machart des Textes besteht im Verknüpfen von punktuellen Text-Exegesen. Es geht also nicht um große Einzelstudien einzelner Denker oder Quellen, sondern um die Berührung mit Texten. Die Philosophie liege als Disziplin genau mittig zwischen Poesie und

---

[1] Hannah Arendt, The Human Condition, University of Chicago Press: Chicago, 1958.
[2] Carol Hanisch, The Personal is Political, in: Shulamite Firestone, Anne Koedt (Hrsg.), Notes from the Second Year: Women's Liberation, 1970.

Logik, meint Gottfried Gabriel.³ Aus dieser Mitte heraus nur ist Bedeutung theoretisch erschließbar. Adriana Cavarero z.B. holt die weiblichen Figuren der Antike zurück in den Diskurs und zeigt an ihnen ein ‚neues' oder alternatives Bild des im Kanon Enthaltenen.⁴ Mein Anliegen ist ebenso das Vorstellen dessen, was möglich ist, hier mit Hilfe der Formulierung eines ‚neuen' oder alternativen Bildes von Sozialontologie anhand der Untersuchung von ‚Bedeutungspermanenz'. Dieses Bild ist nur im Ausgangspunkt dem instrumentellen Bedeutungsbegriff der analytischen Handlungstheorien ähnlich, oder dem präsentisch-außerhistorischen Bedeutungsbegriff in analytischen Bedeutungstheorien; sie berührt aber auch den geschichtlichen Begriff von Bedeutung der Hermeneutik oder Textauslegung nur tangential. Vielmehr geht es mir um die Suche nach einer kritischen und pragmatischen Antwort auf die Frage ‚Was dürfen wir hoffen?' Eine Antwort versuche ich zu formulieren anhand der prozessualen Beschreibung von Bedeutung, die sich mit Apel transzendental letztbegründbar und rational zeigt, und die uns verpflichtet auf eine nach Wahrheit und Eudaimonia strebende Sprechergemeinschaft, die gerade durch die Unabgeschlossenheit dieses Strebens nach Bedeutung gekennzeichnet ist.

‚Exponents and square roots, pencils and erasers, beta decay and electron capture. Name two things that undo each other and explain why both are necessary', so die Schreibanweisung zu einem College-Admissions-Essay einer US-amerikanischen Universität aus dem Jahr 2024. Sava, unser ältester Sohn, antwortet in einer Skizze zu diesem Thema der ‚Notwendigen Gegensätze': Zeit und Leben lösen einander.⁵ Ist mit ‚lösen' hier gemeint: löschen oder annullieren? Vielleicht: einlösen oder erlösen? Oder: auslösen als befreien? „*Time is not an actor; it is the undoing of memory and evidence of existence. Yet, life renders time-as-limit irrelevant to those who are alive,*" schreibt er. Was ist Zeit? Das Aufeinanderfolgen von Ereignissen, gemessen anhand von Entropie, d.i. als Verlauf eines Wärmeprozesses hin zu einer immer gleichmäßigeren Verteilung der Teilchen im Universum, d.i. als Anwachsen des Chaos. Chaos ist das Aufhören von Ereignissen, es bezeichnet das ungeordnete, weil vollkommen gleichmäßige Ganze. Was ist Leben? Leben ist Erinnerung. „*Every building and every monument, however great or safe, will eventually fall to the ravages of time. After all, it does not possess the ability to reproduce. However, a cultural memory*

---

3 Gottfried Gabriel, Zwischen Logik und Literatur, Metzler: Heidelberg: 1991.
4 Adriana Cavarero, Nonostante Platone, Editori Riuniti: Rom, 1990. Aus dem Italienischen von Gertraude Grassi und Otto Kallscheuer, Rotbuch Verlag: Berlin 1992.
5 Siehe auch: Beatrice Kobow, Sava Wedman, Weltbezug und Zeitlichkeit, in: Analytische Explikationen & Interventionen, mentis/Brill: Leiden, 2021.

or story can live on almost indefinitely. At least, as long as there are minds in which its memory can be reproduced, meaning being traced and transmitted." Das Paradox: Wir können den Kampf gegen die Zeit gewinnen, wenn auch nur vorübergehend. In meiner Antwort geht es um ein Lösen dieses Paradoxes.

Lovelock formuliert und untersucht in ‚Gaia' bereits 1979 die These, dass ‚Leben' selbst die für es notwendigen (planetaren Bedingungen kontinuierlich hervorbringt:[6]

> By contrast (to Mars and Venus which have atmospheres of CO_2 with less than 1 % nitrogen and oxygen), our own atmosphere contains gases that will react in sunlight and hence is in a deep state of chemical disequilibrium. I knew that the air we breathe is constant in composition and this suggests that it must be regulated by life. (...) Then the idea that life on the surface formed a system that kept the planet habitable came into my mind as a flash of enlightenment. (Lovelock, Gaia, 2016, vii)

Diese Idee beinhaltet sofort auch die weiterführende These für Lovelock, dass ‚life' nicht nur die chemische Komposition der Luft, sondern auch das Klima allgemein regulieren könnte. Lovelock fordert in Konsequenz dieser These(n) eine einheitliche Wissenschaft, die unseren ‚lebendigen Planeten' zu beschreiben und zu erklären sucht. (ebenda, ix) Er erweitert diese Einsicht auf den Bereich der Produkte des Geistes:

> Our evolution as an animal able to communicate by speech and with a large brain enabled us to harvest, use, and store information. Without this ability there would have been no persistent ideas, no record of them, and no Anthropocene. (...) We should also see that our pollution is much more than combustion products like CO_2. Intelligent animals like us also excrete information in its many forms. (Lovelock, Gaia, 2016, x)

Bei Max Scheler ist dem Ungehemmten des Lebens das hemmende Prinzip des Geistes entgegengestellt, der das Chaos des undifferenzierten Werdens des Lebensprinzips zu einer (rational-grammatisch-göttlichen) Ordnung formt.[7] Auch dies ist ein Prozess des der Zeit Entgegenstehens, der jedoch selbst wieder ein Werden darstellt, in diesem Sinn ist er Arbeit an Bedeutung.

Mein Leipziger Kollege Nikos Psarros schreibt in einem neueren Aufsatz zur ‚Natur der Zeit' in physikalischen und evolutionsbiologischen Theorien, dass eine eschatologische Auffassung der evolutionären Zeit, d.i. die Idee einer

---

6 Lovelock, Gaia, <1979> OUP: Oxford, 2016.
7 Scheler, Die Stellung des Menschen im Kosmos, <1928>, Meiner: Hamburg, 2018.

evolutionären Zeit, die einen Anfang und ein Ende hat, entgegen herrschender Meinung philosophisch naheliege:

> Die Wissenschaft der Biologie untersucht ihre Objekte unter der Bedingung der zyklischen Zeit. Im Gegensatz dazu ist die Zeit der Evolutionstheorien der Arten linear wie die Zeit der Physik und Chemie. Sie hat aber im Gegensatz zu dieser linearen Zeit auch eine irreversible Richtung, die nicht einfach entropisch ist – wie die Zeit der Thermodynamik –, sondern in erster Näherung *historisch* und *fortschreitend*. (...)
>
> Die Fähigkeit des Geistes zu verstehen, also eine bestimmte systematische Struktur der natürlichen Welt als notwendige und hinreichende Bedingung ihrer Existenz zu erkennen, ist die Grundlage wissenschaftlicher Erkenntnisse und die Idee dieser Fähigkeit – die Intelligenz – ist die notwendige und ausreichende Voraussetzung für den Beweis der eschatologischen Natur der evolutionären Zeit. (Nikos Psarros, Die Natur der Zeit, im Erscheinen)[8]

Wenn mit dem Erscheinen der Intelligenz im Wesen ‚Mensch' ein Ende der evolutionären Zeit erreicht ist, dann ist unser weiteres Fortschreiten in der kulturellen Zeit hin zu einer Realisierung ‚besserer Theorien' und ‚gelingender Leben' nicht nur eine logische Folgerung, sondern, anders als in Lovelocks Darstellung der Produkte geistiger Tätigkeit als ‚evolutionärer Abfall', auch eine ‚sittliche' Verpflichtung für uns.

Erwähnen möchte ich verschiedene Institutionen, vertreten durch wohlwollende Personen, die diesem Projekt auf die Sprünge halfen: Das akademische Jahr 2023/24 verbrachte ich an der *University of Oklahoma* mit Recherchen in der exzellenten Bizzell Library in Norman. Ich danke Rusty Jones, der mich als Forscherin an die OU einlud. Die verschiedenen Themen des Textes erarbeitete ich vor allem in der Diskussion mit Studierenden an der *Paris Lodron Universität Salzburg* im Zeitraum vom Wintersemester 2020 bis zum Sommersemester 2024. Allen engagierten Mitdiskutanten sei hiermit gedankt. Dank auch an Johannes Brandl, durch dessen Vermittlung die Lehrtätigkeit an der *PLUS* zu Stande kam. Außerdem forschte und unterrichtete ich an den *Universitäten* in *Leipzig*, *Wrocław*, an der *Hebrew University* in Jerusalem, in *Graz*, *Granada* und *Wien*. Den Studierenden und Lehrenden an diesen Universitäten danke ich für ihre Gastfreundschaft und ihre Einsichten, von denen ich lernen durfte. Dank an Max Stange und Maxi Seidl, von deren umsichtigen

---

8 Das Paper wurde auf dem ‚Arbeitskreis zu Hegels Naturphilosophie' 2024 vorgestellt und ist im Erscheinen begriffen; vgl. auch: Psarros, The Ontology of Time – A Phenomenological Approach, in: Burckhardt, Hans, Gerogiorgakis, Stamatios (Hrsg.), Time and Tense, Philosophia Verlag: München 2015, 383–428.

Kommentaren der Text profitierte. Die Vorarbeit zu diesem Text bis zu meiner Habilitation, auf der diese Arbeit aufbaut, wurde von der Volkswagen-Stiftung durch ein Dilthey-Stipendium ermöglicht. Die Drucklegung der Monographie wurde möglich durch die großzügige Unterstützung des Fördervereins zur wissenschaftlichen Forschung an der Paris Lodron Universität Salzburg.

Im Sinne der doppelten Bindung des Sprechers an eine diachrone und synchrone Sprechergemeinschaft, die indes beide *ideal* gedacht werden müssen, d.h. die mich beide kategorisch auf ‚bessere Theorie' verpflichten, – ein Telos, das außerhalb des Strebens liegt und darum ein Scheitern des Strebens bereits mitbeinhaltet –, widme ich ‚Bedeutungspermanenz' meinen (akademischen) Müttern und Vätern, und TW und unseren Kindern, mit denen ich am Tisch der Philosophen sitzen darf. Dort sitzt auch die Leserin / der Leser dieses Buches.

Prolog

‚The horror! The horror!'

Haben wir ein Herz von Finsternis, das Herz voller Finsternis oder sind wir im Herzen der Finsternis? Das erste beschriebe eine Qualität unseres Herzens, das zweite eine (möglicher Weise: temporäre) Affiziertheit unseres Herzens, das dritte einen Umraum, in dem wir uns (reinen Herzens?) orientieren müssten. Während es vielleicht bis hierher so hat scheinen können, als wäre ein (lustiges, gutes, richtiges) Leben im Zentrum einer falschen (korrupten) Weltordnung möglich und die Reportagen aus diesem Auge des Sturms hellsichtig, so zeigt sich rückschauend, dass diese Berichte selbst es sind, die die Umwertung aller Werte nicht bloß berichten, sondern ermöglichen, beinhalten und verursachen. Odysseus Schlauheit rettet ihn und seine Gefährten vielleicht aus mancher Gefahr, aber all jene, die auf seine Schlauheit bauen und von ihr profitieren, müssen endlich doch elendiglich untergehen. Odysseus selbst ist dann kein Individuum, das davonkommt, sondern derjenige, der in die Heimat zurückkehrend, die Pest in die belagerte Burg hineinträgt (wie der Ritter in Bergmans Film ‚Das 7. Siegel') – er ist die Personifikation der Zerstörung, die in der Ordnung angelegt ist.

Adorno beklagt *die Situation:* dass in einem falschen Leben kein richtiges möglich sei; wobei die Falschheit und Richtigkeit sich auf Situation (richtiges Handeln ist in einer korrumpierten Wirklichkeit unmöglich), Handlungsoptionen (das falsche Leben ermöglicht mir keine akzeptablen Handlungsoptionen; ich kann nicht als Handelnder in Erscheinung treten) und Affiziertheit (die Falschheit der Situation affiziert mich derart, dass ich die richtigen Handlungen nicht ausführen kann, weil ich die richtigen Urteile nicht mehr zu fällen in der Lage bin) bezieht. Adorno notiert dies ‚aus einem beschädigten Leben'; die Lage, die er beschreibt, ist eine posttraumatische Gegenwart, deren Handlungsoptionen durch den Terror, der das Trauma auslöste, verzerrt worden sind.

Hannah Arendt beschreibt so ähnlich die Folgen des Handelns, die unabsehbar und unkontrollierbar sind; für sie gibt es freilich beim Handeln im Raum des Menschlichen die Möglichkeit des Verzeihens. Ein Handeln jedoch, das ‚in die Natur hineinhandelt', ist nicht im Moment des Verzeihens aufgehoben. Adornos Klage in ‚Minima Moralia' ist getragen vom Zweifel an den Möglichkeiten des Verzeihens, zu sehr sind die materiellen Folgen und die existentielle Bedrohung, die von der ‚Falschheit des Lebens' ausgeht, sichtbar. Da diese ‚Falschheit' nicht endet, sondern die Bedingungen, die den Terror ermöglichten, weiter bestehen (in der Gesellschafts-und Wirtschaftsordnung der Moderne, vor allem aber in den Ideen, auf denen diese Ordnungen basieren), ist die existentielle Bedrohung nicht aufgehoben, ist das richtige Leben weiterhin unmöglich. Andererseits sehen wir die Folgen dieses falschen Lebens am Verfall der gesamten Welt, die uns umgibt – am Verfall der gesellschaftlichen Institutionen, der Bedrohtheit des Klimas und der Umwelt; Klimakollaps ist in diesem Sinne nicht nur die Beschreibung von natürlichen Faktoren, sondern umfasst den Zusammenbruch des gesellschaftlichen Klimas, den Adorno bereits beschreibt. Adornos Dictum bezieht sich ursprünglich auf das private Leben: ‚Es lässt sich *privat* nicht mehr richtig leben' wird paraphrasiert als: ‚Es gibt kein richtiges Leben im falschen.' Für Hannah Arendt ist das Handeln der Bereich des Erscheinens, die *Folgen* des Handelns sind nicht absehbar oder steuerbar. Die Relevanz einer pluralen Meditation zum Erscheinen sei eben die Möglichkeit, falsche Vorstellungen von kollektiver Identität und unserem Handlungsrahmen im Kollektiv zu korrigieren, um Entfremdung abzubauen. Abzubauen gilt es vor allem die Vorstellung, dass unser Handeln individuell konstituiert ist. Gerade diese Korrekturen fallen politisch und moralisch ins Gewicht, um ein gemeinsames gutes Leben zu ermöglichen. Hannah Arendt beschreibt den archimedischen Punkt als einen Punkt in der Geschichte des Geistes, – aber auch als die Projektion, d.i. die Vorstellung, eines solchen Punktes –, von dem aus es uns möglich ist, die Welt (als unsere Heimat) zu verlassen und sie, diese Welt, die uns ganz umgibt und uns ganz formt, in unsere (vorgestellte) Verfügbarkeit zu überführen. Dies hat fatale Folgen. Die Trennung von den anderen und von der Welt ist damit beschlossene Sache. Die dreifache Entfremdung beginnt.

TEIL I

Bilder für den Tempel

Abb. 1　　Anselm Kiefer: Der gestirnte Himmel über mir und das moralische Gesetz in mir, 1997

Abb. 2　　Andreas Gursky: Ratingen, Schwimmbad, 1987

Abb. 3   Vee Speers: Birthday Party, 2007

Abb. 4   Vee Speers: Bulletproof, 2013

KAPITEL 1

Die *conditio humana*: Bildbeschreibungen

> Für uns ist nur wichtig die Bedeutung der Ablehnung aller eigentlich künstlerischen Mittel durch bestimmte, in diesem Sinn spezifisch rationale Religionen, in starkem Maße im Synagogengottesdienst und dem alten Christentum, dann wieder im asketischen Protestantismus. (Max Weber, Wirtschaft und Gesellschaft, Die Kulturreligionen und die ‚Welt', 367)[9]

Dürfen Bilder in den Tempel? Das Bilderverbot umfasst biblisch nicht nur Gott und die Dinge im Himmel, sondern auch die Abbilder dessen, was auf der Erde und in den Wassern unter der Erde ist. Darum ist ‚der Tempel' bilderlos; wenigstens in manchen Traditionen sind nur ‚abstrakte' und ornamentale oder schriftornamentale Darstellungen und Auskleidungen sakraler Räume und Gebäude erlaubt. Von den Interpreten des Bilderverbotes im Anfang der Moderne, Freud und Weber, wird der ‚Triebverzicht' und die rationalisierende Tendenz der Religion, die dieses Verbot aufstellt, betont. In einem positiv übertragenen Sinn formuliert das Verbot den Ruf nach Abstraktion, der also nun das Befolgen eines Gebots darstellt. Bedeutungen in Sprache sind eine wichtige Form der Abstraktion, deren ‚logische' und ‚sittliche' Struktur ich untersuchen möchte. Zu fragen ist, ob ein Bilderverbot das Verbot von Bedeutung meint; anhand dieser Unterscheidung können wir beginnen, Bedeutung nicht als Abbild, sondern als Handlung zu verstehen. Das Antimimetische, d.h. das Nicht-Abbildende, ist eine Errungenschaft der Kultur, aber nicht so sehr, weil es, wie Freud meint, eine Etappe auf dem Weg der Menschwerdung darstellt, sondern weil in der offenen Ordnung der Bedeutungen die *conditio humana* als Teilnahme an synchronen und diachronen Sprechergemeinschaften sich so deutlich zeigt.

Hilma af Klint, von deren Serien das Kapitel ‚Bilder für den Tempel' in seinem Titel inspiriert ist, sah sich zur Abstraktion berufen und war damit ein folgsames Medium der Geister – unabhängig davon, ob wir dies positiv oder negativ evaluieren. Ihr Beitrag zum Kanon kann als progressiv im Sinne einer gelungenen Problemlösungsstrategie des Auftrages der Bebilderung eines sakralen Raumes, und entgegen herrschenden Konventionen ihrer Zeit (der figürlichen Darstellung in Malerei, der Abbildmalerei) verstanden werden. Wenn es ein (biblisches, göttliches) Gebot gibt, sich kein ‚Bildnis' zu machen,

---

9 Max Weber, Wirtschaft und Gesellschaft, <1921>, 5. Auflage, Mohr Siebeck: Tübingen, 1972.

dann muss das Sagbare (auch: das Zukünftige; das Kosmische; das Wesentliche; vielleicht gar: das Konzept, und: die Bedeutung) in Abstraktionen von den Erscheinungen der Welt, die uns umgibt, gefasst werden. Diese Abstraktionen können in einer Kommunikationsgemeinschaft (wieder) entschlüsselt werden. Die Darstellung in Abstraktion, d.h. in Bedeutungen, die in unterschiedlichen Tokens instanziiert werden können, deren Verwendung damit offenbleibt und offengehalten wird, soll hier als Bild für die Öffnung der festen sozialen Gehäuse, als Befähigung zur Teilnahme an und Bedeutung selbst als verhandelbar gesehen werden. Zwar sind es herkömmlich nur die, die zur Exegese der nun in schriftlicher Abstraktion verhandelten Bedeutung, zugelassen und berufen sind, aber die Fähigkeit zur Exegese kommt allen zu, die sich an den ‚Tisch der Philosophen' setzen.[10] Dass die Einladung lange nicht an alle erging und noch immer privilegierter Zugang nur einiger weniger besteht, diskreditiert nicht das Unterfangen selbst.

In diesem ersten Teil der ‚Bilder für den Tempel' unternehme ich anhand von Bildern eine Annäherung an die Themen und Anliegen der kritischen Sozialontologie. Der Impuls des jeweiligen Werkes erlaubt einen Problemaufriss in Form einer Wieder-Vergegenwärtigung, der Re-Präsentation eines Bildes. Es geht dabei um die Ordnungen, in denen wir stehen, um die kosmisch-vergängliche und rational-ewige Ordnung Kants, hinter denen die historische sichtbar werden muss (Anselm Kiefer: Der gestirnte Himmel über mir und das ewige Gesetz in mir, 1997); es geht um den Standpunkt in unserem Weltbild (Andreas Gurskys, Ratingen, Schwimmbar, 1987); es geht um die Rollen, die uns schützen und begrenzen und die unsere Vorstellung von uns selbst und anderen zeigen (Vee Speers, Birthday Party, 2007 / Bulletproof, 2013); es geht um die Bilder, die wir an einen heiligen, d.i. nicht profanen, einer instrumentellen Nutzung entzogenen, Ort der Zukunft stellen wollen (Hilma af Klint, Altarpiece No. 3, 1915). Die Umsetzung von Gedanken in Kunstwerken und die Impulse einer Bildbetrachtung stellen eine Form kultureller Selbstmeditation vor. In meinem Text werden die Bilder nicht als Illustrationen oder Abbilder, die Bildbetrachtungen nicht als Übersetzung oder Deutung verstanden, sondern viel eher als dialogische Momente der Verhandlung von Bedeutung, hier speziell: von Fragestellungen innerhalb der Bedeutungstheorie selbst, wie dies auch für die Texte gilt, die ich rezipiere.

Was wir hoffen dürfen, zeigt Kiefer in seiner Darstellung der (kosmischen) Ordnung als eine mit dem ‚Menschen' (als Individuum) verbundene Linie. Diese Verbindung ‚symbolisiert' unsere Teilnahme am Werden dieser Ordnung,

---

10 Ásta, To Do Metaphysics as a Feminist, Fall 2017 APA Newsletter on Feminism and Philosophy, 2017, 1–9.

die nicht in zwei Welten, sondern in einer Wirklichkeit sich aufspannt zwischen Vergangenem und Zukünftigen in einem offenen Prozess. Gurskys Landschaften zeigen uns, *was wir wissen können*, indem sie uns mit einem Bild der Wirklichkeit ohne Standpunkt konfrontieren. Im Schwindel dieser Gleichzeitigkeit und Allgegenwart werden wir angehalten, unser Wissen als ein standpunktgebundenes Wissen-als zu reflektieren. *Wer die Menschen seien*, erklärt uns Vee Speers indem sie das Erwachsen-Werden in den vorgestellten Rollen, die uns zugleich begrenzen und ermöglichen, dokumentiert. *Was wir tun sollen*, zeigt uns Af Klint in ihren ‚Bildern für den Tempel‘, die die Grenze unserer Meisterschaft abstecken in unserer Teilnahme an der nicht-profanen Gemeinschaft der Zukunft. Alle diese Bilder zusammen zeigen unseren Status Quo an, den ich zu beschreiben suche: Wir sind Sterblich-Geborene, die gemeinsam eine Wirklichkeit der handlungsermöglichenden Bedeutungen erzeugen und deren Standpunkt ein Wissen-als bestimmt, das notwendig ist für die Erschaffung dieser Wirklichkeit, die sich Zeiten und Orte verbindend über das Hier und Jetzt eines jeden Standpunktes hinaus erstreckt. Die Teilnahme an der Gemeinschaft der Sprecher ist daher nicht bloß instrumentell ermöglichend, sondern normativ verpflichtend für uns Einzelne.

1.1 Der gestirnte Himmel über mir und das moralische Gesetz in mir (siehe Abbildung 1)

> Ich arbeite mit Symbolen, die unser Bewusstsein mit der Vergangenheit verbinden. Diese Symbole schaffen eine simultane Kontinuität und wir erinnern uns an unsere Ursprünge. (Anselm Kiefer)[11]

Für den hier von mir gewählte Holzschnitt zitiert Anselm Kiefer im Titel wörtlich Kants ‚Beschluss‘ der ‚Kritik der praktischen Vernunft‘. So wird der Kant-Text selbst zum Symbol, das uns mit unserer intellektuellen Geschichte verbindet. Das Bild setzt sich mit dem auseinander, was in diesen beiden Ordnungen impliziert ist, in denen wir stehen, dem gestirnten Himmel, unter dem wir ‚wandeln‘, und dem moralischen Gesetz in uns. Es zeigt zunächst jemanden, der innerhalb dieser Ordnungen am Boden liegt. In dieser Umsetzung wird die *Distanz* von uns als Zeitgenossen und Betrachter von Kiefers Bild zum Kant-Zitat sichtbar. Es schafft zwar, wie in Kiefers Selbstaussage festgestellt,

---

11   Zitiert nach: Jost Hermand, Anselm Kiefer: Hoffmann von Fallersleben. Die Etsch (1977), in: Jost Hermand, Politische Denkbilder. Von Caspar David Friedrich bis Neo Rauch, Köln-Weimar-Wien 2011, 233.

eine bewusste Verbindung und eine Vergleichzeitigung, die unsere Erinnerung auslöst, was aber dieses Erinnern endlich oder in der Gegenwart bewirkt und in welcher Werte-Konnotation es steht, das ist zunächst noch offen. Es zeigt sich bei Kiefer in der Behandlung des Themas und in der Position der Distanz, also: Distanzierung, die er vis-à-vis der Vergangenheit bildlich bezieht.

Der dünne Strahl / Faden / Strich, der den Maler Kiefer dieses Autoretrato mit dem Universum verbindet, wird in meinem Verständnis zur Verbindung des einzelnen mit über-individuellen Bedeutungen. Kant wird hier als Ausgangspunkt für die post-Kantische Philosophie rezipiert. Dieser Ausgangspunkt verbindet verschiedene wichtige Themen: Eine Kritik am Status Quo ist zu leisten, die jedoch nicht hinter Kant zurücktreten kann. Aspekte, die es zu berücksichtigen gilt, sind die von Kant vorgeschlagene Kopernikanische Wende, der dogmatische Schlummer aus dem Kant von Hume geweckt wurde, die Freiheit und Pflicht des kategorischen Imperativs mit seiner zu problematisierenden inhaltlichen Offenheit und die zwei-Welten-Lehre, die zu überwinden ist. Diese Aspekte müssen wir ‚aufheben', d.h. mit ihnen in unserem eigenen ‚Theorietun' umgehen. Sie sind die Ursprünge ‚unserer' Philosophie, auf die wir zurückschauen. Sogar wer ein Ende der Philosophie für wünschenswert hält, vielleicht zugunsten der ‚Objektivität' einer wissenschaftlichen Erkenntnis, vielleicht um das Alte zu überwinden, das Neue zu versuchen oder um die Theorie ganz hinter sich zu lassen, sogar der muss diese Ideen zunächst *überwinden*.

1.2 Der Standpunkt des Betrachters (siehe Abbildung 2)

Gursky erzeugt ein Gefühl des Schwindels mit seinen Photographien, indem er uns den für uns grundlegendsten Standpunktes beim Betrachten der Welt entzieht: den des federlosen Zweibeins.

> The first time I saw photographs by Andreas Gursky, at the Serpentine Gallery in London in 1998, I had the disorienting sensation that something was happening – happening to me, I suppose, although it felt more generalized than that. Gursky's huge, panoramic color prints – some of them up to six feet high by ten feet long – had the presence, the formal power, and in several cases the majestic aura of nineteenth-century landscape paintings, without losing any of their meticulously detailed immediacy as photographs. Their subject matter was the contemporary world, seen dispassionately and from a distance (…) (Calvin Tomkins, The Big Picture, 2001)[12]

---

12   Calvin Tomkins, The Big Picture, in: The New Yorker, 22.1.2001, 62–71.

schreibt Clavin Tomkins in ‚The Big Picture', einem Gursky-Portrait im New Yorker vom 22. Januar 2001. Gurskys Landschaften zeigen uns unsere Welt aus der All-Perspektive, in denen (durch bestimmte Manipulationen des Bildmaterials, das aus mehreren Bildern zusammengefügt wird) alles gleich präsent ist. So sind seine Bilder ‚traumatisch' in Arendts Sinn – das weiter entfernt Liegende wird immer zugleich mit dem Naheliegenden gesehen. Einen solchen Schwindel, solcherart Gefühle erzeugt z.B. auch W.G. Sebald in seinen Texten vis-à-vis dem Unsagbaren der Verantwortung für eine Vergangenheit, an der die Protagonisten nicht selbst teilgenommen haben, die sie aber dennoch verantworten müssen. Das Sein ist indexikalisch orientiert, es hat einen Ort und eine Zeit – es erstreckt sich ausgehend vom Hier und Jetzt wie ein Licht, das einen Schein wirft, in die Vergangenheit und in die Zukunft.

Um das, was wir wissen können, geht es in der Diskussion zur Epistemologie. Mit Blick auf Husserls Krisis-Schrift fragt sich erneut, wie Lebenswelt und Geschichtlichkeit vom Standpunkt der Wissenden her und für diesen Standpunkt zu rekonstruieren seien. Husserls späte Phänomenologie in ihrer Rezeption durch M. Merleau-Ponty wird z.B. von Iris Marion Young in ‚Throwing Like a Girl' verwendet, um den weiblichen Standpunkt als einen Doppelstandpunkt des Wissens auszuzeichnen: „Feminine bodily existence is an inhibited intentionality, which simultaneously reaches toward a projected end with an ‚I can' and withholds its full bodily commitment to that end in a self-imposed ‚I cannot.'" (I.M. Young, Throwing Like a Girl, 146)[13] Unser Standpunkt zeichnet unseren möglichen Beitrag zur Bedeutungsfindung aus. Die ‚blockierte Intentionalität' muss also nicht ausschließlich handlungshindernd verstanden werden. Auch für Young konstituiert die Reflexion auf den Doppelstandpunkt endlich ein Wissen, das für alle Teilnehmer an Bedeutungsfindung relevant und notwendig ist. Eher als im Nirgendwo, stehen wir also auf einem bestimmten Standpunkt, der unser Wissen als ein Wissen-als konstituiert.

1.3 Wer sind wir? (siehe Abbildungen 3 und 4)

> Die abendländische Kultur ist reich an *Gestalten*, in welchen sich die symbolische Ordnung, mit der sie verwoben ist, selbst darstellt: angefangen beim Material der Mythen über die vielfältigsten literarischen Dokumente bis hin zur Moderne. Oder besser: bis hin zur modernen Neubearbeitung der allerältesten Gestalten. (Adriana Cavarero, Platon zum Trotz, 9)

---

13 Iris Marion Young, Throwing Like a Girl, Human Studies (3), 1980, 137–156.

Vee Speers präzis inszenierte Bilder zeigen in den zwei Portraitserien ‚Birthday Party' und ‚Bullet Proof' dieselbe Gruppe Kinder zu zwei unterschiedlichen Zeitpunkten ihrer Entwicklung. Beide Male stehen die Portraitierten vor einer farblich und auch ‚perspektivisch' neutralen Wand in Kostümen und mit Requisiten, die symbolisch ein *coming of age* beschreiben. Wir sehen sie direkt an und sie uns. Durch die Requisiten und Kostüme findet ein Transfer in eine legendäre Vergangenheit statt, ein Zurückgreifen auf magische Rituale. Die ‚Geburtstagsfeier' bezeichnet so ein Ritual der Initiation, das Feiern des Eintretens ins neue Lebensjahr. ‚Bulletproof' hingegen zeigt vielleicht die von den Posen und Masken erhoffte Wirkung: kugelsicher zu sein, unangreifbar, geschützt vor Angriff. Die Einzelnen, einst Kinder, dann Jünglinge und Jungfrauen, stehen für ihre Generation und sind doch ganz bei sich.

Speers beschreibt ihre Arbeit als autobiographisch: „I drew inspiration for my early work with the children and adolescents from my own experiences of growing up. (...) Ultimately my work speaks of empowerment and triumph."[14] Die kurze, fast wie eine Plot-Zusammenfassung scheinende Beschreibung, mit der Vee Speers die Serie ‚Bulletproof' präsentiert, nennt die Portraitierten ‚band of heroes and heroines': „Each and every one, in their manner and their costume is invincible."[15] Rollenspiele, damals, jetzt, Spielplätze, Kontrolle, selbstbestimmte Regeln und Veränderung werden benannt. Wichtiger aber als solche Schlagworte ist die Ambiguität der Darstellungen. Die komplexen Anforderungen, die das Erbauen einer persönlichen Zukunft, die unmittelbar erfolgt, stellt, sind indes nicht abgetrennt von einer kollektiven Zukunft. „No generation has ever stared so directly into its own lack of collective future while managing such intense, complex requirements for building its personal and immediate one." (Wendy Brown, Nihilistic Times, 104)[16] Eine Übung in instrumenteller Zweckrationalität, wie sie Brown beschreibt, ist insofern ‚sinnlos' als es Bedeutungen nur in einer vom Selbst projizierten Dauer gibt, die eine Vergangenheit der bereits bestehenden Handlungsoptionen, die evaluiert und eventuell angepasst werden, mit der Gegenwart der Zwecksetzungen des Handelns verbindet und sich in eine Zukunft wenigstens der eigenen Zielerreichung erstreckt, die wiederum durch das Gemeinsame, d.i. auch: das vorgestellte Gemeinsame, ermöglicht werden:

---

14 Vee Speers, Wendyrosie Scott, Speer-Heading Shots: Interview with Photographer Vee Speers, 1883 Magazine, art / Sept 08.
15 Vee Speers, Präsentation der Werke, Portfolio @ veespeers.com.
16 Wendy Brown, Nihilistic Times – Thinking with Max Weber, Harvard University Press: Cambridge MA, 2023.

Das tätige Subjekt spürt sich im Vollzug einer Handlung als einzelnes selbständiges Selbstbewusstsein. Auf der Vollzugsebene erscheint die einzelne Person, genauer ihr tätiger Leib, als das selbständig Tätige. Auf der Ebene der Formen aber ist die einzelne Person abhängig davon, was die Kulturwelt ihr als mögliche Handlungsformen anbietet. (Pirmin Stekeler, Kommentar zu Hegels Phänomenologie des Geistes, 663)[17]

Die beiden Bilder-Serien Vee Speers in ihrer Dualität haben eine teleologische Qualität. Das Nachher lässt das Vorher als zielgerichtet erscheinen; wir extrapolieren von der Zukunft einen Weg zurück in die Vergangenheit. Das coming-of-age wird sichtbar. Es ist aber in den Bildern eher das Feststellen zweier Momente in der Zeit als das Gründen einer Erzählung. Die Antwort auf die Frage: Wer bin ich? ist informiert durch die Vergangenheit und die Gegenwart, die die Projektion in die Zukunft ermöglichen, die mit der Zukunft durch die vorgestellte handelnde Teilnahme an einer Gemeinschaft der Zukünftigen, verbunden ist. Was wir tun, ist also nicht nur bestimmt und ermöglicht durch das, was uns die Vergangenheit erschuf und die Gegenwart anbietet, sondern ebenso durch das, was wir als Möglichkeit in Zukunft erschaffen wollen.

1.4 Bilder für den Tempel (siehe Titelbild)

Hilma af Klint ist die Mutter der modernen Abstraktion. Die Materialität, besonders die ungewöhnliche Größendimension der Leinwände und die Farbigkeit, ihrer seriellen Werke, die sie selbst als ‚Bilder für den Tempel' bezeichnet, konstituiert eine wichtige Dimension der Innovation dieses Oeuvres. Es verändert sich in ihm und im Schaffen von af Klint vor allem die Konzeption des Meisterns in der Kunst – die Künstlerin selbst wird zum Medium. Besonders der Kontrast zwischen den Bildern, die Hilma af Klint als Kunstmalerin vor ihrer Phase der Abstraktion malte und mit denen sie ihren Lebensunterhalt verdiente, und den dann ab 1905 entstehenden Werken in großformatigen, seriellen, ungegenständlichen, thematisch gegliederten Zyklen, als deren ‚Medium' sie sich stilisiert, zeigt das Neue, das in diesen Serien sichtbar wird. Die Fragen, ob es sich dabei um ‚das Neue' handelt und wie af Klint selbst mit diesem Wandel umgeht, sind Impulse für meine eigene Beschäftigung mit dem Konzept der ‚Meisterschaft' und seinen Grenzen im Handeln.

Zunächst ist die *Rezeption* der Werke als Teil des Sinngeschehens und damit Beitrag zur ‚Überlieferung' gekennzeichnet von der Auffassung eines singulären,

---

17   Pirmin Stekeler, Georg Friedrich Hegel, Hegels Phänomenologie des Geistes. Ein dialogischer Kommentar, Meiner: Hamburg, 2014.

weiblichen Genies, das jetzt endlich seinen Platz im Kanon einnehmen werde. Af Klint arbeitete aber weder ganz alleine – sie war Teil der Künstlerinnen-Gruppe ‚De Fem' und stand im Austausch mit verschiedenen Zeitgenossen/innen, noch waren ihre Werke ‚genial' in einem widerfahrnisartigen, voraussetzungslosen Sinn: af Klint wurde an einer Kunstakademie ausgebildet, den Werken gingen viele kleinformatige Studien und das Erproben neuer Techniken voraus, die in der Zeit en vogue werden, wie z.B. die Technik der *Ecriture automatique*. Af Klints Werk entstand in einem Umfeld eines theosophischen und anthroposophischen Zeitgeistes. Die besondere Aufgabe, vor die sich af Klint gestellt sah und die sie entgegen der Warnung ihrer Mitstreiterinnen von ‚De Fem' übernahm, ist die Darstellung des Kosmos in ‚Bildern für den Tempel'.

Bei der Beschäftigung mit der Entstehungsgeschichte der Werke ist zu erwähnen, dass Künstlerinnen, die sich als ‚Medien' verstehen und/oder darstellen, ihre Selbst-Präsentation oft von einer anfänglichen Konzentration auf die Fremdbestimmtheit durch äußere Einflüsse abwandeln hin zu einem stetig größeren Anteil an Autorschaft; auch bei af Klint ist ein solcher Wandel in der Selbst-Darstellung zu verzeichnen. Zunächst betont sie das ‚Eingeben der Aufgabe' und das Schaffen der Werke quasi in einem fremdbestimmten Wurf ‚ohne Zögern oder Revisionen', während sie später bemerkt, sie habe die Werke geschaffen, so als ‚stünden die fremden Meister neben ihr'. Die umfassende werkbiographische Rekonstruktion von Åke Fant zeigt das Kontinuierliche einer Selbstbindung der Künstlerin an den an sie erteilten ‚Auftrag', an dem sie bis zum Ende der Beschäftigung mit der Serie ‚Bilder für den Tempel' und auch bis zu ihrem Lebensende festhält. In der letzten Phase und bei der Sichtung ihrer Materialien, Notizbücher und Werke für das Archiv geht sie methodisch vor mit einer klaren zielführenden Absichtlichkeit. Die Ambivalenz der Zuschreibung von ‚eigener' Zweckrationalität zwischen Selbstbestimmtheit und fremder Eingebung bezeichnet hier bereits die Schwierigkeiten, die uns zur Veränderung unseres Konzept des ‚Handelnden' zwingen, und die Neukonzeption, der die Frage ‚Was sollen wir tun?' bedarf. Sie zu beantworten gibt uns die notwendigen Parameter an die Hand, um die Frage: Wer sind die Menschen? überhaupt stellen zu können.

Es besteht eine Spannung zwischen den Rechten aller Bürger der Polis (homonoi), die wir später lateinisch *cives* nennen, und unserem auf die Zukunft hin offenen Projekt der Formung einer Gemeinschaft solcher *cives* unserer *Zivilisation*, und einem Bereich des Privaten, in dem z.B. darauf bestanden werden muss, „die mütterliche Macht als ein Recht zu definieren, das *unverfügbar* ist für gesetzliche Einschränkungen oder Übereinkünfte (...)" (Cavarero, Platon zum Trotz, 124), der dem Zugriff des Politischen mit Vorsatz entzogen bleibt.

Ich befinde mich vis-à-vis dieser von Cavarero beschriebenen ‚Situation' in einer Zwickmühle, die Kants Beschreibung des stutzigen Philosophen ähnelt:

> Welcher Philosoph hat nicht einmal zwischen den Beteurungen eines vernünftigen und fest überredeten Augenzeugen und der inneren Gegenwehr eines unüberwindlichen Zweifels die einfältigste Figur gemacht, die man sich vorstellen kann? Soll er die Richtigkeit aller solcher Geistererscheinungen gänzlich ableugnen? Was kann er vor Gründe anführen, sie zu widerlegen? (Kant, Träume eines Geistersehers)

Mit diesem Dilemma beginnt Kant seine polemische anti-metaphysische Schrift „Träume eines Geistersehers erläutert durch die Träume der Metaphysik" von 1766. Hilma af Klint steht in diesem Sinn in einer schwedischen Tradition des Spiritualismus und der Geistersehrei, zu der eben auch der von Kant in der Schrift verspottete Emmanuel Swedenborg zählt. Weber resümiert zum Bilderverbot, dass „die systematische Verdammung aller unbefangenen Hingabe an die eigentlichen Formungswert der Kunst (...) in der Richtung intellektualistischer und rationaler Lebensmethodik wirken" müsse. (Weber, Wirtschaft und Gesellschaft, 367) Die Beschäftigung mit dem Theosophen Swedenborg gereicht Kant nicht nur zum Spott, sondern auch zur ersten Skizze einer skeptisch-kritischen Antwort auf die Fragen des Geistes und der Seele und der Neukonzeption der Metaphysik, d.h. der Ausarbeitung eines geeigneten Rahmens für seine rationale Lebensmethodik. Mit den Perspektiven einer feministischen Metaphysik als möglichem Rahmen für ein gemeinsam gelingendes Leben beschäftigt sich das nächste Kapitel.

KAPITEL 2

Perspektiven einer feministischen Metaphysik

Philosophie beschäftigt sich in manchen Bereichen mit dem Transzendenten, d.i. mit dem, was den Hintergrund zu unserer konkret erfahrbaren Lebenswelt bildet und diese überschreitet, einmal, wenn es um Kosmologisches geht (um ‚ewige' Ordnung und um deren Erkennen); dann, wenn es um Meta-Physisches geht, d.h. nach Aristoteles um die Begriffe, mit deren Hilfe wir die jeweilige kontingente Weise der notwendigen Vermittlung von Hyle (=Stoff) und Morphe (=Form) begreifen, also: den Ausdruck der permanenten Ordnung in unserer kontingenten Lebenswelt; und drittens, wenn es um das Zukünftige geht. Die Zukunft als etwas uns im Hier und Jetzt Überschreitendes gehört in den Bereich dessen, was die Lebenswelt als Hintergrund bestimmt. Die Philosophie beschäftigt sich mit den Verstehensrahmen, die uns ‚in Zukunft' leiten, in denen wir unsere begriffliche Reflexion auf Form, Stoff und Begriff zukünftig umsetzen – man denke hier an Kants programmatische Prolegomena einer *jeglichen zukünftigen* Metaphysik.

Zunächst geht es um die Frage, was transzendental im Unterschied zu transzendent bedeutet. „In Kants Gegenüberstellung von ‚transzendent' und ‚transzendental' geht es daher gerade darum, jede Rede über ein solches vermeintes Jenseits immanent zu deuten, also auf Formen unserer condition humaine zu beziehen." (Stekeler, Sinn, 43)[18] *Transzendental* ist nach Kant die Untersuchung der *Erkenntnisart* der Gegenstände allgemein oder a priori, aber auch die Frage nach der Möglichkeit einer solchen a priori Untersuchung selbst. Kants Projekt ist eines der rationalen Selbstbegrenzung des Verstandes, indem mit den Mitteln und gemäß dem Vermögen des Verstandes kritisch nach den Grenzen dieses Verstandes selbst gesucht wird. So ist die Kritik der Vernunft doppelbedeutend eine Kritik an der Vernunft und eine Kritik mit Hilfe der Vernunft. Stekeler-Weithofer öffnet hier dieses in gewissem Sinn negativ-dialektische Kantische Vorhaben, das von einem Moment des Zerspielens (Wolfgang Isers Wort)[19] von Erkenntnis gekennzeichnet ist, hin zu einer positiven Umsetzung: dem Beziehen auf gelebte Wirklichkeit – auf das Hier und Jetzt des Status Quo – einer jeglichen Rede von einem vermeinten Jenseits. *Bedeutungspermanenz* ist hierfür ein gutes Beispiel; sie ermöglicht subjektive Erkenntnis

---

18 Pirmin Stekeler, Sinn, De Gruyter: Berlin, 2011.
19 Wolfgang Iser, Das Fiktive und das Imaginäre – Perspektiven literarischer Anthropologie, Suhrkamp: Frankfurt am Main, 1993.

und konstituiert sich vor dieser, wird aber auch anhand der Aktualisierung von Bedeutungen in der subjektiven Verwendung perpetuiert.

Die Designation der ‚Bilder *für den Tempel*' zeigt diesen Überlegungen eine erste Richtung an. Hilma af Klints Zyklus ‚Bilder für den Tempel' beschäftigt sich auf eben jene drei Weisen mit dem Transzendenten – mit dem Zukünftigen, denn af Klint verfügt, dass das Testament ihrer Werke erst 20 Jahre nach ihrem Tod (der auf das Jahr 1944 fällt) eröffnet werden soll, weil sie annimmt, dass diese Werke erst dann auf wirksame Weise im Diskurs ankommen werden; mit dem Kosmologischen, denn af Klint versucht in ‚organischen' Abstraktionen Ereignisse wie den Urknall oder das primordiale Chaos (die Ordnung des Alls vorbegrifflich, d.h. nicht als Kosmos, sondern als Chaos) zu repräsentieren, es also in die Ordnung einer Repräsentation einzufangen und damit zum Kosmos (dem geordneten Ganzen) hinzuzufügen; und sie befasst sich eben damit auch mit dem Meta-Physischen, nämlich formal damit, wie das Chaotische und ‚Natürliche' (außerhalb eines menschlichen Handlungsrahmens Liegende) *repräsentiert* werden könne. Af Klint versteht sich selbst als ‚Medium' und versagt sich damit auf philosophisch relevante Weise einer Autorschaft und in diesem Sinn: Meisterschaft. Sieht sie sich doch viel eher als Vollstreckerin oder Weiterführerin einer ihr von ‚Geistern' eingegebenen Aufgabe: der Darstellung des Kosmos in ‚Bildern' (Repräsentationen) *für den Tempel*. Das heißt für einen zukünftigen Ort des Verstehens dieser Gesamtheit der Ordnung, das damit dem Profanen und dem Instrumentellen entzogen ist. Die Behauptung einer Permanenz der Bedeutung (und damit der Transzendenz) gegen das Profane und das Instrumentelle ist in meinen Augen die kritische Herausforderung an eine feministische Metaphysik-Kritik heute, die (im Sinne von Kants Prolegomena) die Verstehensrahmen setzen muss, nach denen sich Handeln und Erkennen richten sollen.

Eine der wichtigsten Aufgaben der Philosophie, die ursprünglich alle Wissenschaften in sich vereint, ist die Beschäftigung mit den Möglichkeiten des Erkennens dessen, was von einem (unmittelbaren) Standpunkt unabhängig ist, d.i. also mit den Voraussetzungen von Wissenschaft. Dies leistet sie für die einzelnen Erkenntnisse in den verschiedenen Wissenschaftszweigen. Eine philosophische Diskussion des Begriffs ‚Wissenschaftlichkeit' beinhaltet vor allem die Evaluation verschiedener epistemischer Tugenden, die eine solche ‚Standpunktlosigkeit' konstituieren und die z.B. mit Adjektiven wie ‚wertfrei' oder ‚objektiv' umschrieben werden können. Unabhängig ist das Verstehen von der Kontingenz des Hier und Jetzt, denn es werden überzeitliche, überindividuelle Strukturen benannt. Damit ist solches ‚Wissen' aus der Situation einer standpunktgebundenen Geschichtlichkeit entlassen und von den Designationen des Verstehenden befreit, also ent-kontextualisiert;

andererseits ist dieses so ‚Abstrakte' notwendiger Weise vermittelt, denn nur der Standpunkt des Erlebens ist ‚unvermittelt' oder ‚direkt'. Die Reflexion auf die in einem Erlebensstandpunkt enthaltenen abstrahierbaren Einsichten müssen, z.B. im Medium der Sprache, repräsentiert werden, weil sie nur so *begreifbar* sind und in diesem Sinn auch rezipierbar.

So konstituiert sich eine erste Spannung: (wissenschaftliche) Erkenntnisse sind standpunktlos, aber repräsentiert. Erkenntnisse sind notwendig standpunkt-gebunden in der Repräsentation (in ihrem *Sinn*, der ihr Gegebensein nach Frege bezeichnet), jedoch standpunktlos in ihrer Erkenntnis*bedeutung* (nach Frege ist die *Bedeutung* die Referenz auf den Bedeutungsgegenstand), die überall und für jeden sich aus der Referenzrelation zwischen Zeichen und Bezeichnetem ergibt. Wenn wir jedoch sprachliche Repräsentationen ihrerseits als Abstraktionen auffassen, erkennen wir einen ‚Regress des Verstehens', denn die sprachlichen Repräsentationen müssen als Abstraktionen wiederum repräsentiert werden. Vor welchem Hintergrund diese individuell-instrumentell manipulierbaren Bedeutungs-Abstraktionen (also: Sinne) wirklich verstanden werden können, wird zu einem wichtigen Thema für die Bedeutungstheorie. Erst Kontexte sind es, die ein Verstehen überhaupt gewährleisten. Doch für ein Verstehen ist auch die generalisierende Verschiebbarkeit der Bezüge notwendig (dass ich z.B. indexikalisch mich meine, wenn ich ‚ich' sage, Du aber dich). Eine solche *Verfügbarkeit* der Bedeutungen (und der Argumente, die sie konstituieren) ist nicht nur grammatikalisch notwendig, sondern sie trägt im ‚Absehen von der Person' auch ein großes egalitäres und damit revolutionäres Potential in sich, wie Ásta bemerkt.[20] Wie dieses Gleichheits-Potential (z.B. in einer analytischen Philosophie mit feministischem Anliegen) genutzt, aber zugleich die Verantwortung für das Sagen und Handeln im Kontext verankert werden können, dies zu klären ist die Hauptaufgabe einer feministischen Metaphysik. Die Notwendigkeit der überzeitlichen, überindividuellen Bedeutungen einer Sprache, die z.B. Wittgenstein im Privatsprachenargument greifbar macht, und die Standpunktgebundenheit von Redebeiträgen, d.h. die Annahme von Verantwortung für Bedeutungen (im Sprechen und Handeln) im positiven und negativen Sinn, – sowohl als Privileg des Wissens (‚epistemic privilege') positiv, wie auch als Rechenschaftspflicht (‚accountability') für die negativen Folgen und im Sinne einer Verantwortung für die Gemeinschaft, in der die sprachlich formulierten Bedeutungen nach-wirken –, stehen (nur scheinbar) gegeneinander.

---

20 Ásta, To Do Metaphysics as a Feminist, 2017.

In dieser Antinomie zeigt sich auch ein existentielles Risiko für die feministische Metaphysik: Geht es der feministischen Theorie um Kritik und der sich daraus nahelegenden Reformbestrebung, d.i. vor allem um ein ‚politisches Versprechen', wird theoretische Einsicht zum Motor von Aktivismus (durchaus im positiven Sinn) und zu einer Selbst-Verpflichtung dahingehend, die Ordnung der Welt gerechter zu machen. Ist dagegen das Anliegen die Beschreibung eines Weltbildes ohne Betrachter, geht es um das Erkennen der ewigen Wahrheit, um viele wunderbare wahre Ideen zu gebären, wie es Sokrates im Symposium vorhersagt. Feministische Philosophie als Oxymoron: Indem sie feministisch ist, kann sie nicht philosophisch sein, denn ‚philosophisch' bezeichnet notwendig ein ‚Jenseits' der Belange (und Verfehlungen) einer diesseitigen Ordnung. Ob ihre vermeintliche Standpunktlosigkeit der Philosophie zum Verhängnis wird? Dies ist ja der Vorwurf der thrakischen Magd an den Ersten Philosophen, der sich nur mit dem Blick zu den Sternen beschäftigt und darum strauchelt. In ihrer Person verkörpert die thrakische Magd bereits die Kritik an der Philosophie. Sie ist jung, weiblich, unmündig (ohne Bürger-Status), lohnarbeitend (oder versklavt) und unvermögend, und darum ohne Stimme (und ohne Rechte) in der Polis, d.h. nicht zur Teilnahme an Öffentlichem befähigt. So nicht handlungsfähig bleibt sie bloße Privatperson (im negativen Arendtschen Sinn). Das gesamte philosophische Unterfangen des Absehens von den Gegebenheiten ist exklusiv, d.i.: ausschließend, und erhält sich auf Kosten der Ausgeschlossenen. Es bleibt einer bestimmten Elite vorbehalten, die sich in ihrem Anspruch auf das Erkennen der Wahrheit selbst bestätigt und zugleich der Rechenschaftspflicht entzieht. Die Philosophie heute hat also eine doppelte kritische Funktion: Ausgehend vom Impuls der Kritik der Thrakerin hat sie einerseits die disziplinäre Selbstkritik zu leisten und andererseits ist ihre Aufgabe die Sorge um die Dinge, ‚die vor den Füßen liegen' (indem der Status Quo mit philosophischen Methoden kritisiert wird). Auch die Metaphysik kritisiert bisherige Muster des Verstehens und übt sich in den argumentativen Formen dieser Kritik. In dieser Kritik an einer bestehenden Ordnung kann sie als Teil einer Sorge für das Gegebene verstanden werden.

Eine *rettende* also: weltbewahrende Intention ist es, die Adorno für seine negative Dialektik ausschließt, die sich in einem ständigen kritischen Zerspielen der Affirmation von Unhaltbarem bewahrt, einer untragbaren gesellschaftlichen Wirklichkeit die Teilnahme aufkündigt. Diese rettende Intention ist es, die Adorno der Metaphysik anderer anlastet.[21] In der Überwindung von Adorno, hinein in das theoretische Jenseits der negativen Dialektik, liegt, meiner Auffassung nach, die Zukunft der feministischen Metaphysik

---

21 Theodor W. Adorno, Metaphysik – Begriff und Probleme <1965>, Suhrkamp: Frankfurt am Main, 2006.

(‚über Adorno hinaus'). Sie ist dann nicht nur Metaphysik-Kritik, sondern in einer rettenden Intention wieder Metaphysik. Die Sorge um ‚die Dinge, die vor den Füßen liegen' wird zur inhaltlichen Forderung an die Philosophie, die ein Projekt der Konstitution von begrifflicher Ordnung der Lebenswelt verfolgt. Die Tragbarkeit der Ordnung (also: die Frage nach der Nachhaltigkeit), die wir bewahrend konstituieren, ist abhängig von den Anwendungen, die sich nahelegen. Die Philosophie widmet sich den Handlungshorizonten: erstens der Haltung, die die Kritik an der begrifflich konstituierten und vermittelten Ordnung nahelegt, zweitens der Kritik an bestehenden Handlungsmustern, drittens den Urteilen darüber, welche Handlungen mit Blick auf die Kontextualität der Bedeutungen zum Blühen der Welt beitragen.

Die erste wichtige Prämisse für die Beibehaltung der Philosophie als Disziplin und der Metaphysik als Teil dieser Disziplin ist die, dass die Ordnung der Welt von unseren Ideen abhängt; d.h. nicht, dass unsere Ideen allein alle Aspekte dessen, was es gibt, bestimmen können. Die These betont dagegen, dass eine Handlungstheorie sich vor allem mit den Rahmen des menschlichen Handelns beschäftigen muss: in welchem Umfang und auf welche Weise ist menschliches Handeln überhaupt frei, absehbar und rational, und wie muss eine Handlungstheorie angepasst werden, wenn es z.B. um ein Handeln von kollektiven Großakteuren (corporations) geht, oder um ein Handeln ‚in die Natur hinein', das nach Arendt mit anderen Folgen und anderen Korrekturmöglichkeiten umgehen muss (weil hier Verfehlungen nicht auf gleiche Weise *verzeihlich* sind)? Eine Theorie des instrumentellen Zweck-Mittel-Egoismus wird nicht ausreichen, sondern muss komplementiert werden von einer (neuen) Theorie der Rationalität im Handeln, die eine Absage formuliert an eine Idee der Selbst-Meisterschaft und hinarbeitet auf eine Theorie des Mit-Seins allen Lebens. Das atomare, seine Ziele, Mittel und Handlungsweisen instrumentell selbst-bestimmende, von äußerem Zwang befreite Selbst, das sich und andere beherrscht, wird abgelöst von einem Selbst, das sich und seine Entfaltung relational versteht.

> Die Metaphysik (ein passender Name wie kaum ein anderer, obwohl er sich ganz zufällig der Katalogisierung der Werke des Aristoteles verdankt) ist nämlich kein bloßer Spezialzweig der Philosophie, sondern ein Grundmuster, das die gesamte abendländische Sprache durchdringt, die aus jenem antiken Muttermord erwächst: (...) Metaphysik bedeutet, ‚die Sterblichen' zu sagen, aber auch gli uomini (die Menschen / Männer) und schließlich ‚der Mensch', um damit Männer und Frauen zu bezeichnen: (...) Der mit männlich-universal-neutralem Vorzeichen versehene Begriff ‚der Mensch' ist Ausdruck einer Sprache, welche ihren Blick vom Ort der Geburt abgewandt hat und so die menschliche Existenz an einem Ende mißt, das seinen eigenen Anfang aus dem Gedächtnis verlor. (Cavarero, Platon zum Trotz, 110)

Im Ausdruck ‚die Sterblichen' zeigen sich deutlich die ‚eigentümlichen Merkmale des Patriarchats' für Cavarero. Es ist eine Kultur, die vor allem mit Hilfe ihrer Königsdisziplin, der Metaphysik, dem Tod eine zentrale Stellung einräumt. Von Todesangst getrieben negiert sie das Werden und versieht das Männliche mit dem Anspruch auf Allgemeingültigkeit. Wir sehen, wie die Metaphysikkritik aus dieser feministischen Lesart heraus Metaphysik per se ablehnen muss.

Entgegen diesem Entgegenstehen von Feminismus und Metaphysik stelle ich hier die These vom erklärenden ‚Oder' (sive) in den Raum; sie ist Teil einer ersten Annäherung an die Methoden und Aufgaben einer feministischen Metaphysik. Die Vorhaben ‚Feminismus' und ‚Metaphysik' sind mit diesem *sive* verbunden, so meine These, was nur meint, dass der eine Term den anderen erklärt, oder genauer bezeichnet. So ist es eben das metaphysische Unterfangen, das die feministische Theorie weiterbringt: die Untersuchung der Begriffe, mit denen wir uns auf Welt handelnd und verstehend, im weitesten Sinn: ordnend, beziehen und die Weisen, auf die diese Ordnung die Wirklichkeit formt, organisiert und Handlungshorizonte eröffnet. Andererseits ist es der feministische Impetus, der der Metaphysik (und der Philosophie allgemein) auf die Sprünge hilft – kann doch durch diesen Impuls das Augenmerk auf die wichtigste Frage gelegt werden, auf die Frage nach Zukunftsfähigkeit und Eudaimonia, auf eine lebenswerte Ordnung. Was wir wissen können, was wir tun sollen, was der Mensch ist, konstituiert in diesem Sinn das, was wir hoffen dürfen.

In der Metaphysik wird über die mögliche Vermittlung von Form und Materie (oder darüber wie die Form im Material verwirklicht wird) nachgedacht, indem die (sprachliche) Darstellung kosmischer Ordnung im menschlichen Bereich analysiert werden. „Du kümmerst dich nur um die Sterne, aber was vor deinen Füßen ist, siehst du nicht", lacht eben die thrakische Magd über den Ersten Philosophen. Dies bezeichnet die Ausgangsposition einer feministischen Metaphysik. Als Hauptangriffspunkt der Kritik haben wir in dieser Anekdote den impliziten Standpunkt der thrakischen Magd identifiziert: Sie steht für alle, die in der griechischen Polis kein Stimmrecht haben. Denn dass der Philosoph *einen Standpunkt* nicht für notwendig, sondern eher für ein Hindernis für das Projekt der Philosophie hält, dass der Philosoph kein Ansehen in und auch kein Interesse an der Gemeinschaft hat, das grenzt die Philosophie nicht nur vom Politischen ab, sondern macht sie auch ungeeignet für die Betrachtung des Alltäglichen (eben hier: des Privaten), aller der Dinge, mit denen sich die thrakische Magd täglich auseinandersetzt, die nicht die Polis, sondern den Oikos betreffen, und die durch eine materielle Konditionierung ihren Handlungsrahmen bestimmen. Gerade diese Dinge sind jedoch nicht unveränderlich, sondern hängen von den (weltanschaulichen, d.i. bedeutungsabhängigen) Bedingungen unserer Möglichkeiten des Verstehens und Handelns ab, die sie andererseits auch setzen. Das Verstehen des Veränderlichen ist also auf zweiten Blick ein zentrales Thema der Philosophie und erklärt das Bemühen um kritische Sozialontologie; es wird als viertes Paradigma sichtbar. Es ist nicht ‚der Kosmos', der die Form der weltlichen Ordnung vorgibt, wie der griechische Philosoph, der zugleich Astrophysiker ist, vielleicht meint, sondern die Einsicht, dass unsere Darstellungen der Ordnungen in denen wir stehen, ‚nützliche' Fiktionen sind, die normativ ins Gewicht fallen.

Was ist der Kanon? stellt sich hier als Frage nach der Methode einer feministischen Metaphysik. Genevieve Lloyd in ihrer Einführung zu ‚Feminismus und Geschichtsphilosophie' bemerkt, dass sich der Feminismus und die universitäre Philosophie derselben (disziplinären) Herausforderung stellen: Ist der Kanon der Philosophie nur ein Repositorium von fehlerhaften Argumenten? Oft, so Lloyd, werde Philosophie an Universitäten gerade so gelehrt, als seien die Autoren und Texte der Vergangenheit Sparringpartner für angehende Denker, die von deren archivierten Fehlern am anschaulichsten lernten, solche Fehler zu verstehen und zu vermeiden. Ebenso verhalte es sich aber mit dem Feminismus: Träten doch die Texte und Philosophen der Vergangenheit vormals in Erscheinung, um überkommene Positionen zu repräsentieren.

Die Archive sollten wir allerdings weder in Ehrfurcht, noch in der Überzeugung der eigenen Überlegenheit aufsuchen. Die hermeneutische Tradition plädiert für ein In-Verbindung-Treten, das die Bedeutung erst durch eine erneute Realisierung aufrechterhält. Apel verweist uns auf Simone de Beauvoirs Roman ‚Tous les hommes sont mortels' (1946), in dem ein Unsterblicher den Sinn des Lebens der Sterblichen nicht mehr nachzuvollziehen vermag. Apel fragt sich: „müsste nicht dieser fiktive Unsterbliche im Laufe der Jahrtausende auch die Fähigkeit zum Verständnis der Wordbedeutungen menschlicher Sprache verlieren?" (Apel, Paradigmen, 84). Hierin sieht er eine mögliche Verbindung zwischen existenzialen und logischen ‚Bedingungen der Möglichkeit des Seinsverständnisses'. Mit dieser ‚Endlichkeitsthese' der Bedeutungen schließe er direkt an Heideggers Fragestellung in ‚Sein und Zeit' an (Apel, Paradigmen, 85), ohne jedoch selbst im Register der Existenzphilosophie zu spielen. Er benutze die Diskussion vielmehr, um die philosophische Disziplin einer ‚transzendentalen Sprachpragmatik' aus der Taufe zu heben. Die menschliche Sprache sei die einheitliche Instanz, in der ‚existenziale Bedingungen der Bedeutungskonstitution' unter Berücksichtigung ‚der Bedingungen der Möglichkeit von intersubjektiver Geltung von Bedeutung' jedem leibhaftig zukommen und diesen Jemand automatisch aus subjektiver Vereinzelung und Verendlichung lösen können (Apel, Paradigmen, 88). Anders als Apel (und Heidegger) möchte ich jedoch nicht auf den Tod der einzelnen als Bedingung der Möglichkeit von Bedeutung verweisen, sondern auf das in ihrer Geburt garantierte In-Verbindung-Treten der Bedeutungsrealisierung. Das Argument einer so feministisch neu gelesenen transzendentalen Sprachpragmatik schlage ich als Lösung der von feministischen Philosophinnen gestellten Frage an die Philosophie vor. Um auf Cavarero hier kurz zu antworten, wird der Blick zwar zurück auf die Geburt gerichtet, jedoch nicht, um einen vorgestellten ‚Matrizid' rückgängig zu machen, also das Abwenden des Blickes vom Geborensein durch eine Mutter, aber auch das Ablösen eines ‚mütterlichen' Fruchtbarkeitskults durch einen männlichen Todeskult, der den Sündenfall der Philosophie und westlichen Kultur darstellt. Es geht mir hier viel eher darum, auf die Verbindlichkeit unseres Seins als Mitsein zu verweisen, das, wie Cavarero zu recht betont, sich nicht im Regelhaften der zu schaffenden Gemeinwesen erschöpft, jedoch auch nicht, wie Cavarero meint, auf eine primordiale Tierheit zurückverweist, sondern eine Verbindlichkeit darstellt, die im Bereich der Bedeutungspermanenz zu finden ist, die unser eigenes Geborensein mit dem Geborenwerden zukünftiger Töchter und Söhne einer alloparental ausgerichteten Spezies von Bedeutungswesen sinnvoll verknüpft.

Eine weitere Besonderheit des beauvoirschen Vorhabens möchte ich hier erwähnen. Sartre und de Beauvoir hatten sich seit und mit der Gründung der Zeitschrift ‚Les Temps modernes' im Herbst 1945 vorgenommen, die philosophischen Einsichten des Existentialismus durch Literatur dem Publikum bekannt zu machen; dazu zählte auch der Roman ‚Alle Menschen sind sterblich'. Interessant für mich ist dieses Detail, da gar nicht offensichtlich ist, in welchem Genre sich Philosophie äußert oder äußern sollte, allen voran kritische Philosophie. Gerade im Feminismus repräsentiert diese Formfrage selbst wieder zwei unterschiedliche Zugänge zum revisionären Projekt: Sollten sich feministische Denkerinnen bemühen, die neuen Einsichten in den alten Formen zu vermitteln, da diese den Kriterien der argumentativen Rationalität folgen? Aber gerade diese Kriterien selbst sind doch nicht a-historisch, wenden die Kritikerin, der Kritiker ein. Dann sollten diese Formen also aufgehoben werden? Diese Frage ist nicht die klassische Frage der Trennbarkeit von Form und Inhalt, wie wir sie bei Susan Sontag behandelt sehen. Es geht, einmal mehr, eher um die Frage nach dem Ende der Philosophie, dessen inhaltliche Begründung wir im Folgenden näher diskutieren werden. Verhandelt wird hier also die Frage nach dem ‚formalen' Ende der Philosophie. Ende kann auch als Zweck oder Ziel gelesen werden. Denken wir z.B. an die inhaltlich wie formal innovativen Texte von Donna Haraway, dann ist die Form ebenso ‚Ende' wie der Inhalt, d.i. Kritik an traditioneller Philosophie.[22] Aber auch in der

---

22   Donna Haraway, Simians, Cyborgs and Women: The Reinvention of Nature, Routledge: New York, 1991.

französischen Tradition der LeDoeuff zeigt sich die Traditionsgebundenheit und Traditionsauflösung im Stil und Genre des Schreibens.[23] Die Positionen spiegeln die Frage, ob, wie Nussbaum fordert, Feministinnen gerade besonders rational zu schreiben hätten, um Rationalität nicht nur als eine Kapazität, sondern als Qualität besonders des feministischen Diskurses zu etablieren, und um diesen rational überzeugend zu machen; oder ob es gerade um die Überwindung der Begrenzungen einer philosophischen Rationalität geht, deren Nachtseiten, wie Adorno und Horkheimer bereits 1944 in ‚Dialektik der Aufklärung' bemerken, untrennbar mit ihren Einsichten verbunden seien, sie also einer selbst-aufhebenden Selbstaufklärung bedürfe.

Apels Projekt eines ‚Dritten Paradigmas einer Ersten Philosophie' weiter denkend, möchte ich ein viertes solches Paradigma formulieren: eines, das die feministischen Sorgen an eine Sprachpragmatik heranträgt, der es jedoch nicht um Fallstudien oder nicht-ideale Fälle, ebenfalls nicht um Geschichtsschreibung als ideographische Disziplin geht, sondern um die Analyse der transzendentalen Aspekte der Sprachpragmatik, die die Intentionalität des einzelnen Sprechers mit der Intentionalität anderer Sprecher notwendiger Weise und mit einem sittlichen Appell verknüpft. Diese Notwendigkeit für erkennbar und benennbar zu halten, das macht den hier gewählten Zugang zu einem im allerweitesten Sinn neo-kantischen Vorhaben. Kant will ja gerade mit Hilfe der Vernunft ihre Reichweite ausloten. In Wittgensteins Vorhaben, die Grenzen des Sagbaren zu bezeichnen, zeigt sich eine Parallele zu Kants Vorhaben, die Grenzen des Verstandes mit dem Verstand auszuloten.

Um Kritik an einer unzulässigen, weil sinnlosen Überschreitung der Grenze in ein Jenseits geht es auch dem logischen Positivismus gegen einen (religiösen) Aberglauben. Der Metaphysik allgemein geht es um die Absage an falsche Autorität. Um die Kritik an solchen ‚falschen Autoritäten' kann es auch der feministischen Philosophie gehen, wenn z.B. gegen die falsch-verstandene ‚Natürlichkeit' bestimmter Kategorien argumentiert wird, die damit als ‚gegeben' in ihrer Wirkung bestätigt und perpetuiert werden.

Ásta gibt uns noch einen weiteren Grund an die Hand, der das feministische Projekt auf die analytische Philosophie verpflichtet. Sie beschreibt, wie sie selbst sich für Philosophie zu interessieren begann, weil am Tisch der analytischen Philosophie eben gerade nicht die tradierten Autoritäten, sondern die systematischen Ideen ‚ohne Ansehen der Person' zählen. Nur das logisch Gedachte zählt. Zugang zu Einsicht und zu Mitsprache hat, wer mitdenkt. Nicht das Ablehnen ungerechtfertigter Autoritäten, sondern die Autorisierung

---

23 Michèle LeDoeuff, L'Etude et le rouet, Les Editions Du Seuil: Paris, 1989.

der eigenen Stimme steht hier also für Ásta auf dem Spiel. In ‚To Do Metaphysics as a Feminist' reflektiert sie über die Hypatia-Affäre, in der es um angemessene Repräsentation von Stimmen im feministischen Diskurs ging. „I am going to allow myself to be a bit personal here. It is unusual for me," sagt sie einleitend. Denn am Tisch der analytischen Philosophie ist das Persönliche unwichtig. Wir lesen die Beichte eines analytischen Philosophen (und hier lasse ich dieses Wort mit Absicht ohne *, denn die analytische Philosophie kennt keine einzelnen oder generischen Standpunkte):

> Clarity and precision is (sic) a sharp knife for cutting through the obfuscation of demagoguery, ideological manipulation, and plain confusion. The violence of the knife imagery is intentional: I experience the practice of doing analytic metaphysics as brutal: we dissect arguments ... (Ásta, To Do Metaphysics as a Feminist, 2)

Dies ist Beichte, weil gesagt von einer Philosophin, die sich zum Feminismus, der Metaphysik und der post-analytischen Philosophie zählt. Das Unerbittliche der Philosophie trägt zu ihrer Attraktivität bei, gibt Ásta zu, die *Macht* des Arguments, vielleicht gerade für die, deren Standpunkt sie manchmal zur Ohnmacht verurteilt, denn es zählt nur, was gesagt wird, nicht wer es sagt: „I was, and am, attracted to this radical egalitarian potential of analytic philosophy". (Ásta, To Do Metaphysics as a Feminist, 3).

Aus dem Konflikt um angemessene Repräsentation im Journal ‚Hypatia', dem es um akademische Exzellenz und die Themen des Feminismus geht, destilliert Ásta zwei Fragen heraus: Erstens, wie wir über anderer Leute Leben theoretisieren sollen, und, zweitens, und für diesen Text besonders relevant, „to whom are we accountable in our theorizing" (Ásta, ebenda, 6). Im vierten Paradigma, das sich aus der Beschäftigung mit Fragen der Bedeutungspermanenz ergibt, ist die Antwort: der realen Sprechergemeinschaft und der kontrafaktischen zukünftigen, Teil derer wir heute sind, und die beide unserer Rechenschaftspflicht ein Ideal setzen. „But what about my own transformation? And how do I square my commitments to radically egalitarian analytic philosophy with my feminist commitments?" (Ásta, To Do Metaphysics as a Feminist, 7) Für Ásta ist eine schwache Standpunkttheorie, die einen z.T. privilegierten Zugang zu Erfahrungen von einem Standpunkt annimmt und darum fordert, diesen ‚Stimmen' zuzuhören, mit einem radikalen, analytischen Egalitarismus kompatibel. Für uns selbst steht eine Antwort noch aus. Ich hoffe, mit diesem Text zu ihrer Findung etwas beizutragen.

Wenn wir die geistesgeschichtliche Entwicklung des Feminismus wie manchmal üblich in ‚Wellen' beschreiben, so ging es in der Moderne der ersten ‚Welle' des Feminismus um zwei Dinge: um Wahlrecht und um Rehabilitation der geistigen Fähigkeiten als nicht abhängig von sexuellen Essenzen. Ástas Anliegen, selbst als ‚Geist' unter anderen ‚körperlosen' Geistern aufzutreten, ist ein Echo dieses ersten Moments. Eine zweite Welle des Feminismus, wie er in der gegenwärtigen Philosophie rekonstruiert wird, ist das Weiterkämpfen nach dem Erreichen des Wahlrechtes und neben dem relativ erfolgreichen, noch andauernden Kampf um umfassende rechtliche Gleichberechtigung, für eine Gleichberechtigung auf einer tieferliegenden Ebene der kulturellen oder sozialen Anerkennung. Die dritte Welle schaut auf die Intersektionalität, d.h. auf das Zusammenspiel unterschiedlicher Status-Zugehörigkeiten, das Ungleichheiten verschärft. Zugehörigkeit zu einer Klasse, Religion oder Ethnie, aber auch die Logik der Ungleichheit des Ortes und das Aufgreifen der Einsichten aus den Bemühungen um Dekolonialisierung führen zu einem globaleren und umfassenderen Projekt des Kampfes gegen Ungleichheit. Thematisiert wird wie Sexismus, Rassismus und andere Strukturen der Unterdrückung, wie Zugehörigkeit zu einer sozio-ökonomischen Klasse oder Altersgruppe, ineinandergreifen und eine Verschärfung der Diskriminierung verursachen, neben den bereits benannten Zugehörigkeiten z.B. auch Diskriminierung wegen alternativer Kapazitäten, sexueller Orientierung oder Weltanschauung. Die epochale Aufteilung kommt schnell an die Grenzen ihrer Erklärkapazität, wenn sie bloß eine Geschichte des Erreichten ist, meint Hay.[24] Eine Erfolgsgeschichte blende Unterschiede, innere Auseinandersetzungen und Misserfolge aus, sie täusche darüber hinweg, dass es keine räumlich-zeitliche Uniformität des Erfolges gibt, und auch darüber, dass viele Ziele überhaupt erst für alle durchzusetzen seien. Eine teleologische Geschichte der Ziele des Feminismus ist eine Art Abrechnung: was für die Sache der Gleichberechtigung wo und wie erreicht wird, wird auf der positiven Seite veranschlagt, Rückschläge und innere Auseinandersetzungen auf der negativen. Aus dem Blick gerät dabei aber, dass eine solche additive Vorstellung von Gleichberechtigung eine zu naive geschichtliche Teleologie von der eigenen Warte aus unterstellt. Zu anderen Zeiten gab es andere Formen der Nicht-Gleichberechtigung, jedoch auch der Gleichberechtigung, eben weil es andere *Paradigmen* der conditio humana gab, die andere Handlungshorizonte eröffneten.

Die Vorstellung, dass Paradigmen aufeinander aufbauen können, indem sie es progressiv erlauben, verschiedene Koordinaten zu verbinden, sehen wir in Apels Lösung des Paradoxes der *Paradigmen* einer *Ersten Philosophie* umgesetzt. Die Ideen im Kanon, deren Aktualisierung durch uns als Philosophierende in neuer Konstellation Sinn ermöglicht, konstituieren ein ‚Hier

---

24 Siehe z.B. Carol Hay im Kapitel ‚A Brief History of Feminism' in: Hay, Think Like a Feminist – The Philosophy behind the Revolution, W. W. Norton: New York, 2020, 6.

und Jetzt', das unseren Standpunkt und unseren eigenen Beitrag zur (synchronen und diachronen) Suche nach Wahrheit bestimmt. Nebenbei gesagt konstituiert ein viertes Paradigma der Ersten Philosophie dann eine erneute Beschäftigung mit der Bedeutungstheorie unter Einbeziehung feministischer Sorgen als eine ‚vierte Welle' des Feminismus. Es kann, im Sinne eines Strebens nach einer idealen, d.i. gleichberechtigten, Sprechergemeinschaft nicht unsere Absicht sein, die ‚battles of all three waves' (Hay) weiter zu schlagen, sondern wir müssen die Kriegs-Metapher und die in ihr enthaltene Limitierung eines Manichäismus des ‚wir vs. die' aufgeben. Die Rückbesinnung auf Geburt statt auf Tod muss im Auge behalten, dass wir Söhne und Töchter von Müttern und Vätern sind, und selbst Mütter und Väter, und dass damit nicht nur biologische Erzeugung gemeint sein kann. Sozialer Wandel ist notwendig; Aktivismus mag zu seinem Eintreten beitragen; gute Theorie ist dafür auch erforderlich. Ob der Feminismus zu Recht ein Ende der Philosophie fordert, ist die zentrale Frage im nächsten Teil der Untersuchung.

TEIL II

Vom Ende der Philosophie

KAPITEL 3

Der Sturz des Philosophen

Die ‚einfältigste Figur', die der Philosoph bei Kant macht, ist ganz verschieden von der hier zu untersuchenden ‚Ausgangsposition' des stürzenden Philosophen. Für Kant und, wie wir sehen werden, auch für uns, ist die ‚einfältigste Figur' zwischen Augenzeugenbericht und logischem Zweifel der Aufruf zu ‚besserer Theorie', d.h.: zu deskriptiv und normativ verpflichtetem Theorietun, das sowohl der gegebenen Sprechergemeinschaft, als auch der zukünftig kontrafaktischen Sprechergemeinschaft, und in Auseinandersetzung mit den Begriffen, die eine vergangene Sprechergemeinschaft bereitgestellt hat, d.i. synchron und diachron, und auf diese als auf ein Ideal, verpflichtet ist. Die ‚Ausgangsposition' des stürzenden Philosophen, den die thrakische Magd auslacht, zeigt den tiefen Graben zwischen den beiden. Das besondere Merkmal des Philosophierens ist hier gerade das Nicht-Beachten aller Belange, die vor den Füßen liegen; der Philosoph widmet sich dem Erkennen des Ewig-Wahren und dies scheint ihn von allen Verantwortungen vis-à-vis der Gemeinschaft zu lösen. Der ‚Erste Philosoph' und ‚die Künstlerin als Medium' sind einander vielleicht insofern ähnlich, als sie beide eine Entbindung von den Kontinuitäten und Verantwortlichkeiten der realen Sprechergemeinschaft für sich in Anspruch nehmen. Wie wir mit dieser Positionierung ‚außerhalb' und ihrer damit einhergehenden Negierung von ‚Bedeutung' (als konventionell gesetzt) umgehen, zeigt sich bereits ex negativo in den ‚Performativen Paradoxa' eines Endes der Philosophie und ist positiv zu rekonstruieren in ‚Sein und Bedeutung'.

‚Der Sturz des Philosophen' ist ein Bild, das sich nicht nur einmal zeigt, sondern beständig in der Geschichte der Theorie, so dass vielleicht sogar vermutet werden könnte, die Philosophie beinhalte ‚den Sturz eines *jeden* Philosophen' mit. Einige Philosophiestudenten haben z.B. wochenlang darüber gestritten, ob mit dem ersten Menschen, der den Kopf hob und über die Welt staunte, Adam oder Thales gemeint sein könnte.[25] Ob also der Mensch als Gattungswesen oder der Mensch, der zu den Sternen blickte, um das Ewig-Wahre zu erkennen, die ‚Entstehung' des Menschen darstellt. Blumenberg berichtet in ‚Das Lachen der Thrakerin' diese Anekdote von Hans-Georg Gadamer, der sie aus der frühen Marburger Zeit Heideggers berichtet, dessen Schülern die

---

25   Blumenberg, Das Lachen der Thrakerin, Suhrkamp: Frankfurt am Main, 1987.

Diskussion zugeschrieben wird. (Blumenberg, Das Lachen der Thrakerin, 146). Nicht nur das Hinaufschauen jedoch ist eine bezeichnende Geste der Philosophen, ihr darauffolgender Fall oder Sturz interessiert hier besonders. Es geht zunächst um die Frage, ob ‚der Sturz des Wissenden' und das Erdulden des Spotts der anderen, die sich um *die Theorie* nicht kümmern, notwendig auf das Erkennen folgt – oder ihm vorausgeht. Unser Urteil, ob es sich dabei um eine ‚Sorge für die Sache der Wahrheit' handelt oder um ein ‚Verführen der Jugend', wie dies im Prozess des Sokrates verhandelt wird, d.i. die Frage nach dem, was Philosophinnen zu verantworten haben, ergibt sich aus dieser Analyse. So müssen sich diejenigen, die ihr Leben mit der Philosophie verbringen, den Spott der Thrakerin anhören (so schließt die Passage bei Platon im Theaitetos). Dieser Spott in der viel rezipierten Anekdote, die sowohl in der Hermeneutik bei Blumenberg in Auseinandersetzung mit Heidegger, aber auch von der feministischen Kritik an der Philosophie aufgegriffen wird, bedroht das Fortbestehen der Bedeutung der philosophischen Aufgabe(n). Ich nenne die Anekdote ‚*die Ausgangsposition*':

> Thales sei, während er zu den Sternen schaute, so erzählt man sich, in eine Zisterne gefallen. Eine hübsche, schlagfertige thrakische Dienstmagd habe ihn im Vorbeikommen verspottet, wolle er doch mit aller Leidenschaft die Dinge am Himmel erkennen, während ihm das, was ihm vor den Füßen liege, verborgen bleibe. (Theaitetos, Platon)

Die feministische Philosophie stellt diese Anekdote zum ‚springenden Punkt' des philosophischen Vorhabens vor ein Problem, scheint doch eine Aufklärung solcher Ur-sprünge das Vorhaben der Philosophie nach feministischen Motiven zu verunmöglichen. Denn es ist nicht nur der Spott der Thrakerin, mit der feministisch Philosophierende sich solidarisch fühlen, der sie trifft, da sie vielleicht gar die Sache ihrer ‚Schwestern' verraten, indem sie an der Praxisform des Hinaufschauens ins Abstrakte teilnehmen, sondern vor allem der Aufruf, endlich etwas ‚Nützliches' beizutragen, um die Situation zu verbessern, dem die Theorie entgegenzustehen scheint, und der also als Vorwurf gehört wird.

Die Thrakerin selbst erkennt nicht einmal, dass sie es ist, über die die Philosophen schon jahrhundertelang lachen. Denn Philosophie ist, wenn gelacht wird, schreibt Blumenberg ironisch, und dabei geht es immer um eine Position der Überlegenheit. (Blumenberg, Das Lachen der Thrakerin, 149). Die Idee der Paradigmen bei Apel erhellt, wie Blumenbergs Lesart der Thrakerin-Episode durch die feministische Deutung *ergänzt* werden muss. Apel schreibt, dass eine schematische Ableitung der verschiedenen Paradigmen einer *prima philosophia* nicht bedeutet, dass im ersten Paradigma der Ontologie z.B. nur ontologische Analysen verfolgt würden, oder dass sprachphilosophische Fragen im Diskurs im zweiten Paradigma der transzendentalen Bewusstseinsphilosophie ausgeschlossen worden seien. „Eine solche Interpretation der beiden ersten Paradigmen widerspräche nicht nur den historischen Fakten, sondern würde auch die Pointe der Idee der Paradigmen der *prima philosophia* verfehlen." (Apel, Paradigmen, 66) Diese Pointe nämlich ist, dass im Einzugsbereich eines Paradigmas alle anderen Fragen im Licht der dominanten Lesart umformuliert werden, z.B. im ontologischen Paradigma Fragen der Epistemologie oder Sprachphilosophie eben *als Fragen* nach dem Sein erscheinen. (Apel, ebenda)

In der Lesart der Theorie als exotischem Verhalten, über das die Thrakerin lacht, kann ‚die Philosophie' sie als Magd betrachten, ohne dass wir uns des feministischen Fauxpas bewusst werden. „*Philosophie ist jenes Denken, womit man wesensmäßig nichts anfangen kann und worüber die Dienstmägde notwendig lachen.*" (Blumenberg, Das Lachen der Thrakerin, 150) Im Original kursiv, formuliert Blumenberg hier die Position (Heideggers), die er selbst kritisiert, indem er davor warnt, alle obskuren Texte für Philosophie zu halten oder Obskurität für eine besondere oder notwendige Qualität des Theoretischen. Die Aufklärung hier betrifft ein Falschverstehen des Theoretuns als unzweckmäßig. „Von der Lebenswelt der Magd her kann es niemals Einsicht in die Zweckmäßigkeit seines <des Philosophen> Tuns geben." (Blumenberg, Das Lachen der Thrakerin, 148). Die Position der Magd ist ebenso exemplarisch wie die des Philosophen. Es geht hier einmal mehr um rollenverteiltes Handeln, das uns etwas über die *conditio humana* anzeigen soll. Apels Bemerkung zeigt uns, dass erst eine feministische Lesart es vermag, etwas Neues sichtbar zu machen, d.i. die Position der Magd selbst als das Thema der Anekdote und mit ihr die Rolle der Philosophie als Angeklagte. Dieselbe Geschichte kann unter dem Aspekt eines neuen Paradigmas zuvor verborgene Einsichten vermitteln, weil ihre Details in anderem Licht erscheinen, weil die Fragen an den Text nun *als Fragen nach Gleichberechtigung und Teilhabe* gestellt werden.

Blumenberg kritisiert Heideggers Position vor allem als eine, bei der der Philosoph sich selbst überhebt über seine eigentliche Aufgabe, das Selbstverständliche zu erhellen. Er zitiert Heidegger: „*Die Frage ‚Was ist ein Ding?' müssen wir demnach als eine solche bestimmen, bei der die Dienstmägde lachen.*" Und kommentiert: „Von der phänomenologischen Sicht des Verhältnisses von Lebenswelt und Wesentlichkeit her wird das zu einem Satz von unbegreiflicher Arroganz." (Blumenberg, Das Lachen der Thrakerin, 159) Blumenberg legt nahe, dass er die Thales-Anekdote ohnehin bereits als einen Beleg solcher Überhebung gelesen hat. Er kritisiert die Heideggersche Wendung hin zum

Pathos eines ‚Gnadenstandes'. „Der Begreifende wird daran erkannt, daß ihn niemand begreift. Er steht da als das *factum brutum*, das sich jeder Bewerbung um Zustimmung und Consensus entzogen hat." (Blumenberg 158) Über den gestürzten Philosophen bei Heidegger lachen *alle* (denn alle anderen sind in der Position der Dienstmägde vis-à-vis dem begnadeten Philosophen). Hier zeige sich die Differenz Heideggers zur Phänomenologie, in der das Erkennen des Wesentlichen gerade erfordere, sich von der Lebenswelt nicht zu entfernen, sondern sie z.B. in den Wissenschaften ausfindig zu machen und aufzuzeigen. (Blumenberg, ebenda) Die Kritik Blumenbergs an der Überhebung des Philosophen über die Lebenswelt kann noch etwas feministisch geschärft werden. Blumenberg liest den Weg und die Aufgabe der Phänomenologie mit Husserls Krisis-Schrift als „die Wiederherstellung von Stetigkeit eines Weges, der als noch nachgehbar vorgestellt wird." Darum lachten eben ‚die Mägde' über den *Phänomenologen* nicht. „Im Grenzfall hat er ihnen nur zu sagen, wovon sie ihrerseits sagen müssten, sie hätten es auch gesehen, aber nicht sagen können." (Blumenberg, Das Lachen der Thrakerin, 159).

Warum sagen die Mägde, dass sie ‚es' haben sehen, aber nicht sagen können? Blumenberg meint hier die Geschichte der Theorie-Bildung selbst und sieht Husserls Programm der Phänomenologie als eines, das auf eine Kontinuität setzt. ‚Es' nachzuvollziehen bedeutet dann, das Theorietun nicht mehr lachhaft zu finden, weil ein gedanklicher Weg ‚ins Abstrakte' in Kontinuität mit der Lebenswelt begriffen werden kann. Zwar macht das die Philosophie als Phänomenologie zu einer ‚Wissenschaft von den Trivialitäten' (nach Husserl), aber es muss gerade gezeigt werden, dass von der Lebenswelt hin zu den Wissenschaften und zur Theorie ein kontinuierlicher Weg führt – hin und zurück. Dennoch sind ‚die Mägde' nicht in der Lage, diesen Weg zu gehen. Sogar wenn sie die ‚Fußschellen einer immerwährenden Unmündigkeit' abwürfen, das sind hier weit gefasst nicht nur ‚Satzungen und Formeln', ‚diese mechanischen Werkzeuge', sondern auch Regeln, soziale Codes und gesellschaftliche Erwartungen, wären sie doch unfähig, den eigenen Verstand zu gebrauchen, weil man sie niemals den Versuch davon machen ließ. „Wer sie auch abwürfe, würde dennoch auch über den schmalesten Graben einen nur unsicheren Sprung thun, weil er zu dergleichen freier Bewegung nicht gewöhnt ist", schreibt Kant in „Was ist Aufklärung?"[26]

Aber nicht nur die Vormünder, und die Ungewohntheit der gedanklichen Bewegung der Mündigkeit, sondern auch die Wirklichkeit als Ganzes, in der diese Beziehungen realisiert sind, begründet das Nicht-Sagen-Können. Die Position der Mägde, ihrer Situiertheit in einer Lebenswelt, die ihre Ungleichheit

---

26   Kant, Was ist Aufklärung?, 483, in: Berlinische Monatsschrift, 1784, H. 12, 481–494.

festschreibt, erscheint bei Kant und bei Blumenberg noch nicht als das, was das Unvermögen, den Weg nachzugehen, mitkonstituiert. Das Problem der klassischen Aufklärung ist erneut, dass das eigene Privileg vorausgesetzt wird. Nicht alle haben den Vorsprung, den Thales hat. Wenn wir der Thrakerin marxistische Intuition zugestehen wollen, lacht sie vielleicht gerade, weil der Vorsprung auch manchmal ein Sprung in den Graben ist. Die Hinterherhinkenden lachen dann aus reinster Schadenfreude. Aber das Geschäft der feministischen Rekonstruktion ist Schadenfreude nicht; Cavarero z.B. rekonstruiert mit Blumenberg, wie die Identität der Person, deren Lachen den ersten Einspruch gegen die Philosophie erhebt, sich mit dem Fokus der Aussage wandelt:

> Von jenen Wiederverwertern der Anekdote, die den Schwachsinn derjenigen, die die Philosophie verspotten, hervorheben wollen, wird sie in eine boshafte Alte verwandelt, während sie umgekehrt sogar durch einen weisen Ägypter ersetzt wird, wenn es darum geht, die Auffassung Thales in antimetaphysischer Lesart abzuwerten. (Cavarero, Platon zum Trotz, 57)

Die quasi beiläufige, selbstverständliche Misogynie Platons radikalisiert sich in der Geschichte der Instrumentalisierung der Anekdote. Geht es darum, die negative Rolle der Thrakerin zu betonen, wird die junge Thrakerin zum hässlichen alten Weib, geht es um eine positive Darstellung, wird sie als weiser Mann dargestellt, schreibt Cavarero. Diese Mutationen der Person des Einspruch-Gebers sind auf eine rhetorische Strategie zurückzuführen. Die Position des Einspruchs soll der der Philosophie möglichst diametral entgegenstehen. Thales, der Philosoph, ist der Hauptakteur, der oder die Vorbeikommende, in diesem Fall: die Thrakerin, kommentiert sein Vorhaben, wir, als Leser oder Zuhörer, sind die urteilenden Dritten. Eine erneute Umkehrung, also: Umkehrung der Wertung, die in der Thales-Anekdote enthalten ist, ist notwendig, um das Bild ‚auf die Füße' zu stellen:

> Il nodo cruciale di questa distinzione consiste nel ritenere vero e reale l'ambito delle ‚cose che sono', mentre l'ambito delle ‚cose che stanno dappresso' è svalutato come mera apparenza superficiale, ossia come ci oche appartiene all'esperienza ingannevole dei sensi. (Cavarero, Nonstante Platone, 49)
>
> Der zentrale Punkt dieser Unterscheidung besteht im Festhalten der ‚Dinge, die sind' im Bereich des Wirklichen, während der Bereich der ‚Dinge, die naheliegen' entwertet wird als bloßes oberflächliches Erscheinen, nämlich als das, was zur trügerischen Erscheinung der Sinne gehört. (meine Übertragung)

Das Resultat, ein Dualismus zwischen Sein und Scheinen, ist vor allem die Inversion unseres Verständnisses des Wirklichen: „Das Ergebnis ist nicht nur ein in der Philosophiegeschichte äußerst hartnäckiger Dualismus zwischen

Sein und Erscheinen, sondern vor allem eine Umstülpung des Wirklichkeitssinns zu einem Begriff von Realität, für den nunmehr die Welt des Lebens zur phänomenalen Hülle einer entsinnlichten Wahrheit wird, welche allein dem Denken zugänglich ist. (Cavarero, Platon zum Trotz, 60). Der feministische Punkt, der sich aus dem ‚nodo cruciale' der Unterscheidung der ‚Dinge, die sind' im Gegensatz zu den ‚Dingen, die erscheinen' ergibt, wird gerade im Zurechtrücken des Bildes unserer Wirklichkeitsvorstellung klar: Es ist nicht die Ordnung der idealen Ideen (über die die Stern-Konstellationen und Bewegung der Sterne Auskunft geben), sondern die sinnliche Gegebenheit der Welt (der Thrakerin), die es als Wirkliches zu studieren und verstehen gilt, und der sich alle, die ihr Leben in der Philosophie verbringen, widmen (sollten). Das Ziel der Philosophie auf der Suche nach der Wahrheit muss es also sein, die Thrakerin sichtbar zu machen. Feministinnen, wie Cavarero, sind es, die die Philosophie ‚auf die Füße stellen' und, indem sie Nebenfiguren zu Hauptfiguren machen, Bedeutungen wieder auffinden und herstellen können. Viel rekonstruierende Geschichtsschreibung, die denen, deren Standpunkt zu ihrer Zeit keine Repräsentation erfuhren, eine Stimme gibt, kümmert sich um solche retrospektive Inauguration von Figuren in den Kanon, oder um die Korrekturen ihrer bereits bestehenden Repräsentation. Cavarero versteht den Begriff ‚theorein' in ‚Nonostante Platone' eben gerade auf diese Weise in ihrer Interpretation der Demeter: „Die natürliche/natale Ordnung (...) fordert, daß sich in der Beziehung von Mutter und Tochter das weibliche Geschlecht *anschaue*, dem jede Frau angehört; (...) Wir haben hier also eine weibliche Herkunft jenes Begriffs *theorein* vor uns, jenes ‚Schauen', das der Philosoph auf das Ewige richtet. Doch der weibliche Blick zwischen Mutter und Tochter konstituiert (...) ein *theorein*, dass sich horizontal in aufeinander antwortenden Beziehungen, in ‚nataler' Blickrichtung auf den Ursprung des menschlichen Erscheinens entfaltet. (Cavarero, Platon zum Trotz, 99)

Heidegger jedoch unterzieht, so Blumenberg, die Geschichte der Metaphysik einer weiteren Destruktion, deren vorläufiger Endpunkt die Thales Episode ist: Weder die Magd noch der Philosoph wissen, was sie tun, denn sie sind noch nicht Teil einer neuen ‚Metaphysik', d.i. eines alternativen neuen Paradigmas der Ersten Philosophie. Da nur noch der eigene Anspruch, den von allen Verlachten beglaubigt, wird so „das Faktische zum Kriterium des Wesentlichen" (Blumenberg, Das Lachen der Thrakerin, 158). Das Wesentliche, das Blumenberg hier verhandelt, ist aber weder das *factum brutum* des Tatsächlichen (etwa auch: Heideggers *dictum* ‚das Seiende, das wir je selbst sind, ist ontologisch das Fernste' qua Blumenberg ebenda), noch das Unverständliche der Theorie, deren Problem es ist, dass „es nach den Erfahrungen mit der Selbstüberbietung von Transzendenz kein Kriterium für deren Grenzbegriff gibt" (Blumenberg, Das Lachen der Thrakerin, 156), sondern Theorie als das rechte Lot für diese Relationen.

Durch unsere Rekonstruktion mit Blumenberg können wir den theoretischen Grund bezeichnen, der die Ausschließlichkeit der Philosophie zum Problem macht. Zunächst erscheint es eine bloße Behauptung zu sein, dass die Elite, die für sich den Anspruch auf das Erkennen der Wahrheit reserviert, dies auf Kosten der Ausgeschlossenen tut. Dies entspricht zwar der historischen Wahrheit von Oikos und Polis im antiken Griechenland, wo der *homonoi*, der seinen Bezirk politisch repräsentiert, durch Vermögen und Einkommen, das sein Hausstand erwirtschaftet, dazu befähigt wird, seine Freizeit mit der Politik zu verbringen; es dürfen nur vermögende, nicht arbeitende, griechische Männer ab einem bestimmten Alter solche politischen Aufgaben der Repräsentation übernehmen. Die Ausschließlichkeit der Philosophie ist jedoch nicht nur historisch akzidentell, sondern sie hat einen tieferen theoretischen Grund, der mit dem ersten Paradigma der Ersten Philosophie in Verbindung zu bringen ist. Wenn die Metaphysik ständig die Entfernung zu allem, was dagewesen ist, vergrößern muss, ja das Naheliegende als Moment des Verbergens des Fernliegenden sieht, das doch die Philosophie gerade angeht, wenn die Lachenden ihrerseits ‚auf exzentrische Positionen gerückt sind', weil sie die wirkliche, echte Frage nach dem Wesen des Dinges „in der Lebenswelt und von dieser her nur befremdlich, abstoßend, unmöglich" (Blumenberg 158) finden können, dann ist die Einstellung des Philosophen nur durch einen Sprung aus der Lebenswelt hinaus erreichbar – eine Position, die sich selbst als auserwählt, ausgenommen und begnadigt versteht und die weder das Nachvollziehen noch das Lehren oder Einweihen anderer als ihre Pflicht anerkennt. D.h. dass Philosophierende dieser Couleur in ihrer Praxis nicht verstanden werden wollen und auch keine Rechenschaft ablegen, dass sie also, ganz wie es die Thales-Anekdote illustriert, den Belangen des Weltlichen sich absichtlich entziehen.

In der feministischen Lesart der Episode verändert sich darum die Ausgangsposition. Die Thrakerin ist nun die Hauptakteurin und der Philosoph der Antagonist. Die thrakische Magd zeigt in ihrer Person, was dem Philosophen entgeht: er kümmert sich nicht um die Anliegen derer, die politisch unmündig, fremd und ohne Staatsbürgerschaft, nicht vermögend und darum zur Arbeit gezwungen, ohne Stimme und Rechte, sind, das können vor allem Frauen, Kinder, Ausländer oder Sklaven sein, Positionen, die die Thrakerin in diesem Moment in sich vereint – sie ist weiblich, jung, ausländisch und versklavt. Die Ausnahme des Philosophierens, das ganz im feministischen Projekt aufgeht, erfordert aber gerade nicht Diskontinuität, sondern das Neuverstehen der Kontinuität. Die Bedeutungen verschwinden nicht, sie müssen verhandelt werden, um sich zu ändern. Dass die Philosophie als Urmutter unseres (wissenschaftlichen, westlichen) Weltbildes die Belange, die vor den Füßen liegen, nicht thematisiert, wurde bald als Mangel erkannt und durch die thematische Erweiterung philosophischer Untersuchungen z.T. revidiert. Scham, Arbeit, Erzählung und Geburt, werden z.B. für die Existentialistinnen in einem Moment der Aufklärung der Philosophie über ihre Aufgaben in der Gegenwart zu behandelbaren Themen. Dennoch bleibt die theoretische Hürde bestehen: Erfordert die Philosophie es, eine desinteressierte Haltung einzunehmen, die sich um das Lachen und Unverständnis ihrer Gedanken in der Lebenswelt nicht kümmern sollte? In der Darstellung von Blumenberg sehen wir im Sprung des Philosophen ins Unverständliche seinen Sturz. Zu welchem Ende also philosophiert wird, das frage ich im nächsten Kapitel.

KAPITEL 4

Das Ziel der Philosophie

> Die Intelligenz der simpel erscheinenden Streitfrage ‹Adam oder Thales› besteht nicht in der vordergründigen Konfrontation des theologischen mit dem philosophischen Protagonisten; vielmehr scheint sie wissen zu wollen, ob das mit dem Dasein gegebene Seinsverständnis ein anthropologischer oder philosophischer Sachverhalt ist: mit der Geschichte des Menschen oder mit der Philosophie eingetreten. (Blumenberg, Das Lachen der Thrakerin, 146).

Blumenbergs ‚Topos des Aufschauens' stellt das Urereignis der Ontologie als Urteil über den Primat der Philosophie dar. Dem, der so fragt, geht es um ein selbstreflexives Seinsverständnis. Geschichte, nicht Biologie, habe sich mit dem Blick in die Sterne nach diesem Urteil abgespielt, weil der Mensch (Thales, Adam, oder vielleicht: Eva), der als erster aufschaute, nicht etwas den Normen des menschlichen Handelns Entsprechendes tat, sondern etwas ‚Ungewöhnliches', das sich ‚dem nützlichen Weltumgang entzog'. (Blumenberg, ebenda, 147)

Die Bewegung des Aufschauens kann aber ebenso mit dem konativen Streben des Menschen nach Selbsterhalt durch Wissen in Verbindung gebracht werde, meine ich, d.i. mit der Nützlichkeit des Weltumgangs, zu dem Wissenschaft und Theorie ja immer beitragen. Die Trennung zwischen Geschichte und Natur, zwischen nützlich und interesselos, genauso wie die Scheidung zwischen Beobachter und Teilnehmer, die Blumenberg für die Praxisform der Theorie reserviert, müssen zu Gunsten einer neuen Synthese dieser Positionen, d.i. also einer *neuen Ausgangsposition*, aufgegeben werden. Die Paradoxa vom Ende der Philosophie benutze ich, um diese Position zunächst ex negativo über ihren Umraum zu begreifen, d.i. vom paradoxen ‚Scheitern' der Philosophie her. Die Gründe für das Ende der Philosophie zeigen auch ihr Ziel an. Hier verfolge ich zwei verschiedene Absichten: das performative Paradox als solches zu kennzeichnen und mit seiner Hilfe die neue Ausgangsposition zu verorten.

4.1.a   Das Ziel der antiken Metaphysik

In der *prima philosophia* der griechischen Antike gibt es verschiedene Versionen vom Ende des Philosophierens: Das In-den-Graben-Hineinfallen beim Blick zu den Sternen, das wir in ‚Der Sturz des Philosophen' in seiner modernen

Rezeption genauer rekonstruiert haben; die Vorstellung einer Geheimlehre, in die wir initiiert werden, die nicht überliefert wird, und die darum den ‚Text' übersteigt (theoretisch problematisiert etwa von Leo Strauss in seiner These vom ‚exoterischen Schreiben'); schließlich die verschiedenen Vorstellungen des Strebens: das Erreichen eines Plateaus, das das Streben als Ausfüllen einer Potenz beendet; oder das kontinuierliche Streben nach einem Ziel, oder: telos, das jedoch außerhalb des Strebens liegt und damit unerreichbar bleibt; oder das Hin-und Her von Ideenschau und Rückkehr als Katabasis, eine rückläufige Bewegung, auch: die Bewegung des Weberschiffchens.

Das philosophische Streben erfüllt sich entweder durch ein Aushalten des Spotts aller anderen, die den Philosophen für wahnsinnig halten und ihn verlachen; durch das Erreichen eines Jenseits durch Initiation; im exemplarischen Erfüllen der Potentialität; durch einen Tod im Streben; durch das Erkennen der Wahrheit. In allen Fällen können wir *Ende* auch als *Ziel* oder als *Erfüllung* lesen. Beim ‚Sturz des Philosophen' endet der Sprung zur Erkenntnis mit einem tatsächlichen Sturz, über den sich der Philosoph erhaben wähnt, obwohl eine oder alle lachen. Das Ziel der (klassischen, in der Antike begründeten) Ontologie ist die Schau der ewigen, unveränderlichen Ideen. Ob sich dieses Geschaute dann in Text / Sprache / Denken übersetzen lässt, bleibe zunächst dahingestellt. Für Apel ist es gerade charakteristisch für dieses ‚erste Paradigma der Ersten Philosophie' alle Fragen als Seinsfragen zu stellen. Diese Versionen des philosophischen Strebens korrespondieren also den unterschiedlichen Antworten auf die Frage: Was ist das Ende/das Ziel des Seins?

All diese Optionen scheinen denkbar weit entfernt von einer kritisch im Diesseits agierenden Philosophie, besonders einer Theorie des Handelns. Doch die Wirksamkeit dieser weithergeholten Ideen schlägt sich direkt in Vorstellungen von unseren eigenen Möglichkeiten (als Handelnde) nieder. Was wir handelnd erreichen (können) und wonach sich die Gelingensbedingungen für unser Handeln richten, das hängt von unserer Vorstellung von möglichen Handlungszielen ab, von Ideen zur Aktualisierung von Potenz und Konzepten der Linearität, Einmaligkeit oder kontinuierlichen Einübung des Handelns (als Praxis). Die Grenzen des Handelns theoretisch auszuloten ist ein wichtiger Teil der Beschreibungen unserer Bedingtheit als Menschen und es ist entscheidend für unser Handeln in Zukunft, d.i. in Vorbereitung einer Wirklichkeit für die Handelnden, die uns nachfolgen.

4.1.b   Das Ziel der modernen Sozialontologie

Soll die Philosophie die Königin der wissenschaftlichen Disziplinen, eine Dienstmagd der Wissenschaften oder die Putzfrau der Sprache sein? Sozialontologen müssen sich diese Frage stellen, denn sie stehen in der Tradition einer Philosophie als Wissenschaft, die nach und nach die Expertisen an andere wissenschaftliche Disziplinen abtritt, bis Carnap ihr selbst nur noch die Funktion der Begriffsbereinigung zugesteht, die Philosophie als ‚Putzfrau der Sprache'.[27] Die Philosophie leistet begriffliche Vorarbeiten für Wissenschaften, die, in dem sie untersuchen, was der Fall ist, auf Fakten gründen und darum den Vorrang vor der Philosophie, die mit Begriffen operiert, haben, so die Vorstellung. Die Sozialontologie, die sich von der analytischen Philosophie her definiert, geht naturgemäß von einem Ende der Philosophie aus, weil die analytische Philosophie in gewisser Weise nur eine Platzhalterin für die Wissenschaften ist.

Gegenwärtig reüssiert die Ontologie als eine Disziplin, in der Vorstellungen von einer ‚flachen Ontologie' ein Weltbild ermöglichen, das weniger anthropozentrisch, dafür oikologischer und inklusiver, weniger hierarchisch, dafür vernetzter ist.[28] Theorie zu einem ‚besseren' Weltbild beizusteuern, ist auch ein Ziel dieses Textes. Der Unterschied ist jedoch, dass mit dem vierten Paradigma, das ich vorschlage, das Relationale und Prozesshafte von Bedeutung in Zusammenhang mit einem starken Handlungssubjekt betont wird, dessen Grenzen es gerade auf Verantwortung verpflichten. Die hier vorgeschlagene ist eine Theorie, die überhaupt nicht d'accord geht mit einer Ontologie, die ganz vom Menschlichen als Sonderposition und auch ganz vom Handeln als besonderer Weise des Verursachens in der Wirklichkeit absieht. Das Widerständige des Bestehenden, könnte man meinen, stehe im Fokus einer solchen ‚ooo' (object oriented ontology), um die Welt vor einer Auflösung ins Bloß-Subjektive zu bewahren. Dies ist auch das Ziel des Dritten Paradigmas, das Apel formuliert, nur dass er die Lösung in der intersubjektiven Wende sieht. Wenn der Erkennende, das Zeichen und das Bezeichnete in einen zeitenübergreifenden Nexus der Sprecher eingebunden werden, so vermeiden wir die Fußangel des Sollipsismus. In der ‚ooo' allerdings können Bedeutungen keinen Sonderstatus haben und damit auch nicht als besondere konstitutive Aspekte einer in Raum und Zeit erst durch sie geformten Wirklichkeit erscheinen. Ohne hier weiter auf die Lockungen und Probleme solcher von einer eher klassischen Warte aus ‚alternativen' Ontologien einzugehen, und ohne noch weiter über ‚Ontologie' im Allgemeinen sagen zu wollen, möchte ich eine Herausforderung diskutieren, die mein Anliegen mit der ‚ooo' gemeinsam hat: Auch innerhalb der Bedeutungstheorie stellt sich die Frage nach dem Kern eines Begriffes im

---

27 Rudolf Carnap, Überwindung der Metaphysik durch logische Analyse, der Sprache <1932>, Reclam: Stuttgart, 2022.
28 Eliska Jelinkovas Diskussion dieser Themen hat mir sehr weitergeholfen; ihre Thesis zum Handlungssubjekt in flachen Ontologien an der Universität Leipzig und Universität Prag ist im Erscheinen begriffen. Siehe vor allem: Graham Harman, Object-Oriented Ontology: A New Theory of Everything, Pelican Books: London, 2018.

positiven wie im negativen Sinn. D.h. sowohl in der internen Perspektive der Bedeutungstheorie als auch in der ‚ooo' stellt sich uns die Frage des Widerständigen oder auch des bleibenden Kerns der Bedeutung oder des Seienden, je nachdem. Gehen wir von der Vorstellung einer Bedeutung als gesetzt oder fest aus, dann bleibt es in der Tat ein Rätsel, wie Bedeutungen über Kontextverschiebungen hin beständig bleiben, oder anders formuliert, überhaupt verstanden werden können. Dieses zentrale Anliegen der kritischen Sozialontologie ist daher (im Weiteren) epistemologisch zu erkunden.

Da die Sozialontologie sich meist aber weniger als Epistemologie oder Bedeutungstheorie versteht, stellen sich diese Fragen der Kontextualität auf andere Weise, nämlich als Fragen nach der Beharrlichkeit von deontischen Strukturen. Als eine Disziplin, die sich im Wesen als nicht-normativ, also beschreibend, versteht, geht auch die neue nicht-ideale Sozialontologie, die die Diskurse der Deontologie zu beschreiben sucht und dabei besonders auf die Missstände des Historisch-Gegebenen schaut, um daraus systematische, d.i. deskriptiv allgemeine Lehren zu ziehen, von einem so gesetzten oder festen Kern der zwar historisch gewordenen, doch systematisch zu verallgemeinernden Strukturen aus. Das ‚Ende' einer solchen Sozialontologie ergibt sich einerseits aus der unregelmäßig geformten Bestimmung des Aufgabenfeldes. Von der Metaphysik des ersten Paradigmas her gedacht, in dem die Ontologie die kosmisch-ewigen Formen beschreibt, die in den Wellen des Werdens der Dingwelt mimetisch immer neu instanziiert und nachvollzogen werden, ist das Soziale nicht das Formgebenden, sondern das Material, das geformt wird. Das Ende als Ziel der Sozialontologie legt sich, andererseits, positiv nahe, wenn wir die zeitgenössische Sozialontologie nicht getrennt von, sondern im Konzert mit Nachbardisziplinen wie Soziologie oder Psychologie verstehen, denen es um das Darstellen der menschlichen Bedingtheit und Besonderheit geht; dieses Ziel ist erreicht, wenn wir alles wissen, was es über die menschliche psycho-physische Verfasstheit zu sagen gibt. Die Nähe der Sozialontologie zur (Natur)Wissenschaft, oder auch: ein bestimmtes Verständnis von Wissenschaftlichkeit als Ansammlung von Daten als Informationsreservoir von Faktenwissen, auf das sich zweck-rationales Handeln stützten kann, erlaubt ein bestimmtes Verständnis von ihr als Platzhalterin für Bereiche, in denen dieses Faktenwissen noch nicht vollständig ist. Diese Darstellung ist also endlich ebenfalls die eines Erfassens der Totalität von Bestimmtheit, die notwendig ahistorisch ist.

Die heutige Sozialontologie, auch der hier versuchte Entwurf einer kritischen Sozialontologie, entwickelt sich aus analytisch-pragmatischen Handlungstheorien und der Erweiterung dieser Theorien auf kollektives Handeln. Ein wichtiges Ziel dieser Sozialontologie ist aber eben auch, in Kantischer

Manier, die Feststellung der Bedingungen der Möglichkeit unseres Handelns. Eine solche Handlungstheorie entsteht aus den Einsichten angelsächsischer analytischer Sprachphilosophie. Wie oben bemerkt, zeigen die Idealisierungen solcher Philosophie die Grenzen eines solchen Ansatzes auf. Georg Henrik von Wright, der Wittgenstein auf den Lehrstuhl in Cambridge nachfolgt, versucht einerseits eine Logik der deontischen Begriffe, andererseits die Kritik an einem Handlungsbegriffs, der einer moralischen Dimension entbehrt. Eine kritische Sozialontologie bemüht sich eben diese beiden Ziele weiterzuverfolgen: die Kritik am bloß zweckrationalen Handlungsbegriff und die Darstellung der logisch-anthropologischen Voraussetzungen der gegenseitigen Verpflichtung (oder sorgenden Zueignung), die das Handeln erst ermöglichen und es begrenzen.

4.2.a Das Ziel des Nihilismus westlicher Tradition

Bei der Absage an Sinn, wie ihn nihilistische Philosophien formulieren, handelt es sich um ein performatives Paradox, weil gerade mit der Absage an ein Ja das Nein ein Ziel zu erreichen sucht, das im Verhältnis dazu positiv ist. Es geht im Nihilismus zunächst um das Verhindern von falschen Einsichten, um den Weg zur rechten Sicht frei zu halten.

> Their Yes was inarticulate, they were unable to say more than: No! This No proved however sufficient as the preface to action, to the action of destruction. This is the phenomenon which occurs to me first whenever I hear the expression German nihilism. (Leo Strauss, German Nihilism, 360)[29]

Leo Strauss diskutiert den deutschen Faschismus als eine Ausdrucksform des Nihilismus, wie ihn die ‚young nihilists' etwa bei Heidegger lernen, gegen den sich z.B. Benjamin und Scholem in theoretischer Konkurrenz sehen und gegen den sie ihren Messianismus positionieren. Diese negativ konnotierte Verwendung des Begriffes ‚Nihilismus' steht bei Strauß im Kontext einer politisch-ideengeschichtlichen Einordnung deutscher Philosophie in der Mitte des 20. Jahrhunderts. Eine Einordnung des Nihilismus mit Blick auf politische Philosophie, die selbst wiederum als bestimmte Interpretation einer philosophischen Anthropologie erscheinen mag, antwortet auf die Frage: Wer sind die Menschen? Strauss sucht in seinem Vortrag die Frage zu erhellen, ob der Nihilismus ein spezifisch deutsches Phänomen, d.i. seiner Gegenwart,

---

29 Leo Strauss, German Nihilism <1941>, Interpretation, Vol. 26, No. 3, 1999, 355–378.

darstelle. Seine Zuhörerschaft im New York von 1941 werde, so Strauss, sofort an den Nationalsozialismus denken, dieser sei aber nur die berühmteste Form des Nihilismus. Er beschreibt diese Umsetzung nihilistischer Ideen als ‚provinziellste' oder bastardisierte Form. Sie entsteht aus der Verquickung von nihilistischen Ideen mit anderen nicht-nihilistischen Motiven als Ergebnis einer historischen Situation. Der deutsche Nihilismus habe tiefere als die offensichtlichsten historischen Gründe, den verlorenen ersten Weltkrieg und Hitlers Reden. Erst eine Definition, die über ein instrumentelles, nicht-nihilistisches Motiv hinausgehe, führe zu einem tieferen Verständnis des (deutschen) Nihilismus. Wir wollen unsererseits mit Hilfe dieser Nihilismus-Definition von Strauss zu einem vertieften Verständnis des performativen Paradoxes vom Ende der Philosophie im Nihilismus gelangen.

Die These von Strauss ist, dass der ‚deutsche Nihilismus' nicht die Negation aller Dinge bis zur Selbstzerstörung erstrebe, sondern ein konkretes Ziel habe: die Zerstörung der modernen Zivilisation in ihrer moralischen Dimension. Sie stelle darum einen moralischen Protest gegen die Moderne dar. In der historischen Situation, die er beschreibt, erscheinen die Lehrer der modernen Zivilisation paradoxer Weise als die Konservativen. „The ideas of modern civilisation appeared to the *young* generation to be the *old* ideas; thus the adherents of the idea of progress were in the awkward position that they had to resist, in the manner of *conservatuers*, what in the meantime has been called the wave of the future." (Strauss, German Nihilism, 362) Strauss' erzählt hier sicher z.T. seine eigene intellektuelle Entwicklung nach und so erklärt sich auch eine gewisse Apologie der ‚young nihilists', denen von ihren Lehrern, Philosophen wie Oswald Spengler, Carl Schmitt, Ernst Jünger und Martin Heidegger, eine mögliche positive Dimension ihrer Bestrebungen nicht erklärt wurde.[30] Von der Perspektive der Nihilisten selbst aus erscheint der Vorwurf des ‚Nihilismus' nur wie der ‚Slogan' derer, die an ihren eigenen, alten Idealen festhalten wollen, die das Neue nicht erkennen oder anerkennen können oder wollen, und zweitens, die dieses Neue anhand seiner ersten, noch fehlerhaften Momente beurteilen. „A new reality is in the making; it is transforming the whole world; in the meantime there is: nothing – but a fertile nothing," so paraphrasiert Strauss, was der Nihilist erwidern mag. (Straus, German Nihilism, 363). Dies scheint mir relevant vor allem auch mit Blick auf meine eigene Beobachtung,

---

30   Siehe auch: William H.F. Altman, Leo Strauss on ‚German Nihilism': Learning the Art of Writing, Journal of the History of Ideas, vVol. 68, No. 4 (Oct., 2007), 587–612, der eine historische Kontextualisierung des Textes liefert, dessen These von der exoterischen Botschaft die in Strauss Text zwischen den Zeilen zu lesen sei, die ihn in die Nähe des deutschen Nihilismus rückt, nicht teile.

dass das performative Paradox im Sprachschreck als positive Motiv die Suche nach einer neuen Poetik hat.

Im Entstehen des deutschen Nihilismus hat vor allem Nietzsche den größten Einfluss, der die deutsche Tradition als kritisch den Idealen moderner Zivilisation gegenüber darstellt. „He forgets however to add that the English almost always had a very un-German prudence and moderation not to throw out the baby with the bath," schreibt Strauss, nämlich die modernen Ideale als vernünftige Anpassung des Herkömmlichen an veränderte Situationen zu sehen, ‚the old and eternal ideal of decency', ‚rule of law', ‚of liberty which is not license'.

Strauss formuliert nun seine eigene Definition des Nihilismus: Nihilismus sei die Ablehnung der Prinzipien der Zivilisation. (Strauss, German Nihilism, 364) „By civilisation, we understand the conscious culture of humanity, i.e. of that which makes a human being a human being, i.e. the conscious culture of reason." Eine solche Kultur der Vernunft ist theoretisch und praktisch; sie drückt sich aus in Wissenschaft, die den Menschen und das Universum zu verstehen sucht und darum mit Philosophie identisch sei (jedoch nicht notwendiger Weise identisch mit ‚modern sciene', so Strauss), und in den Regeln des anständigen und großmütigen Benehmen eines vernünftigen Menschen, ‚the noble conduct of rational man'. Hier klingt an, was Strauss bei Cohen und Cassirer gelernt haben mag. Solches Verhalten sei wenigstens „equally remote from inability to inflict physical and other pain as from deriving pleasure from inflicting pain." (Strauss, German Nihilism, 365) Beschrieben wird also eine Position der Macht, die diese Macht nicht missbraucht.

Nihilismus wird zu einem negativen Maß, mit dessen Hilfe Phänomene der Welt bei Strauss, und auch in unserer Analyse einzuordnen sind, z.B.: „If nihilism is the rejection of the principles of civilisation as such, and if civilisation is based on recognition of the fact that the subject of civilisation is man as man, every interpretation of science and morals in terms of races, or of nations, or of cultures, is strictly speaking nihilistic." (Strauss, German Nihililsm, 366) ‚Civilisation' erkennt nur eine Wissenschaft an, basierend auf keinerlei Rassismus oder Nationalismus oder anti-zivilisatorischem Folklorismus:

> I said *civilisation*, not *culture*. For I have noticed that many nihilists are great lovers of culture, as distinguished from, and opposed to, civilisation. Besides, the term *culture* leaves it undetermined what the thing is which is to be cultivated (blood and soil or the mind), whereas the term civilisation designates at once the process of making man a citizen (…) (Strauss, German Nihilism, 365)

Angewandt auf die Frage nach Bildung, zeichnet sich Zivilisation durch Offenheit und Bereitschaft aus, von jedem zu lernen. Im weiteren Essai argumentiert Strauss für die Gleichsetzung des deutschen Nihilismus seiner Zeit mit deutschem Militarismus. Zu den vielen interessanten und kontroversen Ideen im Text, z.B. zu den Ideen die offene Gesellschaft und ihre Grenzen betreffend und zur problematischen rekonstruierten Notwendigkeit des *parcere subjectis et superare superbos* der imperialen Herrschaft, derer Strauss die ‚Engländer' würdig sieht, kann hier nichts gesagt werden. Abschließend daher nur ein Zitat, das aus dem Gesagten eine Haltung gegen den Krieg folgert, und diese mit Zivilisation gleichsetzt:

> To believe that eternal peace is a dream, is not militarism, but perhaps plain commonsense; it is at any rate not bound up with a particular moral taste. But to believe that eternal peace is not a beautiful dream, is tantamount to believing that war is something desirable in itself; and to believe that war is something desirable in itself, betrays a cruel, inhuman disposition. (Leo Strauss, German Nihilism, 369)

4.2.b Das Ziel des Nihilismus im Zen, im Unterschied zur westlichen Tradition

Der Nihilismus von Nietzsche endet, laut Ueda, in einem nur negativen Nihilismus, den er mit dem ‚positiven' Nihilismus des Zen-Buddhismus kontrastiert. Diese positive Evaluation des Nihilismus als Weg zur Einsicht soll hier als zweite Lesart des Nihilismus Leo Strauss politisch-philosophischer Analyse westlicher Philosophie im 20. Jahrhundert mit ihrem Fokus auf Nietzsche zur Seite stehen. Uedas Aufsatz zum Nihilismus des Zen-Buddhismus im Vergleich mit dem westlichen Nihilismus bei Meister Eckhart und Nietzsche zeigt uns einen weiteren wichtigen Baustein zum Verständnis des Nihilismus als ‚Ende der Philosophie'.[31]

Ueda unterscheidet zwischen positivem und negativem Nihilismus. Er liest die westliche Philosophie, deren intimer Kenner er nach seinem Studium der Philosophie und Religion und Doktorat in Marburg zum Konzept der Seele bei Meister Eckhart und seiner darin ausgedrückten mystischen Anthropologie im Vergleich zur Mystik des Zen-Buddhismus ist, als eine Suche nach Überwindung von Entfremdung. Ueda ist sowohl Philosoph als auch Zen-Adept und er konfrontiert die deutsche Philosophie des 20. Jahrhunderts mit diesem alternativen Projekt der Selbstfindung. Überwunden werden sollen die drei Entfremdungen: Entfremdung vom ich, von den anderen und von der Welt. Gewissheit wird für Descartes und die auf ihn folgende westliche Philosophietradition im Erkennen der ‚leeren' reflexiven Schleife (Sartre) des ‚dubito

---

31   Shizuteru Ueda, Das absolute Nichts im Zen, bei Eckhart und bei Nietzsche, in: Ohashi (Hg.), Die Philosophie der Kyoto-Schule, Karl Alber: Baden-Baden, 2014.

ergo cogito ergo sum' gesehen, d.h. im Absehen von den nur vermeintlichen Gewissheiten, die mir meine eigenen Sinne über die Welt oder die mir andere durch ihr Zeugnis oder ihre Autorität geben könnten. Die Erkenntnisse des Zen sollen mit Ueda angewandt auf diese Ausgangslage erkennen helfen, dass die Absage an die Absage eine Aufhebung der Entfremdung bewirkt. Durch ein richtiges Verständnis meiner selbst finde ich zu den anderen zurück, von denen mich Neid trennt, und zur Welt, die ich mir mit Gier anzueignen versuche. Der erste Schritt ist die Überwindung der Entfremdung von mir (selbst). Diese Entfremdung entsteht erst durch ein Beharren auf dem Ich. Es geht hier um die Überwindung des Ich-bin-ich. „Dieses Ich-bin-ich", schreib Ueda, „gilt mit seiner sogenannten dreifachen Selbstvergiftung, nämlich Haß gegen Andere, Grundblindheit über sich selbst, und Habgier, als die Grundverkehrtheit und der Unheilsgrund des Menschen." (Ueda, Das absolute Nichts) In der Praxis gelingt die Aufhebung durch das Suchen des wahren Ich, d.i.: das Aufgeben des falschen Ich. Das wahre, d.h. im buddhistischen Verständnis selbst-lose Selbst kann von sich sagen ‚ich bin ich', weil ‚ich nicht-ich bin'. Die Selbstrealisierung, die das Ziel der Suche ist, geschieht durch eine solche ‚Selbstauflösung'. Nach Ueda zeichnet sich dieser Weg des Zen-Nihilismus aber vor dem westlichen Nihilismus etwa bei Nietzsche durch die Aufhebung der Negation aus. Bei Eckhart gibt es das ‚plus absolute Nichts' und bei Nietzsche das ‚minus absolute Nichts'. Bei Eckhart ist das absolute Positive, das Göttliche, nicht erkennbar, weil es nicht menschlich ist: „Die äußerste Negativität des ‚Nichts' im ‚Gott ist nichts' wird nicht auf das Sein Gottes als solches gerichtet, sondern greift in Wirklichkeit die menschliche Seinsweise an, die das Sein Gottes zu bestimmen sucht." (Ueda, Das absolute Nichts im Zen, bei Eckhart und bei Nietzsche, 453) Gott ist, aber für den Menschen ist dieses Sein ‚nichts', weil das göttliche Sein in menschlichen Kategorien unbestimmbar bleibt. Das absolute Nichts als das Ende des Verstehens verbirgt ein absolutes Positives, Gott. Bei Nietzsche ist das absolute Nichts negativ, weil auf die Frage: Wozu? nicht mehr mit Gott geantwortet werden kann. Nihilismus bei Nietzsche bedeutet, dass die ‚obersten Werte sich entwerten', d.h. dass es kein Ziel mehr gibt, das durch die Frage nach dem Warum zur Koordinate der Orientierung werden könnte. Die in ihrer furchtbarsten Form erfahrene bodenlose Negation ist die ‚ewige Wiederkehr des Gleichen' (Nietzsche nach Ueda, Das absolute Nichts im Zen, bei Eckhart und bei Nietzsche, 457) Ein Sinn, d.h. ein Umschlagen des negativ Absoluten in ein positives, kann nur im Durchleben des radikalen Nihilismus selbst liegen, denn ‚von außen' kann der Nihilismus nicht negiert werden, d.h. es bedarf der ‚Selbstüberwindung des Nihilismus'.

Das Nichts, das als Gegensatz zum Sagbaren stilisiert wird, erscheint manchmal als Ausdruck des Willens, z.B. im westlichen Existenzialismus bei Sartre, manchmal als Ort seiner Auflösung. Uedas Analyse der Selbererneuerung motiviert ein Nachdenken über das Monologische oder Dialogische des Überkommens der Ich-Sucht. Problematisch bleibt das Objektivierende an der Sprach-und Ich-Krise, originär formuliert im Sprachschreck der Moderne, die sich wie oben postuliert als Schattenseite einer in der Aufklärung begonnenen Wirklichkeitsherrschaft rekonstruieren lässt. In der westlichen Tradition, z.B. für die Existentialisten, wie sie sich im Jahr 1940 im Café Flore des Paris der Okkupation trafen, wo Jean-Paul Sartre an ‚Sein und Nichts' arbeitete, ist das Nichten ein Akt des ordnenden Willens, der der Absurdität und Kontingenz des Situativen begegnet. Wenn ich im Café sitze und auf einen Freund warte, mit dem ich mich verabredet habe, und dieser nicht kommt, so Sartres Beispiel, dann nehme ich in der Wahrnehmung dieser Abwesenheit eine Neu-Organisation der Situation vor. In ‚Sein und Nichts' wird die vorgestellte Begegnung mit dem anderen zum konstitutiven Moment meines Selbst als Objekt. Ich kann mich selbst als Objekt einer Welt nur durch den Perspektivwechsel begreifen – erst wenn der andere mich ‚in den Blick nimmt', werde ich mir selbst ‚sichtbar' als Teil der Welt. Den existentialistischen Texten liegt eine direkte oder vermittelte Kenntnis von Husserls Phänomenologie zugrunde (z.T. in der Rezeption über Heidegger) und in Husserls Rezeption die Meditationen von Descartes. Die westliche Tradition des ‚Nichts' schließt also direkt auf mit der Tradition der Hermeneutik und schließt so auch direkt an den ‚Sprachschreck' an. Sie die Position anzeigt, zur der Ueda eine Alternative darstellt. Ein erneutes Kippen des Bildes wird erkennbar:

Ein konstruktives Gegenbild zum nichtenden Cogito, das eine Situation kontrolliert oder unter Kontrolle bringt, erklärt Ueda anhand eines Textes aus dem 12. Jahrhundert, der ‚Der Ochse und sein Hirte' heißt. Der Text, bestehend aus Bildern und kurzen Versen, stellt, so Ueda, „den Vorgang der Selbstrealisierung des Menschen in zehn Stationen anschaulich dar." In den Stationen 1 bis 7 geht es zunächst um das Finden des Ochsen, d.i. des Selbst. Die 8. Station heißt ‚Doppelte Vergessenheit' und zeigt einen Kreis, in dem nichts gezeichnet ist. Diese Leere bebildert das absolute Nichts. Das 8. Bild besagt aber nicht, dass es überhaupt nichts gibt, sondern dass der Mensch aus der Ich-Verhaftetheit befreit werden muss. Wenn die Grundblindheit über sich selbst einem Verständnis von Nichts, blühender Welt und Mitsein, in dem das ‚selbstlose' Ich situiert ist, weicht, dann sind damit auch die anderen beiden Relationen ‚berichtigt'. Dieses Verständnis zeigt sich in den letzten drei Bildern des Zyklus. Diese können aus dem Zyklischen ausgekoppelt werden, weil sie alle drei Aspekte des neuen Seinszustandes nach dem Durchbruch ins Nicht-Ich darstellen: Die drei Bilder, 8. Vollkommene Vergessenheit von Ochs und Hirte, 9. Rückkehr zum Ursprung und 10. Wiederbetreten des Marktes, zeigen eigentlich einen einzigen Zustand, ein Begreifen, das gelingt, wenn die Ich-Sucht abgelegt werden kann, im dreieinigen Bild: leerer Kreis, Welt-wie-sie-an-sich-ist, und Begegnung auf der Weltenstrasse. Zugleich haben sich alle drei Beziehungen, zu mir, zur Welt und zu den anderen verändert. „Bei der Bewegung von der 8. zur 9. Station handelt es sich nicht mehr, wie bei den vorangegangenen Stationen um eine stufenweise Steigerung, sondern um eine Zusammengehörigkeit, bzw. ein Hin-und Herwenden." (Ueda, Das abolute Nichts, 444) Ueda verwendet das Bild der beiden Seiten eines Papiers ohne Dicke, um eine zusammengehörige, ineinander durchdrungene Doppelperspektive zu beschreiben: Bild 9 zeigt ‚Natur' oder ‚Aus-sich-selbst-heraus-so-sein'. „Das Blühen des Baumes, das Fließen des Wassers ist hier also, so wie es sich ereignet," schreibt Ueda, zugleich ein Spielen der selbstlosen Freiheit des Selbst. (Ueda, Das abolute Nichts, 443) Die Ähnlichkeit zu den Versen des Silesius aus dem Cherubinischen Wandersmann ist offenkundig: „Die Ros ist ohn Warum; sie blühet weil sie blühet, sie acht nicht ihrer selbst, fragt nicht, ob man sie siehet."[32] Der Unterschied ist ebenfalls evident. Wo die Rose in ihrer fraglosen Gegenwart dennoch Gottes Schöpfung preist, ist das Blühen-aus-sich-selbst, an dem dann auch das Selbst teilhat, kein Rückverweis auf (göttliche) Schöpfung, wohl aber auf Mitsein. Wir sehen in der Doppelperspektive ‚Tod und Auferstehung'. Die Natur, wie die Blumen blühen, wie der Fluss fließt, ist der erste Auferstehungsleib des selbstlosen Selbst aus dem Nichts. Ueda sagt zurecht, dass in diesem ‚Nihilismus' dem absoluten Nein ein absolutes Ja gleich-ursprünglich ist. Die 10. Station macht das Mit-Sein des Menschen mit anderen zum Thema. Dieses Mit-Sein erscheint als ein ‚Zwischen'. Die Formulierung von logischen Widersprüchen gehört zum Begreifen dieser Bilder, die sich immer in einer Doppelperspektive präsentieren. So können die Sätze: ‚Die Lebewesen sind unermesslich. Wir geloben uns, sie alle zu retten!' und ‚Es gibt keine Lebewesen, die wir retten sollen oder gerettet haben. Es gibt keine Rettung!' in ihrer Paradoxität dennoch verstanden werden. Das Selbstlose der Hinwendung darf nicht erneut in den Stolz über die geleistete Rettung umschlagen. Die ‚Rettung' anderer ereignet sich zugleich auf der Weltenstraße im hingewendeten Mitsein, in der aus-sich-selbst-heraus-blühenden-Natur und als interesseloses Spiel ‚im Nichts' des von Ich-Sucht befreiten, ganz auf den anderen hin geöffneten Selbst.

Wie bei af Klint, die den Künstler als Medium sowohl zum Handlungssubjekt als auch zum Leidenden macht, sehen wir hier ein performatives Paradox. Die Selbstrealisierung, die das Ziel der Suche ist, geschieht durch eine ‚Selbstauflösung'. Inwieweit also die Innerlichkeit eines potenziell solipsistischen Selbst wirklich überwunden wird, der Versuch der Ich-Erweiterung

---

32   Silesius, Der Cherubimische Wandersmann, Sämtliche poetische Werke in drei Bänden, Band 3, Hanser Verlag: München 1952.

gelingen kann, bleibe hier dahingestellt. Im performativen Paradox wird im Sprachschreck die Sprache diskreditiert, hier das setzende (thetische) Selbst. Selbst und Sprache bleiben aber die Koordinaten des Verstehens. Eine Veränderung der Sprachkonzeption kann dadurch gelingen, dass die Sprache als der Ort des Mitseins gedacht wird.

4.3 Das Ziel des Feminismus

> Over the past thirty years, philosophy has become a vital arena for feminists. They have scrutinized social beliefs about gender, human nature, familial duties, sexual ethics, epistemic credibility, and even rationality. Philosophy has provided vital means, such as methods of conceptual analysis and traditions of critique that have allowed feminist scholars to subject cultural traditions and dogma about gender identity and gender relations to objective, fair, but uncompromising examination. In pursuing this work, feminist philosophers have also developed new methods of analysis and critique, defined new lines of inquiry, and reinvigorated some of the central areas of philosophy.

schreiben Linda Martin Alcoff und Eva Federer Kittay in ihrer Einleitung ‚Defining Feminist Philosophy' zu ihrem Sammelband aus dem Jahr 2007, in dem sie 15 Aufsätze editorisch zu einem ‚Guide to Feminist Philosophy' zusammenstellen, die vier ‚Standardthemen' der akademischen feministischen Philosophie behandeln: Frauen und der philosophische Kanon, ethische Untersuchungen, politische Perspektiven, Wissen und Repräsentation.

Dieser einleitende Paragraph verwendet eine Reihe von Metaphern, um die Kompatibilität von Feminismus und Philosophie zu bebildern, und zwar aus der Perspektive des feministischen Projektes aus. Philosophie ist die ‚Arena' also der *Kampfplatz* und zugleich der Erscheinungsraum für Feministinnen. Philosophie ist ein nützliches *Werkzeug* im Kampf gegen ‚Annahmen zur Natur des Sozialen', die es kompromisslos zu untersuchen und zu hinterfragen gilt. Feministische Philosophinnen haben bei ihrer Arbeit zugleich neue philosophische Methoden entwickelt, neue Forschungsfelder eröffnet und einige alte erneuert. Obwohl die Philosophie also, wie ein der Einleitung vorangestelltes Zitat von Le Doeuff unterstreicht, strukturell Gemeinsamkeiten mit dem Feminismus in der Methode und in der Zielsetzung aufweist – die Prämisse beider: ‚nichts versteht sich von selbst', obwohl also ein gegenseitiges Instrumentalisieren möglich ist, ist das Zusammenkommen eben nur einem Zweck geschuldet.[33] Vielleicht könnte man sagen, ‚bloß' historische oder

---

33 Das vorangestellte Zitat von Le Doeuff in Alcoff und Kittay: „<The> project of philosophy and that of feminist thinking have a fundamental structure in common, an art of fighting

‚eigennützige' Gründe stünden dahinter. Diese ‚limited liability corporation' beider möchte ich hinterfragen und ersetzen durch das vierte Paradigma, das Sozialontologie als notwendig mit den Fragen des Feminismus befasst zeigt.

Das Ziel der Untersuchungen hier ist es, das performative Paradox vom Ende der Philosophie genauer zu verstehen. Das Ende der Philosophie, das der Feminismus aus verschiedenen Gründen nahelegt, ist nicht denkbar als Telos am Ende des philosophischen Fragens, wie in der klassischen Metaphysik; es ist anders als das Ende der Philosophie, das in der Sozialontologie vorstellbar wird als vollständige wissenschaftliche Beschreibung der phänomenalen Wirklichkeit; anders auch als das Ende des Arguments im ‚Durchbruch ins Erkennen' im östlichen Nihilismus, das in seiner paradoxen Ich-losigkeit der sprachlosen Tat ähnelt; es ist auch ein anderes als das Verlangen nach einem Endes der Zivilisation im westlichen Nihilismus. Das performative Paradox des Endes der Philosophie entsteht für den Feminismus aus der Kritik an der Philosophie. Hier ist die feministische Absage an die Philosophie ähnlich der politisch-ideengeschichtlichen Kritik am Nihilismus bei Leo Strauss. Was der Feminismus gegen die Philosophie zu sagen hat, passiert argumentativ auf drei Ebenen: auf der Ebene historisch-ideengeschichtlicher Gründe, auf einer pragmatischen Ebene und auf einer logischen Ebene. Wir haben bisher gesehen, dass der Sturz des Philosophen, z.B. bei Heidegger, zu einer Marke des Gelingens des philosophischen Projektes wird, weil das Lachen der anderen ein Symptom dafür sei, dass der Philosoph aus der Lebenswelt ausgetreten ist, bereit für das Beginnen einer ganz neuen ‚Metaphysik'. Heidegger bezeichnet ein performatives Paradox, das das ‚noch nicht Verstehenkönnen' einer ganz neuen Seinsbestimmung anzeigen soll. Blumenberg, mit dem wir diese Anekdoten rekonstruierten, kritisiert, dass nicht das Verlassen der Lebenswelt, sondern gerade ihre dem Normativen zugängliche Rekonstruktion die Aufgabe der Philosophie sei. Diese bereits betrachteten ‚Ziele' sollen sich durch ein Enden der Philosophie realisieren lassen. Mit Apel möchte ich dagegen nachvollziehen, wie gerade eine Theorie des Unabgeschlossenen wichtig für unser Verständnis unserer Verfasstheit ist.

Adriana Cavarero initiiert die Renaissance einer Beschäftigung der feministischen Philosophie mit antiken Texten, z.B. in ihrem ‚Nonostante Platone' von 1990. Sie zeigt sich kämpferisch für die gerechte Sache des Feminismus

fire with fire and looks with looks, of objectifying and analyzing surrounding thought, of regarding beliefs as objects that must be scrutinized, when the supposedly normal attitude is to submit to what social life erects as doctrine. Nothing goes without saying, including what people think about the roles which have come down to men and women." In: Hipparchia's Choice, 1989, 29, hier zitiert nach: Alcoff und Kittay, The Blackwell Guide to Feminist Philosophy, 2007, 1.

als ‚Robin Hood'. Sie ‚stiehlt' die Figuren aus antiken Texten und gibt ihnen durch die Lösung aus dem Kontext eine neue Bedeutung. So will sie nicht nur ein alternatives Verständnis dieser Figuren zur Diskussion stellen, sondern vor allem in der Darstellung einer mütterlichen Ordnung einen Ort der Solidarität und Identifikation für Frauen, denen mit diesen neuen ‚Gestalten' und in der (Re)Konstruktion eines zur männlichen Sphäre alternativen Ortes eine Bleibe geschaffen werden soll. Matthew Kramer[34] analysiert ebenfalls die (pragmatischen) Gründe der Theorieabsage im Feminismus. In seiner von der Rechtstheorie informierten Studie zur ‚Herausforderung des Feminismus' analysiert er feministische Argumente. Seine Einschätzung ist negativ: Wenn das feministische Ziel ist, spezifisch weibliche Existenz betreffende Diskriminierung zu thematisieren, so ist dieses Ziel aus logischem Grund nicht universalisierbar. Kramer stellt die logische Struktur der anti-theoretischen als anti-universalisierbare Position des Feminismus dar, um sie so argumentativ zu ‚widerlegen'. Sein Argument trifft aber nur, solange wir den Feminismus als eine Strömung der Philosophie verstehen, die explizit auf die Gegebenheiten der Existenz von ‚Frauen' schaut. Kramer tut die Anliegen des Feminismus als Partikularismus ab. Sowohl Kramer als auch Cavarero meinen, dass die Rechtsgültigkeit feministischer Belange in Frage steht, allerdings aus unterschiedlichem Motiv. Kramer findet, dass die Sonderinteressen von einigen eben gerade nicht allgemeingültig und damit rechtsfähig seien, Cavarero möchte den Bereich ‚mütterlicher Entscheidung' (z.B. über das Austragen und Gebären von Kindern) tout court dem Zugriff der ‚männlichen' Sphäre der Polis entziehen. Wenn ‚Frauen' aber weder in der Essenz noch als Rollen in einem Spiel des Sozialen erscheinen, sondern als ‚Exempel' für eine Analyse, die z.B. auf mögliche Teilhabe an den Bedeutungen schaut, dann ist die Aufgabe einer ‚feministischen' Philosophie nicht, die Position wie auch immer zu definierender ‚weiblicher' Teilnehmer zu verbessern oder einen exklusiven Raum für essentiell weibliche Erfahrung zu reservieren, sondern allgemein eine Analyse der Möglichkeiten einer solchen Teilnahme für alle zukünftigen Teilnehmer zu leisten. D.i. der mit Cavarero rekonstruierte Raum der Solidarität steht nicht nur den Müttern und Töchtern, sondern allen offen.

Der Feminismus fordert, dass kontextualistische Einsichten gelten, d.h. dass es gerade keine höhere Reflexionsstufe gibt, von der aus, wie aus göttlicher Perspektive, eine über die Kontexte hinausgehende Einsicht gibt, die es erlauben würde, die Kontexte zu beurteilen. Dass das Private politisch werde, bedeutet auch, dass die privaten Einzelstandpunkte so zu behandeln seien,

---

34 Matthew Kramer, Critical Legal Theory and the Challenge of Feminism: A Philosophical Reconception, Rowman & Littlefield: Lanham MD, 1995.

als seien sie bereits vollwertig Teil dieser höchsten Reflexionsstufe. Einerseits ist hier aber das Erleben eines Standpunktes, der von anderen nicht nachvollzogen oder bewertet werden kann, quasi solipsistisch, vorausgesetzt, andererseits, bemerkt Apel, dass man nicht vermeiden wollen kann, darüber, wie es sich überhaupt verhält, etwas zu sagen, „wenn es überhaupt noch Philosophie (keineswegs *Metaphysik* von einem göttlichen Standpunkt) geben soll". (Apel, Paradigmen, 14). D.h. nicht nur die Metaphysik, die einen göttlichen Standpunkt voraussetzt, sondern die Philosophie allgemein müsse etwas darüber sagen, ‚wie es sich überhaupt verhält'. Richtiger Weise stellt der Feminismus das Ende der Philosophie fest, wenn mit einem etwaigen Ende der Ansprüche auf paradigmatische Gewissheiten die Philosophie selbst aufhebt. Um diese Absetzung oder Selbstenthebung zu verhindern, müssen wir zeigen, dass das Philosophieren gerade sowohl die Standpunkte des einzelnen Erlebens als auch die in ihnen enthaltenen Einsichten berücksichtigen kann, ohne dass nach der einen oder anderen Seite reduziert werden muss. Es wird also das Spezifische des Standpunktwissens nicht verallgemeinert, damit es seine Kontextualität verlöre, wobei es aber dennoch ‚sagbar', d.h. über geteilte Bedeutungen vermittelbar, bleiben muss.

Pragmatische Gründe sprechen für das Aufhören der Theorie, wenn wir das Handeln oder einen Aktivismus als Handeln in Opposition zum theoretischen Tun denken. Die Unmöglichkeit einer sprachlosen Tat untersuche ich im nächsten Kapitel zum Sprachschreck. Die Handlung, die als solche betrachtet werden will, muss sich einer ‚diskursiven' Prüfung unterziehen lassen, die ihre Vereinbarkeit mit den Interessen von Handelnden allgemein und vor allem nicht nur kontrafaktisch synchron (Wer könnte ebenso handeln wie ich in einer vergleichbaren Situation?), sondern auch diachron (Vergleichend: Wer hat in einer vergleichbaren Situation ebenso gehandelt wie ich und mit welcher Begründung? Und prospektiv: Wer könnte ebenso handeln wie ich in der Zukunft?) Dieser ‚Vergleich' muss freilich mit einbeziehen, dass historische Situationen nicht gesetzmäßig erklärt werden können, sondern dass nur eine Selbstmeditation, oder mit Husserl: Epoché, den eigenen Standpunkt klären hilft.

Wenn die feministische Kritik, z.B. bei Cavarero, ein ‚Ende der Philosophie' (als Metaphysik) fordert, dann geht es dieser Arbeit darum, auf diese Kritik zu antworten, indem dargestellt wird, wie Bedeutungen ‚andauern', d.h. dass neue Bedeutungen durch Transformationen von bereits bestehenden Bedeutungen entstehen. Hier zeigt sich die Parallele zur Handlungstheorie erneut. Hannah Arendt beschreibt das Handeln als ein je neues Beginnen in der Natalität jeder Person. Apel argumentiert umgekehrt (und in Antwort auf Heidegger), dass der (individuelle) Tod eine Bedingung der Möglichkeit nicht nur von Sinn, sondern von Bedeutung ist. Diese beiden Argumente formen gemeinsam ein erstes Bild: Die Bedeutungen, die das Individuum übersteigen und überdauern, die ihm seine Gemeinschaft bereitstellt, werden von den Individuen erneuert und getragen. Das ist die schaffende Rolle des einzelnen Redebeitrags, dass er zum Ort des Aktzentrums (siehe: Scheler) für die Aktualisierung von Bedeutung wird, ohne die, wie Searle in seiner Theorie der Intentionalität beschreibt, Bedeutungen, aber auch Rechte und Pflichten, aufhören würden, zu existieren. Sowohl der Tod, als auch die Geburt eines Individuums stellt also eine Veränderung in der Trägerschaft der Bedeutung dar, die eine mögliche Veränderung im ‚Gewebe' des Sinns bedeuten.

KAPITEL 5

Nach dem Sprachschreck

5.1 Eine Krise der Repräsentation

Das wissenschaftliche Weltbild hat tiefe Wurzeln in einer Sprachphilosophie, die mit Schrecken in die Abgründe der sprachlichen Existenz blickt, in der die Sprache uns nicht verbindet, sondern vom Wahren, Wirklichen und Anderen trennt. Den ersten Schock dieser Erkenntnis nennt Fritz Mauthner ‚Sprachschreck'. Ein solcher Sprachterror verbindet unter anderem die Philosophien von Friedrich Nietzsche, Fritz Mauthner, Max Stirner und Karl Krauss und bildet einen eigenen Zweig der Ideengeschichte des frühen 20. Jahrhunderts. Ludwig Wittgenstein ist einer der letzten Philosophen in dieser Linie.[35] Das Ergebnis dieses Philosophierens ist ein nicht nur sprachlicher, sondern auch kultureller Pessimismus, der das Individuum von der Bedeutung abwendet und eine Abkehr von der Welt schafft (Weltferne). Der Sprachschreck ist positiv gelesen ein Symptom der Suche nach einer neuen Poetik, ohne dass diese noch gefunden wäre, die das Bisherige, d.i. hier: die Möglichkeit, etwas zusammenhängend zu denken oder zu sagen, in eine irreversible Krise stürzt. Diese Krise wird so konsequent zu Ende gedacht, dass sogar die eigene eloquente Beschreibung paradoxer Weise für ‚unmöglich' erklärt wird. Nietzsche und Mauthner werden durch den Terror der Sprache zu einer grundlegenden Kritik des moralischen Gefühls und des Gehorsams gegenüber religiösen Autoritäten veranlasst, die auf ihrer ontologischen Skepsis gegenüber der Sprache beruht. Georg Henrik von Wright beleuchtet, wie Wittgensteins Philosophie ebenfalls eine Kritik an der Invasion eines wissenschaftlichen Vokabulars ist, das ein früheres Vokabular religiöser Autorität ersetzt (von Wright, 1993, 99). Vergleichend scheint mir das Suchen nach einer neuen Poetik oder Form in einer Kritik an überkommener Autorität gerade auch das Anliegen eines Feminismus, der von den Denkerinnen in den Texten dann in verschiedenen Strategien umgesetzt wird.

Einige gemeinsame Merkmale des ‚Sprachschreck' finden sich bei vielen Denkern zu Beginn des 20. Jahrhunderts, deren Philosophie von Sprachskepsis ihren Ausgang nimmt. Ihren Sprachschreck zeichnet ein performatives Paradox aus. Bei Hugo von Hofmannsthal ist dies die eloquente Beschreibung der

---

35 Siehe auch: Beatrice Kobow, Der Sprung in die Sprache oder Denken als-ob, mentis: Paderborn, 2019 und Kobow: ‚Nach dem Sprachschreck', in: Philippe Issler (Hrsg.), Gewissheit, Hamouda: Leipzig, 2024, 95–122.

(angeblichen) Unfähigkeit, etwas zusammenhängend zu schreiben oder zu sagen, bei Mauthner die sprachlich formulierte Sehnsucht nach der sprachlosen Tat, und bei Nietzsche die virtuose, sprachlich einzigartige Darstellung der Furcht vor dem Verlust der Einzigartigkeit des einzelnen in der Mittelmäßigkeit der Sprache. Diese performativen Paradoxe funktionieren wie ein *Mise-en-Abyme*, ein Bild im Bild, das also ‚argumentativ' in einen infiniten Regress führt. Mauthner beschreibt ein Auseinanderfallen des Weltbildes in Sprache aus drei unterschiedlichen sprachlichen Perspektiven, die je unterschiedliche Dimensionen der Wirklichkeit darstellen. Wittgenstein benennt eine metaphorische ‚Grenze' der Sprache, die unsere Perspektive begrenzt und bestimmt. Nietzsche formuliert einen Perspektivismus der Sprache, der als Verfälschung der dem einzelnen einzigartig gegebenen Wirklichkeit negativ erscheint. Solche Metaphern zeigen nicht die Unsagbarkeit einer ‚tiefen' (und darum sprachlosen) Wahrheit, sondern die Rekursivität der Gedankenfigur. Es handelt sich dabei, obwohl in der Aporie endend, nicht um negative, sondern, so das Paradox konstituierende, positive Versuche, da die Sprache bei der Darstellung gerade nicht versagt.

Der Begriff der *Ähnlichkeit* ist der Schlüssel zum Verständnis dieser Darstellungen. Ähnlichkeit, nicht logische Notwendigkeit, zeichnet Sprache aus. Sie zeigt an, dass es um Ähnlichkeit, nicht In-eins-Fallen von Welt und Sprache geht. Erst ein Vergessen dieser Beziehung führt zu den Problemen, die die Sprachschreck-Philosophen an ihrem kulturellen Status Quo feststellen. Die Konventionskritik im ‚Sprachschreck' ist gerichtet gegen die Selbstüberhebung einer Zeit, der die Bewusstheit der Begrifflichkeit ihrer Weltsicht abhandenkommt. Die Begriffskritik ist die Grundlage für eine Konventionskritik an Religion und Moral in der Stimmung des Kulturpessimismus. Bei Wittgenstein erscheint das Vokabular der Wissenschaften als neues Dogma.

Die *Autonomie des Einzelnen* wird für die Philosophen im Sprachschreck durch den Verlust der Selbstverständlichkeit der Sprache zum Problem. Von Hofmannsthal, Mauthner und Nietzsche feiern das geniale Individuum, das den Sprachschreck erlebt und sich durch ihn weiter von der Menge absetzt. Wittgenstein sieht sich ebenfalls als jemand, der *in instinktiver Auflehnung gegen die Sprache lebt*. Die Philosophen, die wir zum Sprachschreck befragen, haben in ihrer heftigen Reaktion auf den Sprachzweifel und das Erleben des Sprachschrecks als Krise des Selbst ein ‚leidenschaftliches Herz' gemeinsam. Dies ist ein entscheidender Aspekt des performativen Paradoxes. Das Erleben des Sprachschreck, so das Selbstverständnis der Sprachschreck-Philosophen, geschieht außersprachlich und stößt den Denker / Erlebenden in die Einsamkeit und Herausgestelltheit eines allein Unverstandenseins hinab oder hebt ihn hinauf, je nachdem, ob der Verlust der Gemeinschaft als vernichtend oder als ermöglichend (als Befreiung des genialen Ich von den Zwängen der Konvention etwa bei Nietzsche) verstanden wird. Die daraus resultierende Sehnsucht nach dem Außerhalb der Sprache ist das vielleicht wichtigste Symptom des Sprachschrecks. Bei Nietzsche und Wittgenstein wird es komplementiert von der Einsicht, dass es kein Außerhalb zur Sprache gibt. Dieses bleibt utopisch, der nicht-Ort auch theoretisch unerfüllter Sehnsucht. Die Suche nach dem Außerhalb der Sprache endet in der Aporie.

Der Sprachschreck thematisiert die Sprachnot und den Mitteilungszwang. Für Mauthner, Nietzsche und Wittgenstein passiert uns die Sprache vor dem Denken und formt dieses. Der sprachliche Zwang besteht in der sprachkonventionell gegebenen Einschränkung der Unabhängigkeit des individuellen Denkens. Der Sprachschreck erscheint als der erste Schritt zu einer Emanzipation von diesem Zwang der Begriffe. Ein Wiedererinnern der Begrifflichkeit der Begriffe wird möglich. Die *Sprachnot* macht deutlich, dass Sprache ein notwendiges Medium für uns ist. Sprache macht Erkennen möglich, weil wir eine konzeptuelle Vermittlung brauchen, um die Welt zu fassen; zugleich erkennen wir, dass unser epistemischer Zugang zu dieser Realität vermittelt ist und nicht unmittelbar möglich. Das Medium der Vermittlung – die Sprache – ist arbiträr, konventionell und unzuverlässig. *Mitteilungszwang* nennen wir mit Wittgenstein und Nietzsche das Wissen um die Unmöglichkeit privaten vorsprachlichen Erkennens – kein Moment unseres Selbstverständnisses ist vorsprachlich möglich. Der Sprachschreck bei Nietzsche, Mauthner und Wittgenstein endet in der Aporie. Er motiviert vor allem eine kulturpessimistische Kritik an Dogmen.

5.2   Der Sprachschreck in Hugo von Hofmannsthals ‚Ein Brief':

Nähern wir uns den Merkmalen des Sprachschrecks über eine exemplarische literarische Darstellung. Hugo von Hofmannsthal veröffentlicht 1902 den Text ‚Ein Brief'.[36] Aleida Assmann nennt ihn den *locus classicus* der Sprachskepsis der Moderne.[37] Es handelt sich um eine Brieffiktion – der junge Dichter Lord Chandos wendet sich 1603 an seinen Freund und Gönner Francis Bacon und berichtet ihm in einem Brief über eine tiefgreifende Schaffens-und Sprachkrise.

---

36   Hugo von Hofmannsthal, Ein Brief <1902>, In: Der Tag. Berlin, Nr. 489, 18. Oktober 1902 (Teil 1); Nr. 491, 19. Oktober 1902 (Teil 2). Auch in: Hugo von Hofmannsthal: Die prosaischen Schriften. Band 1, S. Fischer: Berlin 1907, 53–76.
37   Aleida Assmann, *Hofmannsthals Chandos-Brief und die Hieroglyphen der Moderne*, in: Hofmannsthal Jahrbuch, 2003, 267–279.

In Francis Bacon sehen wir den Vordenker des Empirismus und in Lord Chandos das Alter Ego von Hugo von Hofmannsthal, der hier eine neue Poetik zu formulieren sucht. Charakteristisch für den Sprachschreck ist das performative Paradox. Über das dichterische Verstummen wird mit großer Eloquenz und dichterischer Bildgewalt geschrieben. Empfunden wird der Sprachschreck als Blick in den *brückenlosen Abgrund*, der den Schreiber ins Jetzt und Hier verbannt, denn nicht nur die eigenen, auch die Werke anderer, die ihm früher Trost und Sinn spendeten, sind dem verzweifelten Chandos fremd geworden.[38] Wohl ist das Zusammenspiel der Begriffe in diesen Texten ihm noch verständlich, aber sie haben nur miteinander zu tun, das eigene Denken des Briefschreibers bleibt unberührt von den hermetischen Begriffen und diese darum sinnentleert. Das ‚Persönliche des Denkens' müsste zu einem neuen Ausdruck – d.h. einer neuen Verbundenheit mit der Welt finden. Der Zweifel an den Begriffen verhindert dies. Wo Lord Chandos früher in jugendlicher Überheblichkeit das ganze Dasein als eine große Einheit seiner eigenen Person gewidmet schien, so zerfällt es jetzt in der Sprachlosigkeit; aber nicht einmal diese Erklärung der Hybris, also der bestraften Selbstüberhebung, überzeugt mehr. So einfach kann die Erklärung nicht sein. Die bleibende *Verfasssung des Kleinmuths und der Kraftlosigkeit des Inneren* aber macht sich am Verlust aller Begriffe fest:

> Die abstrakten Worte, deren sich doch die Zunge naturgemäß bedienen muß, um irgendwelches Urtheil an den Tag zu geben, zerfielen mir im Munde wie modrige Pilze. Es gelang mir nicht mehr, sie mit dem vereinfachenden Blick der Gewohnheit zu erfassen. Es zerfiel mir alles in Teile, die Teile wieder in Teile und nichts mehr ließ sich mit einem Begriff umspannen. Die einzelnen Worte schwammen um mich; sie gerannen zu Augen die mich anstarrten und in die ich wieder hineinstarren muß: Wirbel sind sie, in die hinabzusehen mich schwindelt, die sich unaufhaltsam drehen und durch die hindurch man ins Leere kommt. (Hugo von Hofmannsthal, Ein Brief, 55)

Im Chandos-Brief hat der Sprachschreck zwei Komponenten: Der erste Aspekt, den ich in Umrissen rekonstruiert habe, ist das Fremdwerden der Begriffe, vor allem durch ein Zerfallen der Zusammenhänge, und ein daraus

---

38 *Ich machte einen Versuch, mich aus diesem Zustand in die geistige Welt der Alten hinüberzuretten. Platon vermied ich, denn mir graute vor der Gefährlichkeit seines bildlichen Fluges. Am meisten gedachte ich mich an Seneca und Cicero zu halten. An dieser Harmonie begrenzter und geordneter Begriffe hoffte ich zu gesunden. Aber ich konnte nicht zu ihnen hinüber. Diese Begriffe, ich verstand sie wohl: ich sah ihr wundervolles Verhältnisspiel vor mir aufsteigen wie herrliche Wasserkünste, die mit goldenen Bällen spielen. Ich konnte sie umschweben und sehen wie sie zueinander spielten; aber sie hatten es nur miteinander zu tun und das Tiefste, das Persönliche meines Denkens blieb von ihrem Reigen ausgeschlossen. Es überkam mich unter ihnen das Gefühl furchtbarer Einsamkeit;(...).* (aus dem Chandos-Brief)

resultierendes Leiden am Herausfallen aus der konventionellen menschlichen Gemeinschaft. Alte Autoritäten, die einst Sinn garantierten, – die Werke des Kanons, auch religiöse Auffassungen –, verlieren mit den Begriffen selbst an Überzeugungskraft für den Schreiber. Zentral wichtig für ein Verstehen des Sprachschrecks ist Lord Chandos Klage, dass ihm im Sprechen und Schreiben jeglicher *Zusammenhang* verlorengegangen sei. Wir sehen bereits im Keim die Romantisierung der Sprachlosigkeit und eine beginnende Sprachfeindlichkeit. Diese zeigt sich in einem zweiten Aspekt, auf den wir später zurückkommen werden: Der positive Effekt des Sprachschrecks ist ein Erleben der ‚stummen Kommunion' mit der dinglichen Welt, in der sich die Sehnsucht nach Sinn ohne Sprache scheinbar erfüllt.

Von Hofmannsthal benutzt sowohl Mauthners Beiträge zu einer Kritik der Sprache als auch Nietzsches Text ‚Über Wahrheit und Lüge im außermoralischen Sinn' als Quellen für ‚Ein Brief'. Der nächste Moment unserer Rekonstruktion ist die Darstellung des Sprachschrecks aus diesen Quellen:

5.3 Der Sprachschreck in Mauthners ‚Selbstdarstellung'

Fritz Mauthner studiert bei Mach in Prag und arbeitet auf verschiedenen neuen Gebieten der Philosophie und Wissenschaft, z.B. besonders auf dem Gebiet der Wissenschaftstheorie und der gerade neu entstehenden Psychologie. Seine philosophischen Analysen sind gekennzeichnet von einer Wissenschaftsbegeisterung. Sein besonderes Augenmerk liegt auf der Sprachkritik, aus der er eine umfassende Religionskritik entwickelt und einen neuen Begriff des Gedächtnisses. Mauthner ist in seiner Zeit ein einflussreicher Philosoph, was sich auch daran zeigt, dass er eingeladen wird, die Entwicklung seines Denkens in einer ‚Selbstdarstellung' für die Nachwelt festzuhalten. *Die Mutter hatte mir anvertraut, es gäbe keinen Teufel und keine Hexen. Was hatte Gott ontologisch vor dem Teufel und vor den Hexen voraus?*, so schreibt Mauthner in dieser Selbstdarstellung. Er beschreibt seinen Erkenntnisprozess nachdenklich so: „Ich glaube aber, dass ich erst viele Jahrzehnte nach den ersten inneren Kämpfen imstande war, meine religiösen Zweifel als eine bloße Abzweigung meiner Sprachkritik zu begreifen." (Mauthner, Erinnerungen, 130)[39]

Nach Mauthner ist die Sprache zwar zur Kommunikation geeignet, jedoch nicht zu (wissenschaftlichen) Erkenntnissen von Wirklichkeit. Sprache ist selbst ein *natürliches* Phänomen, das wir wissenschaftlich einordnen können.

---

39 Fritz Mauthner, Erinnerungen, Müller: München, 1918.

Vor allem die ‚Ähnlichkeit' als thetischer (setzender / konventioneller) Aspekt von Sprache macht sie der Wissenschaft unterlegen. Bei Mauthner sehen wir die Sprachkritik gründend in der Hoffnung, dass unsere wissenschaftlichen Ansprüche nicht durch die Begrenztheit unserer (natürlichen) Sprache geschmälert werden müssen; mathematische Formeln werden unseren wissenschaftlichen Ansprüchen eher gerecht.

Mauthner sehnt sich auch hier nach dem Außerhalb der Sprache. Eine Folge seiner Sprachkritik ist Mauthners Sehnsucht nach der sprachlosen Tat. Darum ist er z.B. Befürworter des ersten Weltkrieges und revidiert seine Meinung erst in der Rückschau. Die sprachlose Tat kann das Losschlagen im Krieg sein, oder der bewusstlose Kuss, aber auch das stumme Einvernehmen der Liebenden. Sie zeigt eine *unio mystica* mit den sprachlosen Wesen und Dingen, die Hugo von Hofmannsthal als positiven Moment des Sprachschrecks beschreibt. Die Stummheit der Dinge, die dennoch zu ihm ‚sprechen', zeigt eine weitere Spielart des performativen Paradoxes des Sprachschreck.[40] Der Sprachschreck mag uns zum Versuchen der sprachlosen Tat bringen. Die sprachlose Tat endet jedoch ebenfalls im Hier und Jetzt. Sie hat keine Dauer und keinen Sinn. Wie der Krieg zerstört sie den Sinn, ohne ihn ersetzen oder verändern zu können. Den Sprachschreck aber löst die Sprachlosigkeit nicht positiv auf.

> Die Ähnlichkeit dürfte noch einmal die wichtigste Rolle in der Psychologie spielen. Vielleicht hat man die Ähnlichkeit bisher instinktiv darum vernachlässigt, weil man sonst zu früh hätte einsehen müssen, wie tief unser logisches oder sprachliches Wissen unter unseren wissenschaftlichen Ansprüchen stehe, wie weit entfernt unsere Begriffsbildung von mathematischer Genauigkeit sei; denn unsere Sprachbegriffe beruhen auf Ähnlichkeit, die mathematischen Formeln auf Gleichheit. (Fritz Mauthner, Beiträge zu einer Kritik der Sprache, 1906)

Für Mauthner ist die Sprache selbst ein Gegenstand der Wissenschaft geworden. Nicht nur bei Mauthner, auch bei Husserl klingt an, dass die Philosophie von der neuen und präzisen Psychologie als Wissenschaft abgelöst werden möge.

Die hier vorgeschlagene erneute Beschäftigung mit der Bedeutungstheorie stellt gerade den Begriff der ‚Ähnlichkeit' ins Zentrum. Er bezeichnet nicht die

---

40   *Ich fühlte in diesem Augenblick mit einer Bestimmtheit, die nicht ganz ohne ein schmerzliches Beigefühl war, daß ich auch im kommenden und im folgenden und in allen Jahren dieses meines Lebens kein englisches und kein lateinisches Buch schreiben werde:*
(...) *nämlich weil die Sprache, in welcher nicht nur zu schreiben, sondern auch zu denken mir vielleicht gegeben wäre, weder die lateinische noch die englische, noch die italienische oder spanische ist, sondern eine Sprache, in welcher die stummen Dinge zuweilen zu mir sprechen*
(...) (Chandos-Brief)

‚Differenz' und nicht die ‚Gleichheit', sondern das Wiedererkennen von ‚Ähnlichkeit'. Sie charakterisiert die Weitergabe von Kulturtechniken von einer Generation zur nächsten. Eine Reihe philosophischer Themen und Probleme kann mittels einer Beschäftigung mit ‚Ähnlichkeit' als zentralem Terminus der Bedeutungstheorie erschlossen und zusammenhängend begriffen werden.

5.4 Nietzsches Münzmetapher in ‚Über Wahrheit und Lüge im außermoralischen Sinn' (1873)[41]

Nietzsches Projekt der Sprachkritik kann als ‚Philosophie des Perspektivismus' charakterisiert werden.[42] Bei Nietzsche ist es zunächst die Verfälschung des einzigartigen Erlebens, das die Begriffe suspekt macht:

> Denken wir besonders noch an die Bildung der Begriffe. Jedes Wort wird sofort dadurch Begriff, dass es eben nicht für das einmalige ganz und gar individualisierte Urerlebnis, dem es sein Entstehen verdankt (...) sondern zugleich für zahllose, mehr oder weniger ähnliche, das heißt streng genommen niemals gleiche, also auf lauter ungleiche Fälle passen muss. (Nietzsche, Über Wahrheit und Lüge im außermoralischen Sinn, KSA, 879)

Für Nietzsche wird in dieser lügnerischen Festigkeit der Begriffe nicht nur das Erleben, sondern auch die Schöpferkraft des einzelnen ‚vergessen'.

> Was ist also Wahrheit? Ein bewegliches Heer von Metaphern, Metonymien, Anthropomorphismen, kurz eine Summe von menschlichen Relationen, die, poetisch und rhetorisch gesteigert, übertragen, geschmückt wurden und die nach langem Gebrauch einem Volke fest, kanonisch und verbindlich dünken: die Wahrheiten sind Illusionen, von denen man vergessen hat, daß sie welche sind, Metaphern, die abgenutzt und sinnlich kraftlos geworden sind, Münzen, die ihr Bild verloren haben und nun als Metall, nicht mehr als Münzen, in Betracht kommen. (Nietzsche, Über Wahrheit und Lüge im außermoralischen Sinn, KSA, 880)

In diesem sehr berühmten Zitat prägt Nietzsche die Münz-Metapher. Wir sehen bei Nietzsche hier drei Gleichsetzungen – Wahrheiten sind Illusionen,

---

41 Friedrich Nietzsche, Über Lüge und Wahrheit im außermoralischen Sinn, 1873, aus dem Nachlass 1896.
42 *Die Perspektive ist ja eine notwendige Täuschung, welche bleibt, auch wenn wir ihre Falschheit erkannt haben und in diesem Sinn nennt Nietzsche seine Philosophie treffend ‚Perspektivismus',* schreibt Vaihinger über Nietzsche.

die man nicht mehr bewusst unterhält, sie sind Metaphern, die nichts mehr sinnlich evozieren, und sie sind Münzen, ‚die ihr Bild verloren haben'. Diese Münzen kommen nun als Metall in Betracht. Rekonstruieren wir dies so: Die Münzbilder ermöglichen den Umgang mit den Wahrheiten als Begriffen, deren Begrifflichkeit noch wahrnehmbar ist, wie bei einer sinnlich kraftvollen Metapher. Die bildlosen Münzen sind bloßes Metall, d.h. ihr deklarativ-fiktiver Sinn ging verloren, sie täuschen nun darüber hinweg, dass sie konventionell bedeutungsvoll sind und erscheinen ‚fest, kanonisch, verbindlich'. Die Materialität des Metalls steht für die Abnutzung des Wissens um die Gesetztheit der Begrifflichkeit. Wir nennen also das Wahrheit, was sich eingebürgert hat, aber nicht mehr in seiner Begrifflichkeit erkannt wird. Wahrheit erscheint nun fälschlicher Weise als ‚rohe Tatsache' und es entsteht so ein Mythos der Vorbegrifflichkeit von Wahrheit.

Auch in der ‚Fröhlichen Wissenschaft', im Abschnitt ‚Der Genius der Gattung', beklagt Nietzsche nun, in Parallele zum eben geführten Argument, dass das Bewusstsein selbst nur ein Effekt des Zeichenerfindens (des Sprechens) sei:

> ... dass Bewußtsein überhaupt sich nur unter dem Drucke des Mitteilungs-Bedürfnisses entwickelt hat – daß es von vornherein nur zwischen Mensch und Mensch (zwischen Befehlenden und Gehorchenden insonderheit) nötig war, nützlich war, und auch nur im Verhältnis zum Grade dieser Nützlichkeit sich entwickelt hat. Bewußtsein ist eigentlich nur ein Verbindungsnetz zwischen Mensch und Mensch – nur als solches hat es sich entwickeln müssen: der einsiedlerische und raubtierhafte Mensch hätte seiner nicht bedurft. (Nietzsche, Fröhliche Wissenschaft, § 354)[43]

Die Vorstellung, dass biologisch-menschliche Phänomene, die sprachlich konstituiert sind, durch ihre biologische Gegebenheit nur scheinbar ‚bedeutsam', im klaren Licht der Wissenschaft betrachtet jedoch Gegebenheiten des Menschen als Gattungswesen seien, finden wir bei Nietzsche und Mauthner; für beide ist diese Erkenntnis Grundlage für eine Religionskritik. Für Hugo von Hofmannsthal markiert sie das Ende der Verbindlichkeit bisheriger Autoritäten, damit entsteht aber auch die Hoffnung auf eine mögliche neue Poetik.

Das Dogma von der Sprache als verlässlichem Erkenntniswerkzeug wird in der Wende der Sprachskepsis abgelöst von dem Blick in den Abgrund der Sprache, deren konventionelle Gesetztheit und zufällige Willkür uns nicht mehr verbindet mit unseren Wahrnehmungen, der Welt und den anderen, sondern uns von ihnen trennt. Zudem ermöglicht die konventionelle Gesetztheit nicht

---

43 Friedrich Nietzsche, Die fröhliche Wissenschaft (1887), KSA, Band 3, Berlin: de Gruyter.

den einzigartigen Ausdruck des erlebenden Individiuums. Einzigartig aber möchte der einzelne sein und: unsterblich. Wie William James bemerkt, ist die verständliche und dringende Hoffnung des einzelnen Individuums (als Motiv des Glaubens und des Sprechens) seine persönliche Bedeutung für die es konstituierende und bestimmende Ordnung. Wie das Individuum trotz Sprache, oder gerade mit ihrer Hilfe, relevant und damit ‚unsterblich' sein kann, versuche ich zu rekonstruieren.

5.5   Ludwig Wittgensteins ‚Über Gewissheit'

Wittgensteins Einfluss auf die analytische Philosophie und den ‚linguistic turn' kann nicht überschätzt werden, es ist aber anzunehmen, dass sein Kulturpessimismus und seine spätere Beschäftigung mit Gewissheit hierzu weniger beitragen. In der Rezeption des Wiener Kreises und logischen Positivismus wird Wittgensteins Sprachkritik ironischer Weise zur Patin perspektivloser Feststellung von Wahrheit im wissenschaftlichen Weltbild. Gerade das Gegenteil zeigt sich im Sprachschreck Wittgensteins in ‚Über Gewissheit'.

Vor allem bei Mauthner und Wittgenstein in Weiterführung der Gedanken von Nietzsche erscheint das Ich mit Zugang zu einer exklusiven Innerlichkeit und einer autonomen Zielsetzung bereits als Illusion. Wittgenstein verweist begrifflich direkt auf Nietzsche, wenn er schreibt:

> Die Menschen sind tief in den philosophischen, d.i. grammatischen Konfusionen eingebettet. (...) Darum geht das Herausreißen nur bei denen, die in einer instinktiven Auflehnung gegen die Sprache leben. Nicht bei denen, die ihrem ganzen Instinkt nach in der Herde leben, die diese Sprache als ihren eigentlichen Ausdruck geschaffen hat. (Wittgenstein, Großes Typoscript, in: von Wright, 1986, 212)

Wittgensteins Reaktion auf den Sprachschreck ähnelt der Nietzsches. Der Versuch, die Ähnlichkeitsrelation von Sprache und Welt zu begreifen, führt zu einer Kritik an einem naiven Begriffsverständnis (als Abbildverhältnis):

4.0031 TLP Alle Philosophie ist ‚Sprachkritik'. (Allerdings nicht im Sinne Mauthners.)

Mauthner hofft, wie oben skizziert, die Ungenauigkeit der Sprache, die bloß auf Ähnlichkeit beruht, in der Wissenschaft überwinden zu können. Mauthner kritisiert damit die Sprache selbst. Wittgenstein hingegen will gerade unsere Blindheit der Sprache gegenüber in den Blick nehmen. Er kritisiert auch und vor allem die Blindgläubigkeit einer Wissenschaftssprache gegenüber: „Philosophers constantly see the methods of science before their eyes, and are irresistibly tempted to answer questions in the way science does. This tendency is the real source of metaphysics, and leads the philosopher into complete darkness." (Blue Book, Wittgenstein)

Von Wright, Freund, Nachlassverwalter und Nachfolger auf dem Lehrstuhl Wittgensteins in Cambridge, rekonstruiert Wittgensteins Projekt als eines, das auf Wissenschaftskritik zielt und darum auch nicht mit wissenschaftlichen Methoden arbeitet, wie z.B. der Erklärung von Phänomenen oder der theoretischen Grundlegung unserer Ansichten.[44]

In einem Brief an Russell schreibt Wittgenstein, dass ihm besonders die Lektüre von James ‚Varieties of Religious Experience' gut tue – also ein Werk der Religionspsychologie geprägt von einer pragmatistischen Agenda. Diese Einschätzung sehe ich zunächst als einen Hinweis darauf, dass Wittgenstein sein eigenes Vorhaben einer beschreibenden Darstellung der Sprachlogik an diesem ‚Arbeitsbeispiel' von James bestätig sieht. „Und was die Introspektion James zeigte, war nicht die Bedeutung des Wortes ‚selbst' (...), noch eine Analyse eines solchen Wesens, sondern der Aufmerksamkeitszustand eines Philosophen, der sich das Wort ‚selbst' vorspricht und seine Bedeutung analysieren will." (PU 411)

James und Wittgenstein ist eine kritische Haltung gegenüber einer verwissenschaftlichenden Erklärung ihres Projektes gemein. Zunächst geht es ihnen um die Beschreibung des tatsächlichen Gebrauchts (von Gebeten, von Begriffen). Diese Zustandsbeschreibung der Praxis führt Wittgenstein weiter zu einer kulturpessimistischen Kritik der Kritik an der moralischen Tradition, also zu einer Kritik am Status Quo der Moderne, und damit noch über Nietzsche und Mauthner hinaus. Einschränkend sei zugegeben, dass es ein Merkmal der philosophischen Emanzipation ist, je mit Hilfe der Vernunft auch ihre Grenzen aufzuzeigen, also ein nach beiden Seiten relativierendes Projekt zu verfolgen.

‚Über Gewissheit' ist das posthum von von Wright und Anscombe herausgegebene Spätwerk Wittgensteins. Wittgenstein verbrachte seine letzten Lebensjahre in Cambridge, wo er oft mit Freunden im ‚Orchard Tea Garden' im Garten saß und philosophierte. Am 3.April 1951 – nur wenige Wochen vor

---

44 A philosophy which does not look for answers to questions, does not explain or theorize about the things which attract the philosopher's curiosity, and does not try to provide the foundations for our beliefs, is not a philosophy for which scientific thinking sets the pattern. (...) (But) it may be said to take a critical or even hostile attitude to the influence of science outside its proper domain – and in particular on philosophic thought. In this it runs counter to an intellectual mainstream of the century. (von Wright, 1993, 97)

seinem Tod – schreibt Wittgenstein: „Ich sitze mit einem Philosophen im Garten; er sagt zu wiederholten Malen ‚Ich weiß, dass das ein Baum ist'; wobei er auf den Baum in unsrer Nähe zeigt. Ein Dritter kommt daher und hört das, und ich sage zu ihm: ‚Dieser Mensch ist nicht verrückt: Wir philosophieren nur.'"

Wir sehen in der Grantchester-Konstellation bei Wittgenstein die Umkehrung des ‚Sturzes des Philosophen': Dort sitzt der Philosoph im Garten mit einem Gegenüber, der bei Wittgenstein der Ich-Erzähler, also der ist, der die Anekdote überliefert, die zur Reflektion führt, während ein Dritter vorbeikommt, der damit die Position der Leser einnimmt, den der Ich-Erzähler aufklärt: Dieser Mensch ist nicht verrückt. Wir philosophieren nur. Er übernimmt also gleich die Verteidigung des Philosophen gegen den Anschein von Wahnsinn, der der Tätigkeit des Philosophierens anhaftet oder ihr landläufig zugeschrieben wird. Und er formuliert mit dem verschwörerischen ‚Wir' gleich mit, dass der Philosophierende nicht allein ist, wie Thales, sondern dass Philosophieren im Dialog mit (einem) anderen unternommen wird. Blumenberg bemerkt, dass auch Heidegger meine, „dass *die Philosophie immer etwas Verrücktes* ist." (Blumenberg 148) Er resümiert, dass aber gerade die Tendenz, den Abgrund zwischen Lebenswelt und Philosophie als notwendig für die eigentümliche Einstellung des Philosophierens zu machen, gefährlich sei. Anders steht es bei Wittgenstein, der sowohl das Dialogische, als auch das in der Lebenswelt Beginnen der Philosophie in seinem Grantchester-Paragraphen zeigt.

Zwei Dinge sind also Wittgensteins Vermächtnis aus diesem kurzen Textstück: Dass einerseits die Philosophinnen sich Begriffe vor Augen führen, die sich in anderen Kontexten ‚von selbst verstehen' und dass dies für Zuhörer, die ‚daherkommen', verrückt erscheinen mag; andererseits erben wir das ‚wir' im Satz ‚Wir philosophieren nur.' Eher als das relativierende ‚nur' erscheint mir das Wir das Wichtige an der Erkenntnismethode des Philosophierens. Sich die Verwendung eines Satzes vor Augen oder Ohren zu führen, ist Teil der Ein-Übung des Herausreißens aus der Herde der Sprecher, aber es geschieht wiederum in einer Gemeinschaft der Sprecher, die ein neues Wir konstituieren. Dass wir im Anwenden der Regel also diese Regel selbst zugleich erneuern, ist eine zentrale Weise des Funktionierens von Bedeutung.[45] Sie zeigt das Regelfolgen als basierend in diachroner und synchroner Gemeinschaft der Regelversteher – als eine Weise des ‚Mitsein'.[46]

---

45 Vgl. hier Vojtech Kolman, *Wittgenstein and Die Meistersinger – The Aesthetic Road to a Sceptical Solution of the Sceptical Paradox*, Estetika: The European Journal of Aesthetics 57 (1):44–63 und Kobow, Der Sprung in die Sprache, 2019.
46 Sie wird in der Folge mit der analytischen Sprachphilosophie rekonstruiert und damit mit Apel zum Schlüssel einer transzendentalsprachpragmatischen Aufarbeitung eines Themas der Existenzphilosophie. (APEL84)

5.6 Die Sehnsucht nach Außersprachlichkeit

Die tiefe Wurzel des Sprachschrecks, seine Radikalität und zugleich die Gefahr, die von ihm ausgeht, ist nicht vornehmlich die Absage an die Autorität der Konvention oder Religion, sondern die diese Absage begründende Absage an die Sprache. Nehmen wir sie ‚beim Wort', führt sie nur in die Aporie eines lähmenden Kulturpessimismus: Bedeutungen sind kulturell vermittelt, aber sie sind sinnlos geworden, weil die Kultur nicht mehr garantieren kann, dass wir ‚Bedeutungen' (begrifflich) verstehen.

Die Sehnsucht nach dem Außerhalb der Sprache konstituiert einen dagegen vorgestellten positiven Raum. Das Erleben von ‚Außersprachlichkeit' beinhaltet Gefühle einer bewusstlosen, wortlosen Gemeinschaft mit anderen Menschen, Lebewesen oder Dingen. Diese gefühlte Gemeinschaft ist, ähnlich wie der acte gratuit, willkürlich. Sie kann nicht gesteuert, nicht benannt, nicht begriffen werden. Die Willkür in der Tat setzt den fiktiven ‚Willen' des Täters über jede Zustimmung, ja jedes Mit-Einbeziehen der Position eines Gegenübers. Damit ist die sprachlose Tat ein Akt der Gewalt. Lord Chandos beschreibt, wie ihn der Sprachschreck manchmal positiv überwältigt. Das Erleben von Gemeinschaft überkommt ihn, es ist nicht steuerbar. Lord Chandos beschreibt es als ‚völlig Unbenanntes', ‚kaum Benennbares', das sich ankündigt. Hier folgt eine Passage über den massenhaften Tod von Ratten, deren Vergiften Lord Chandos selbst befohlen hat, die wie auf hellsichtige Weise bereits die Massenmorde der Moderne beschreibt.[47]

> (...) Vergeben Sie mir diese Schilderung, aber denken Sie nicht, daß es Mitleid war, was mich erfüllte. Das dürfen Sie ja nicht denken, sonst hätte ich mein Beispiel ungeschickt gewählt. Es war viel mehr und viel weniger als Mitleid: ein ungeheures Anteilnehmen, ein Hinüberfließen in jene Geschöpfe oder ein Fühlen, daß ein Fluidum des Lebens und Todes, des Traumes und Wachens für einen Augenblick in sie hinübergeflossen ist – von woher? (Hofmannsthal, Chandos-Brief)

Mitsein ist hier *Hinüberfließen*, nicht Mit-leiden. Der Modus, indem dieses *ungeheure Anteilnehmen* erlebt wird, ist nicht Empathie, sondern Ekstase. Auch das Mit-Erleben selbst ist also auf problematische Weise abgekoppelt von der Position des Gegenübers, es wird *ungeheuer*.

---

47 „Hundert Jahre später können wir dagegen nicht mehr umhin, mit dieser Passage völlig anachronistisch die Gaskammern von Auschwitz zu assoziieren. Hofmannsthals Text ist nicht nur ein epochales poetologisches Manifest der Moderne und Gegenmoderne, er liest sich (in diesem Punkt) auch wie eine Andeutung auf Schrecken des 20. Jahrhunderts." (Assmann, Aleida, 279)

Wichtig für den Autor Hugo von Hofmannsthal ist ‚Ein Brief' als Text auf der Suche nach einer neuen Ausdrucksform. Obwohl der Text von einem Verstummen spricht, ist dies ein Stilmittel und Teil des performativen Paradoxes. Das Aufgeben alter Ordnung geschieht im Ringen um neue Form. Das Neue befreit sich allerdings auch auf gewaltsame Weise von den Verbindlichkeiten, in denen die alten Autoritäten und Begriffe standen.

Obwohl der Aufbruch ins wissenschaftliche Zeitalter, an dessen Beginn von Hofmannsthal die Brieffiktion lokalisiert, Kontrolle und Herrschaft des Menschen über seine Welt versprechen, erkennen wir auch eine entgegengesetzte Bewegung des Kontrollverlustes durch den Zweifel an der Sprache und die Unkontrollierbarkeit des Erlebens positiver und negativer Aspekte des Sprachschrecks. So bleibt die Hoffnung, der Lord Chandos auf Überwindung des Sprachschrecks und damit erneuter Selbstverantwortung (also: Kontrolle über das eigene Handeln und Sprechen) am Ende seines Briefes Ausdruck verleiht, die Hoffnung auf ein ‚Jenseits', d.i. auch ein ‚Jenseits' im Hinblick auf Sprechen und Handeln in der Welt:

> ... nämlich weil die Sprache, in welcher nicht nur zu schreiben, sondern auch zu denken mir vielleicht gegeben wäre, weder die lateinische noch die englische, noch die italienische oder spanische ist, sondern eine Sprache, in welcher die stummen Dinge zuweilen zu mir sprechen, und in welcher ich vielleicht einst im Grabe vor einem unbekannten Richter mich verantworten werde. (Hofmannsthal, Chandos-Brief)

Wir suchen eine handlungsrelevante Antwort auf den Sprachschreck in Überwindung seiner Aporie. Diese Antwort soll sich innerhalb der Sprache und des Denkens bewegen und ein Handeln im Diesseits ermöglichen. Nach Nietzsche ist die Funktion der Sprache, ein Verbindungsnetz von Mensch zu Mensch zu spannen. Bewusstheit und Selbstbewusstheit sind ihr geschuldet. Nietzsches Spott der Sprache gegenüber ergibt sich aus einem enttäuschten Selbstverständnis des Menschen – wähnte der Mensch sich selbstbewusst bedeutsam durch den Sinn, den Sprache ihm ermöglicht, so sind Sprache, Selbstbewusstsein und Bewusstheit doch nur den Sonderbarkeiten seiner Spezies geschuldet. Dies ist der Rückverweis auf einen quasi-darwinistischen Essentialismus, der die Sprache einerseits notwendig, andererseits aber auch ‚sinnlos' (da nicht selbst-gesetzt) erscheinen lässt. Hier wird sowohl das Konventionelle als auch das Natürlich-Gegebene der Sprache zum Stein des Anstoßes.

Es ergibt sich aus der sprachlichen Verbundenheit jedoch auch ein mögliches positiveres Verständnis der *conditio humana*: Die Sprache eröffnet einen Handlungshorizont, der sich den so verbundenen Menschen erschließt, sie aus dem bloß instinktiven Reagieren herauslöst und ihnen die Möglichkeit des Handelns eröffnet. Die sprachlich konstituierte Gemeinschaft ist überzeitlich und überindividuell. Der Status Quo ‚nach dem Sprachschreck' kann in einem neuen Konzept von Mitsein gefasst werden. Das Mitsein beschreibt dabei nicht das ekstatische Hinüberfließen ins andere Leben ohne Empathie, sondern das gegenüberstellende Verstehen des Anderen im Dialog, der das performative Paradox ablöst. Der Modus des Erfahrens ist einer des In-Verbindung-Tretens. Die Begriffe werden als Prozesse beschrieben, die nicht – wie Nietzsche, Mauthner und Wittgenstein befürchten, dogmatisch einen Status festschreiben und damit fest-stellen, sondern dialogisch ein Werden von Sinn ermöglichen.

Der Ruf der letzten Generation nach der sprachlosen Tat ist der Hilferuf eines traumatisierten Coming-of-Age: Wohin gehen, wenn es keine Welt mehr gibt? Das Traumatische aber ist ein Zustand, der handelnd nicht eingeholt werden kann. Wir werden noch bis zu den Grenzen der Meisterschaft vordringen müssen, um beschreiben zu können, dass die Handlungsrahmen, die wir in der traditionellen analytischen Handlungstheorie voraussetzen, die Reichweite unserer Handlungen oft unter- und überschreiten und unsere Hilflosigkeit bei der Beantwortung der Frage: Was sollen wir tun? daraus resultiert.

Die ‚sprachlose Tat' liegt nicht im Bereich des Handelns. Eine mögliche Antwort auf die Frage legt sich nahe in der Idee unserer doppelten Teilhabe an der realen Gemeinschaft der Sprecher, die uns umgibt, und der kontrafaktischen Gemeinschaft aller zukünftigen Sprecher, in die wir auf gleiche Weise: als Bedeutungsschaffende, eingebunden sind. Nie gibt es eine letzte (und auch keine erste) Generation von Sprechern, immer sind Sprecher (und Handelnde) dialogisch mit vorangegangenen, mit gleichzeitigen, mit zukünftigen Sprechern verbunden. Im Folgenden möchte ich untersuchen, *vor welchem unbekannten Richter wir uns verantworten werden*, wenn wir die Prophezeiung des Chandos-Brief ernst nehmen.

TEIL III
Sein und Bedeutung

KAPITEL 6

Bedeutungsbilder

> Aristoteles sagt irgendwo: *Wenn wir wachen, so haben wir eine gemeinschaftliche Welt, träumen wir aber, so hat ein jeder seine eigne.* Mich dünkt, man sollte wohl den letzteren Satz umkehren und sagen können: wenn von verschiedenen Menschen ein jeglicher seine eigene Welt hat, so ist zu vermuten, daß sie träumen.
>
> (Kant, AA II, Träume eines Geistersehers, Drittes Hauptstück, 342)

Der Begriff *Bedeutungspermanenz* ist ein widerständiges Gebilde, gibt es doch einerseits nur arbiträre Bedeutungen, die wir setzen, wenn wir uns vorläufig darauf einigen, dass ‚Bedeutung' sich nicht auf ‚Sinn' in einer existentiellen oder ‚Wert' in einer naturrechtlichen Verwendung bezieht, d.i. denen eine gewisse Vergänglichkeit menschlicher Repräsentation anhaftet. Dem steht andererseits das Beständig-Permanente gegenüber, d.i. z.B. bei Kant die Welt-an-sich, die wir nicht erkennen können. Fiktionen sind es, mit Hilfe derer wir, laut Vaihinger, pragmatisch mit dieser Beständigkeit umgehen, und die in einem ständigen Wettkampf um die effizienteste, nützlichste Fiktion unser sich beständig wandelndes handlungsrelevantes Weltbild zeichnen.[48] Auf diese doppelte Ordnung, in der wir stehen und die unsere ‚nihilistischen Zeiten' (Wendy Brown)[49] als Ausgangspunkt für Bedeutungstheorie kennzeichnet, reagieren wir verschiedentlich, z.B. mit dem Impuls zur Reduktion, indem wir erklären, dass es gar keine Welt-an-sich, die beständig ist, gibt, und darum auch nichts, auf dem die Setzungen von Bedeutung basieren, sondern nur das Nebeneinander von Bedeutungen, relativ zueinander; oder indem wir sagen, dass die naturwissenschaftlichen ‚Erklärungen', die auf Messungen und Daten basieren, keiner Interpretation bedürfen als der Legende der Schaubilder, die uns von Experten präsentiert werden, dass also interpretierende oder wertende Bedeutung als Ordnungskategorie wegfällt; oder aber wir betonen, dass wir die Welt durch Bedeutung erst schaffen und zwar mit Hilfe von Werten, die durch Rechte und Pflichten entstehen, wobei diese

---

48   Siehe: Beatrice Kobow, Der Sprung in die Sprache oder Denken als-ob, mentis: Paderborn, 2019.
49   Wendy Brown, Nihilistic Times – Thinking with Max Weber, The Belknap Press of Harvard University Press: Cambridge, MA, 2023.

uns quasi-kontraktualistisch binden. Schließlich bleibt *uns* noch ein letzter Zug vor dem Schachmatt der Bedeutung, den diese anderen Reaktionen bereits mitvollzogen haben. Ich schlage ihn mit Kant (und Apel) vor: Die erneute Umkehrung der Vorzeichen. Bedeutung wird als rational und transzendental letztbegründet verstanden und ist nicht quasi-kontraktualistisch zu reduzieren. Sie verweist uns auf den ‚ethischen Staat' bei Kant als notwendige Bedingung für eine unserer Vernunftbegabung angemessene Wirklichkeit.[50]

Das Kant-Zitat macht die neue Denkrichtung deutlich: ‚wenn von verschiedenen Menschen ein jeglicher seine Welt hat', d.i. wenn sie sich selbst in voneinander getrennten Welten vorstellen, so möchte Kant herausstellen, könne dies bloß eine Vorstellung, d.i. Traum im Sinne von negativer Illusion, sein. Negativ ist der Begriff ‚träumen' hier besetzt, weil die Gesamtabsicht Kants mit dem Text vom Geisterseher ja die Diskreditierung von solchen Einbildungen des Geistes als bloßen Träumen ist. Nicht der Traum als Raum exklusiver Innerlichkeit wird validiert, sondern das Illusorische einer jeden Vorstellung solcher Exklusivität gezeigt, ist bereits mit Kant zu vermuten. Apel sieht den abstraktiven Fehlschluss (‚abstractive fallacy') als den entscheidenden Mangel des ‚Zweiten Paradigmas der Ersten Philosophie'. Der Fehler besteht eben in der fehlenden Reflexion auf das Sprach-Spiel-Apriori und meint damit die pragmatische Dimension mit, die nach Wittgenstein der ‚paradigmatischen ‚Verwobenheit' von Sprachgebrauch, leibhaftem Ausdruck, Tätigkeiten und Weltinterpretation' entspricht. (Apel, Paradigmen, 25, Fußnote 4) Wenn in der analytischen Tradition von der pragmatisch-aktualen Dimension des Verstehens-Subjektes abgesehen wird und auf ein abstraktes Sprachsystem rekurriert, d.i. z.B. auch auf das Subjekt als Grenze bei Wittgenstein, dann stellt dies einen reduktiven Fehlschluss dar. Das Herkömmliche des Gegensatzes Wachen-Träumen, das besagt, dass im Wachen wir uns alle auf eine wahrnehmbare Welt beziehen, wird also gekehrt in die sozialontologisch lesbare Einsicht, dass die Vorstellung, ein jeder habe seine ‚eigene Welt' – z.B. auch die der eigenen Wahrnehmungen, bloß eine Illusion sei, d.h. dass diejenigen, die sich in solchen eigenen Welten wähnen, *vermutlich träumen*, denn eine geteilte Welt ist die Wirklichkeit, eine Wirklichkeit der Bedeutungen, möchte ich hinzufügen.

6.1   Metaphern für Bedeutung: *Bedeutung-wie*

Der Vergleich verschiedener Metaphern für unsere wechselnde Bedeutungsbildung, eben als: Bedeutungsbilder, grenzt die Absicht und das Ziel meines

---

50   Siehe: Herta Nagl-Docekal, Why Kant's ‚Ethical State' might prove instrumental in challenging current social pathologies, Kantian Journal, 2021, vol. 40, no. 4, pp. 156–186.

Entwurfs einer kritischen Sozialontologie als Bedeutungstheorie näher ein. Diese Metaphern ähneln einander, denn sie bebildern Vorstellungen des Abbildens, oder auch der mentalen oder sprachlichen Vermittlung von Welt.

Bei Vaihinger, dessen Theorie der Fiktionen im Ausgang aus dem performativen Paradox vom Ende der Sprache konstruktiv Verwendung findet, sind Bedeutungen Fiktionen, die wir im ständigen Wandel der Erscheinungen und unserer Wahrnehmung über die unwandelbare Welt streifen, um mit dieser umgehen zu können. Vaihinger bedient sich der Metapher des Gewebes. Er nennt unsere Repräsentationen (Konzepte und Ideen) *Kleider*, die wir über die unwandelbare Gestalt der Dinge-an-sich streifen. Neben dieser Metapher verwendet er noch eine Reihe weiterer Bilder, z.B. das der *Umwege des Denkens* oder das der *Gedanken als Nebenrechnungen*, die als Ergebnis die Handlung haben. Vergleichbar ist das Bild der Kameralinse, die wir scharf stellen, um das Bild genauer zu machen. Sie ist der Idee ähnlich, dass unsere Augen wie Fenster sind, durch die wir auf die Welt schauen, wobei wir je die Dinge ‚hinter dem Fenster' sehen können, oder unsere eigenen Repräsentationen, indem wir unsere eigene Spiegelung in der Scheibe als Teil des Bildes erkennen. In diesen beiden Metaphern (vom Auge, von der Kameralinse) erscheint die Repräsentation als eine ‚Dopplung' der Welt, ein Abbild. Vaihingers zentrales Bild der Muschel, die auf den Reiz hin das Sandkorn in ihrem Inneren mit Perlmutt umgibt, verweist gleich auf die verschiedenen Schwierigkeiten, die eine geeignete Metapher vermeiden sollte. Es sind erstens die Repräsentationen und mentalen Vorstellungen nämlich keine Sache der exklusiven Innerlichkeit, die erst sichtbar würde, wenn wir unseren Schädel öffneten wie eine Muschel. Sie entstehen statt dessen in einem Kollektiv der Sprache, die ihre Formulierung überhaupt erst ermöglicht. Zweitens gibt es keine unveränderliche Welt-an-sich. Statt dessen muss die anscheinende Dualität der Ordnungen, in der wir stehen, d.i. die vorrepräsentationale Welt biologischer Tatsachen und die mental-sprachlich-rationale Welt der intentionalen Zustände, überwunden werden hin zu einer Vorstellung der Welt als einer einzigen Welt. Eine geeignete Metapher darf nicht von einer Zweiteilung ausgehen und sie sollte eine ‚Dopplung' der Welt vermeiden.

In ‚Der Sprung in die Sprache' stelle ich die Gobelin-Metapher an den Anfang: Der Teppich der Kultur und Sprache, der Praxen und Normen, der Ideen, Geschichte und Wissenschaften, der den Hintergrund unserer Gegenwart bildet, ist an vielen Stellen zerschlissen und in einem Zustand der Auflösung begriffen. Unser ganzes Handeln sei im wörtlichen Sinn: vordergründig darauf gerichtet, diesen Teppich zu restaurieren. Es ist so, als würde ein Handelnder (und Sprecher handeln auf spezielle Weise) einen Faden aus dem Gewebe herausgreifen und das Bild an dieser Stelle erneut weben, allerdings mit dem Material und nach der Vorlage des alten Musters. Das Positive an dieser Metapher, das mich noch immer überzeugt, ist, dass die Instantiierung, d.i. die Erneuerung oder Realisierung von Bedeutung in jedem Bedeutungstoken erfasst werden kann. Dieser Metapher hinzuzufügen wäre vielleicht eine ‚japanische Fußnote': das Gewebe der Bedeutung, d.i. der Kultur und Sprache, die in Praxen, Normen, Ideen, Geschichte und Wissenschaften ausgedrückt wird, ist ein Flickwerk, es ist wie eine alte Jacke, die wir von unserer Ur-ur-Großmutter geerbt haben und die wir jetzt mit z. T. neuem Material an allen Stellen erneuern und ausbessern müssen, weil sonst das Gewebe zu zerreißen droht – Bedeutungen zu schaffen ist die Technik des Flickens, Bedeutung ist also ‚boroboro', ein nützliches, jedoch ausbesserungsbedürftiges Flickwerk, zerschlissen und wieder geflickt. Was mir an diesem Bild richtig erscheint, ist die Nützlichkeit des Gewebes für uns (Jacke also eher als Bildteppich) und die etwas präzisierte Vorstellung, dass es sich nicht um einen Bildteppich als Abbild handelt, sondern um ein Artefakt, das wir zu unserem Überleben brauchen und das wir selbst zu diesem Zweck herstellen. Es gibt keine ‚Wirklichkeit' außerhalb oder unabhängig von dem Bildteppich. Wirklichkeit und Teppich sind eins. Wir sollten uns ebenfalls keine Welt vorstellen, in der wir mit oder ohne Jacke herumspazieren. Die Vorstellung einer Jacke oder eines Mantels, der uns umhüllt, ist die einer Schicht oder einer Membran, die zwischen mir und der Welt trennend steht; die Verdopplung (die alle Abbild-Metaphern haben) ist in diesem Sinn nicht ganz aufgehoben, denn ich kann die Welt nicht ‚direkt' erfahren, sondern nur durch die ‚zweite Haut' der Bedeutung, die mich einhüllt und von der Welt entfernt.

Ich suche also nach einer Metapher für Bedeutungspermanenz, die Bedeutungen als Artefakte kenntlich macht, und dabei die Nützlichkeit dieser Praxis des Herstellens für uns zeigt, die ihre Situiertheit in einem Kollektiv und in einem geteilten Raum und die Realisierung von Typen in einzelnen Tokens mitbeinhaltet. Assmann beschreibt Bedeutungspermanenz unter dem Aspekt des kollektiven Erinnerns und Vergessens einer gemeinsamen Praxis der Bedeutungssicherung. Sie wählt das folgende Bild: Wenn man das Licht in eine Ecke des Zimmers trägt, sinke eine andere Stelle des Zimmers ins Dunkel zurück.[51] Für sie ist das eine Metapher für das kollektive Erinnern, Teil dessen das kollektive Vergessen ist. Bedeutung, könnten wir sagen, ist also wie eine Laterne, die man bei sich trägt und mit Hilfe derer man die Wirklichkeit handlungsermöglichend für sich erhellt; überall da, wohin der Lichtschein fällt, erscheinen die Möglichkeiten des Situativen, doch nur im Licht der Bedeutung; überall dort, wohin der Schein der Lampe nicht fällt, bleiben diese

---

51 Aleida Assmann, Formen des Vergessens, Wallstein Verlag: Göttingen, 2016.

Möglichkeiten im Dunkel. Denken wir hier auch an: die Lampe, die der Mensch bei Nietzsche durch die Straße trägt, um den neuen Sinn der Wirklichkeit zu erhellen. Die Ideen von Sichtbarkeit und Erscheinen in einem öffentlichen Raum werden ins Bild genommen. Die Grenze der Metapher der Bedeutung als Lichtquelle liegt in der Tatsache, dass andere für das ‚Erhellen' der Lampe erforderlich sind. Wir müssten uns eine Lampe vorstellen, die erst dann aufleuchtet, wenn ein Stromkreis von zwei oder mehreren geschlossen wird, um hier schon einmal Audre Lordes Idee des Funkens der Differenz anzubringen, die ich in ‚Sprache als Mitsein' aufgreife.

Es bietet sich am Ende ein Bild aus der vorgestellten Urgeschichte der Sprachentwicklung als beste heuristische Fiktion, als Bild von Bedeutung, an: In den großen Bäumen über der Savanne sitzen diese kleinen Wesen, wir sehen sie nicht, ihre Rufe ertönen von Baum zu Baum. Langgezogene Triller, kurze hohe Schreie, ein Jodeln und Gurgeln und Singen und Klingen ohne Unterlass. Sind es Vögel? frage ich die neben mir stehende Evolutions-Biologin. Nein, das sind kleinen Äffchen, Primaten, die sich mit diesen Rufen untereinander verständigen. Sie entwickeln diese Rufe, um einander mitzuteilen, wer wo welche Aufgabe des Kollektivs übernimmt, vor allem auch die ‚Sorge'-Pflichten für die gemeinsam aufzuziehenden Jungtiere.

6.2 Konnotationen des Bedeutungsbegriffs in der Theorie: *Bedeutung-als*

Eine Diskussion der Begriffsverwendung von ‚Bedeutung' in der hier verwendeten Literatur und zur hier vorgeschlagenen Lesart stelle ich an den Anfang meiner Rekonstruktion von ‚Sein und Bedeutung'. Im folgenden rekonstruierenden Teil wenden wir uns mit Apel der dem Dritten Paradigmas der Ersten Philosophie zu. Dieses konkretisiert sich in der Unterscheidung von Hermeneutik und Sprachanalytik, die Apel im Vergleich von Dilthey und Wittgenstein untersucht, und in der Auseinandersetzung mit Freges Unterscheidung zwischen ‚Sinn' und ‚Bedeutung'. Apel unterscheidet den existentiellen ‚Sinn' von der sprachpragmatischen ‚Bedeutung' als zwei unterschiedliche Dimensionen des Philosophierens. Frege unterscheidet ‚Sinn' von ‚Bedeutung' in einer Verwendung von beiden als *termini technici*. Zusätzlich zu solchen zunächst formalen Abgrenzungen wird *Bedeutung* in den Theorien auch mit inhaltlichen Konnotationen belegt. Diese werden meist als ‚nützliche Fiktionen' oder ‚Metaphern' formuliert und tragen zur Differenzierung unterschiedlicher philosophischer Bedeutungstheorien gemäß ihrer ‚existentiellen' oder ‚haltungsphilosophischen' Positionierung bei. Vier solche Vorstellungen von ‚Bedeutung' möchte ich hier exemplarisch anführen. Diese vier Verwendungen von Bedeutung haben ermöglichende und begrenzende Aspekte. Sie werden also von den jeweiligen Denkern sowohl positiv, als auch negativ evaluiert. In Abgrenzung dazu schlage ich mögliche alternative Verstehensweisen von ‚Bedeutung' vor:

Bedeutung kann als *Besitz* verstanden werden. Dies ist z.B. bei Stirner, in seinem kurzen, radikalen ‚Der Einzige und sein Eigentum' der Fall, das ein Manifesto für das ermächtigte, doch auch existentiell entwurzelte Individuum darstellt. Was die Besitzmetapher verdeutlicht, ist die Positionierung des Einzelnen vis-à-vis dem Kollektiv über Bedeutungen. Stirner fürchtet zwar, dass der Einzige seine Einzigartigkeit über ein Feststellen in Bedeutung verlieren koennte, aber gerade diese Form des Sprachschrecks verweist auf die Wirklichkeit begrifflicher Konstitution des Einzelnen in der (geteilten) Sprache. Wenn Stirners Furcht gerechtfertigt ist, dann sind wir gerade nur noch über den ‚Besitz' von Bedeutungen jemand, obwohl wir dafür eine andere Art von ‚Besitz', nämlich die Selbstbestimmung jenseits des Kollektivs, aufgeben. Hier umfasst der ‚Besitz'-Begriff vor allem die Vorstellung von Zugriff und Kontrolle. Auch Bourdieus Arbeiten zum Habitus zeigen uns sozialen Status als ein kulturelles Besitztum, das verteidigt, vererbt und institutionell geschützt wird.

Dagegen möchte ich vorschlagen, Bedeutung als eine ‚Allmende', d.i. als allen zur gemeinschaftlichen Nutzung zu Verfügung stehendes Gut zu verstehen. Natürlich haben wir uns damit noch nicht ganz aus dem Schatten einer Theorie herausbewegt, die in Metaphern des Besitzens und der Kontrolle denkt, aber selbst innerhalb einer solchen Theorie kann Bedeutung als ein Gemeingut verstanden werden, das von allen, vor allem auch von Personen verschiedener Generationen benutzt wird und darum im Interesse aller schützens-und erhaltenswert ist. Bedeutung ist in Überwindung der Besitzvorstellung, zudem nicht (nur) ein zur Nutzung zu Verfügung stehendes Gut, sondern eine für uns notwendige und gemeinsam konstituierte Lebensgrundlage.

Ähnlich wie bei *Bedeutung als Besitz* kann Bedeutung auch als *Mittel zur Macht*, ihrer Ergreifung, Konsolidierung und Bewahrung verstanden werden. Hier ist Bedeutung ebenfalls als Werkzeug zur Kontrolle von sozialer Positionierung zu sehen. Panajotis Kondylis facettenreiches und ironisches Werk ist ein Beispiel für den Versuch, die These von Bedeutung als Waffe im Kampf um Herrschaft möglichst konsequent zu Ende zu denken. Gerade die performativen Aspekte dieser Texte bringen das Argument aber an sein Erklärlimit und zeigen den Beitrag Kondylis eher als eine Provokation zur Revision von Missverständlichem in möglichen anderen Wahrheits-und Bedeutungstheorien und andererseits politischen Theorien. Kondylis Vorhaben ist vor allem eine Provokation der Selbstverständlichkeit von Bedeutung. In einem agonistischen Argument stellt Kondylis dar, wie alle Register der Bedeutung, z.B. auch Wissenschaft, am besten als Waffen in einem Kampf um Herrschaftssicherung verstanden werden können, oder wenigstens auch als solche verstanden werden müssen.

Einerseits kann Kondylis seine eigene Position als Hofnarr der Mächtigen aber von seiner Theoriebildung nicht ausnehmen und müsste auch für sich selbst in Anspruch nehmen, seine Aussagen instrumentell in einem Kampf um Herrschaftssicherung zu verwenden, was er allerdings als Haltung ablehnt und für sich so eine ins Paradox führende Ausnahme beansprucht. Andererseits können in so einem Argument Teilnahmen am Diskurs, die auf nichteigennützige Ziele gerichtet sind, überhaupt nicht verstanden werden, mehr noch, sie müssen als versteckt eigennützig interpretiert werden. Apels Modell der transzendentalpragmatisch letztbegründbaren Teilnahme am Diskurs mag als *ideale* Theorie erscheinen. In einer solchen *am Ideal sich orientierenden* Interpretation der uneigennützigen Partizipation erscheint die ‚agonistische Interpretation von Bedeutung als Waffe im Kampf um Dominanz' selbst wiederum meta-theoretisch als uneigennütziger Diskursbeitrag. Die Rahmung der Theorien von weiteren Theorien würde also ad infinitum zwischen eigennützigem und uneigennützigem Begriffsverständis kippen.

Es genügt vielleicht, hier festzuhalten, dass Bedeutung wohl als Waffe zur Herrschaftssicherung, aber auch als *donum*, d.h. als ein Geschenk sowohl vergangener Generationen an uns, als auch von uns an zukünftige Generationen verstanden werden kann. Damit ist die Bedeutungstheorie einer agonistischen Interpretation wenigstens in dem Sinn entzogen, in dem alle Beteiligten trotz des *agon* gemeinsam eine (soziale) Wirklichkeit schaffen, gemeinsam in dieser handeln und mit ihr mit Hilfe von Bedeutungen umgehen. Dass Bedeutungen dabei Ungleichheiten konstituieren und festschreiben, liegt an der Festigkeit der sozialen Gehäuse; dass diese gesellschaftlichen Ungleichheiten abgeschafft werden können, zeigt uns deren arbiträre Setzung, die uns in die Verantwortung nimmt, nicht von dieser befreit.

Bedeutungen können einerseits als Repräsentationen seit jeher dem Wandelbaren zugeschlagen werden. Andererseits wird eine ‚Einsicht in die wahren Bedeutungen' als das Schauen der wahren Ideen bei Platon im Symposium zum *Garanten der Unsterblichkeit*. Hier sind die Strukturen des Individuellen, an denen Stirner seine Bedeutungskritik festmacht, jedoch bereits so weit aufgebrochen, dass das Eigene zugunsten des Permanent-Gleichen verschwindet. Die Ideen, die ich ‚gebäre', sind möglichst formgleiche Replikationen des Wahren. Meine eigene Unsterblichkeit ist also nicht *meine eigene*, sondern die Wiederholung der gleichen Formen mit mir als helfendem Medium. Die Problematik des Selbstverständnisses von Philosophen

(Heidegger) und Künstlerinnen (af Klint) als Medium besteht in der Opferung der Individualität. Dies geschieht durch die Ermächtigung der Künstlerin durch ihre Entbindung von (Bedeutungs-)Normen, indem sie die Verantwortung für eine reale Gemeinschaft zugunsten der angestrebten Teilnahme an einer vorgestellten zukünftigen Gemeinschaft eintauscht.

Bei Lovelock erscheint Bedeutung als *Abfall* der Evolution. Obwohl Lovelock eher ‚negative' Bedeutung ins Auge fasst, bezieht sich ein Argument auf jegliche Produkte des ‚geistigen Lebens', d.i. auf alle Bedeutungen:

> Our evolution as an animal able to communicate by speech and with a large brain enabled us to harvest, use, and store information. Without this ability there would have been no persistent ideas, no record of them, and no Anthropocene. We like the first plants, are heavily polluting to the rest of life This is not an aberration or a sin. (...) We should also see that our pollution is much more than combustion products like CO_2. Intelligent animals like us also excrete information in its many forms. (Lovelock, Gaia, Preface to second edition, 2016)

Lovelock erklärt, dass wir die biologischen Prozesse unserer Spezies, zu denen eben auch die Ausscheidung von Bedeutungen als Abfallprodukten, mit denen umzugehen ist, gehört, nicht negativ oder positiv bewerten sollen; sie sind Prozesse des Lebendigen. Dass dies eine Position ist, die Bedeutung wegreduziert und letztlich funktional auflöst, liegt auf der Hand. Andererseits kann das Verfallen von Bedeutung ‚zu Abfall' auch dem glücklichen historischen Zufall dienen. Viele Fragmente Sapphos kamen auf uns nur, weil sie in den Müllhalden von Oxyrhynchus bewahrt blieben.

> Critically, the preservation of the trash at Oxyrhynchus greatly expanded Sappho's corpus of fragments after early Christian scribes had sought to erase her because her life violated their norms for women. As trash, Sappho's words were beneath the notice of those who might censor her. (Leila Easa, Jennifer Stager, Public Feminism in Times of Crisis, 85)[52]

Habermas fragt in seiner Theorie des kommunikativen Verstehens nach den zwei unterschiedlichen Ursprüngen der Bedeutung. Einmal ist Bedeutung ein kommunikatives Werkzeug, ein anderes Mal ist Bedeutung aber auch *Teil eines Rituals* und in diesem Kontext hat Bedeutung keine auf Referenz oder auf instrumentelle Sprecherintention reduzierbare kommunikative Funktion. Diese Funktion könnte dann, wie Apel in seiner Kritik an Habermas Kehre weg von einer transzendentalen Letztbegründbarkeit von Bedeutung anmahnt, mit

---

52 Leila Easa, Jennifer Stager: Public Feminism in Times of Crisis – From Sappho's Fragments to Viral Hashtags, Rowman & Littlefield: Lanham, 2022.

einer diskurssoziologischen Feststellung von Machtverhältnissen oder Status-Funktionen, die soziale Positionen sichern, zusammenfallen.

Ähnlich ist Browns Einschätzung, dass Werte (und damit auch: Bedeutungen) zwar Diskurse verstehen helfen, aber nicht, weil sie auf Bedeutung, die verbindlich ist, beruhen, sondern eher, weil sie die Positionen der Diskursteilnehmer verstehen helfen. Diese Positionen scheinen als Werte auf, sind aber in einem *agon* wertfrei, d.i. sie werden ohne ‚Ansehen der Position' verhandelt. Welche Position gewinnt, ist nicht von außen, z.B. durch Rekurs auf Wahrheit als Messlatte, beurteilbar. Auch *im Inneren* des Diskurses sind die Teilnehmer daher ohne Rekurs auf eine solche verbindliche Dimension. Das Aushandeln kann sich also nur beziehen auf Bedeutung als Besitzverhältnis, Privileg, als Werkzeug der Macht, Mittel der Beeinflussung und generell hierarchische Struktur. Andrei Marmors ‚deskriptives' Fazit zur notwendigen Normativität gesellschaftlicher Strukturen ist ähnlich pragmatisch: Wo Situationen Entscheidungen verlangen, müssen einige in die Position der Entscheider gesetzt werden. Wir könnten also in einer Art genealogischer Rückschau die Ungleichheiten der Wirklichkeit einfach als ‚unschuldiges' Ergebnis solcher Notwendigkeiten ansehen; dass das Problem aber nicht bloß pragmatisch zu fassen und nicht bloß so zu korrigieren sei, das legt eine Auffassung von Bedeutung als auf Wahrheit rekurrierend nahe. Dafür soll im vierten Paradigma argumentiert werden.

Endlich ist ‚Bedeutung' auf nicht-essentialisierende Weise der ‚Boden' oder *Grund der Identität*, z.B. bei Wittgenstein. Zwar sind hier die Vorstellungen von Innerlichkeit bereits aufgehoben, doch trotz ihrer Konventionalität, die nur festgestellt, aber nicht weiter dekonstruiert wird, bleibt Bedeutung für mein ‚Selbst' konstitutiv. Diese Lesart der Determiniertheit über mehr oder minder festgeschriebene Bedeutungen, die in einer Gesellschaft, die ich vorfinde, meinen Platz in ihr bestimmen, erscheint negativ. In theoretischen und pragmatischen Analysen von Ungleichheit in Gesellschaften sind die Plätze, die wir durch den Zufall unserer Geburt besetzen, Platzhalter der grundlosen, unfairen Bevorzugung von einigen vor anderen, die weder in der Lage sind, ihre eigene Lage zu begreifen und sie zu kritisieren, noch eigene Ziele und Präferenzen zu formulieren. Denken wir hier z.B. an Sen und Nussbaum, die mit ihrem ‚capabilities approach' strukturelle Ungleichheiten, die ein falsches Theorieverständnis übersieht, und die Voraussetzungen, die ein selbstbestimmtes Leben ermöglichen, sichtbar machen. Teil einer solchen Theorie ist die Vorstellung von Bedeutung als Kritikwerkzeug, durch die eine Kritik an eben den Strukturen (der Ungleichheit), die bedeutungsabhängig sind, möglich wird. Ein Beispiel sind die Metamorphosen der Gender-Theorien, mit Hilfe derer in ihrem ideengeschichtlichen Werden eine Benennung und Kritik an den Einschränkungen von Gender-Rollen möglich wird. Bedeutung bestimmt mich, gibt mir aber auch die Möglichkeit zur Veränderung durch Kritik und Neuformulierung an die Hand.

Mein Vorschlag ist (mit Apel) der, Bedeutungen als Teil des Wandelbaren und des Ewigen, d.i. als konstitutiv für menschliche Wirklichkeit, die sich diachron und synchron erstreckt, zu verstehen. Teilnahme an Sprechergemeinschaften ist eine Praxisform par excellence des Prozessualen. Bedeutungen konstituieren Prozesse der Veränderung, sie sind als ‚Werdendes' zu denken. Damit spreche ich Bedeutungen frei von einem ‚ewigen Werden', das Nietzsche (aber auch Arendt) beschreiben, das einen unveränderlichen und damit notwendig auch ‚bedeutungslosen' Zyklus beschreibt, dem das Leben unterworfen sei. Bedeutungen sind in meiner Vorstellung nicht Teil biologischer Reproduktion oder natürlicher Kreisläufigkeit, die Reproduktion von Bedeutungen ist nicht mit dem ‚Klonen des Wahren' wie es im Symposium vorgestellt wird zu vergleichen, sondern hängt ab von den Standpunkten des Wissens, das ich als ein Wissen-als beschreiben möchte. Teil des Ewigen sind Bedeutungen dann in einem Sinne des Strebens nach Nachhaltigkeit für eine zukünftige Sprechergemeinschaft. In diesem Sinn existiert Bedeutung ‚für mich' und wird erneut zu meinem ‚Besitz', allerdings nicht wie Stirner meint als ein Kontrollwerkzeug, sondern eher als ein Korrekturwerkzeug. Damit wird Bedeutung für mich auch zum Garanten meiner ‚Geschichtlichkeit', d.h. der Möglichkeit einer Distanzierung meines Standpunktes in einer historischen ‚Einklammerung', die eine Sichtbarmachung der Koordinaten eines Jetzt, Hier, Ich ist und damit ein Werkzeug der Aufklärung und der Wissensgewinnung. Diese ermöglicht das Erscheinen in einem Raum des Politischen, der hier eben als Raum der ‚Bedeutungen', über die verhandelt wird, verstanden werden kann. Ein Ort dieses Verhandelns ist die Philosophie. Michèle le Doeuff hat recht, wenn sie meint, Bärte stünden den Philosophen nicht gut. Die Philosophie entsteht als Praxis aus dem austauschenden Miteinander ihrer verschiedenen Standpunkte. Das Vielfältige der Standpunkte garantiert ihr, dass sie das telos – das Schauen der wahren Ideen – erstrebt. Oder weniger personifiziert: wir können uns nur im Austausch mit anderen gemeinsam sicher sein, dass wir philosophieren, d.h. dass wir nach ‚besserer Theorie' streben, für die wir uns vor uns selbst und vor einer Gemeinschaft der zukünftigen Philosophen als Richtern verantworten.

6.3 Bedeutungspermanenz denken: *Bedeutung-zwischen*

Hier möchte ich das in meinen früheren Studien zum Handlungshintergrund verwendete Bild vom Handeln als Herausziehen und Erneuern eines Fadens in einem bereits vorhandenen, aber an vielen Stellen in Auflösung begriffenen, zerschlissenen Gewebe, auflösen und neu konzipieren. Ist unser Eingreifen ein Wiederherstellen, das auf den Mustern des bisherigen Bildes basiert und vorhandenes Material benutzt oder erneuert, dann ist das *neue* Handeln im Licht dieser Metapher eine recht begrenzte Angelegenheit. Außerdem kommt noch gar nicht in den Blick, was für ein Bild der Bildteppich überhaupt darstellt. Und was, wenn die Weberin ein ganz anderes, ein neues Bild weben würde? Es gilt, meine bisherige Metapher aufzugreifen, zu überdenken und zu erneuern.

> So verwirklicht sich meine Absicht zum Diebstahl wie eine Arbeit der Penelope, welche webt und wieder auflöst, allerdings auf zwei verschiedenen Webstühlen: auf dem einen werden die verschiedenen Gestalten einer weiblichen symbolischen Ordnung gewebt, während der zweite den Prunkteppich der Väter in verfilzte Wollknäuel aufspinnt. (Cavarero, Platon zum Trotz, 17)

Cavarero benutzt die Metapher des Bildteppichs in eben diesem Sinn, um zu zeigen, dass sie mit ihrer Neulektüre der weiblichen Randfiguren des Kanons bei Platon ein neues Bild auf einem neuen, zweiten Webstuhl anfertigt. Das Auflösen des einen Bildes ermöglicht das Weben des neuen Bildes. Allerdings, und verschiedene Metaphern im Text zeigen dies, muss das erste Bildgewebe zerrissen und beiseite geschoben werden, um das neue Bild sichtbar zu machen. Meine Annahme, dass das Bild ausbessernder Weise verändert wird, nach dem Muster und mit dem Material, das vorhanden ist, betont eher die ‚Gegebenheit' von Bedeutungen, die bearbeitet werden. Cavarero sieht ihr neues Bild entstehen, wenn die es verdeckende patriarchale Ordnung in der Kritik zerstört wird. Eine kritische Lesart ihrer Penelope-Darstellung mag dazu beitragen, meine Position in Auseinandersetzung damit zu verdeutlichen. Bedeutung entsteht im Weben und Auflösen von bereits vorhandenen Bedeutungen. Auch in der Auseinandersetzung mit Cavarero, so hoffe ich, entsteht eine mögliche neue Bedeutung-zwischen:

Die Frage an Odysseus ist, so zeigt das berühmte Bild vom Olivenbaum, nicht bloß: Was tust Du? Sondern vielmehr auch: Wer bist Du? Die Frage nach seinen handelnden Absichten basiert auf der Frage nach seiner Identität und seine Identität basiert auf dem Herkommen, d.i. dem Handlungshintergrund vor dem die jeweilige Situation zu verstehen ist: während er schiffbrüchig zwischen den Olivenzweigen Schutz sucht, beschreibt er sich als Odysseus, der in Troja kämpfte und auf einer vieljährigen Reise *nach Hause* ist; der Oikos umgibt die Gegenwart auf beiden Seiten wie die Äste, zwischen denen Odysseus Schutz sucht, als vergangenes Zu-Hause und als Ziel der Reise. Der Olivenbaum, aus dem er einst seine Bettstatt zimmerte, wird zum Zeichen des Wiedererkennens, zum geheimen Signal, dann zum Ort der *conversatio* zwischen Odysseus und Penelope, der Erzählung seiner vielen Reisen und Abenteuer, dem Überkommen des Traumas in Erzählung, so möchte man meinen, dem Mit-Teilen des Geschehenen. Doch während der Abwesenheit von Odysseus ist auch Penelope mit einer frustrierenden und oft fast zum Scheitern verurteilten Aufgabe befasst: Sie muss den Oikos gegen die Freier, die sie heiraten und Odysseus Position einnehmen möchten, verteidigen, während diese, das Gastrecht missbrauchend, die Erträge des Oikos verschwenden und verprassen, in endlosen, sinnlosen Gelagen. Penelope sitzt in ihrem Zimmer, webt an ihrem Teppich, und löst das Gewebe wieder auf. Denn sie hat versprochen, dass sie dann erneut heiraten wird, wenn der Teppich fertig sein wird. An sie stellt sich ebenfalls die Frage: Was tust Du?, die durch den Zusatz: Wer bist Du?, aufzuklären sein wird. Penelope, so lange sie nicht mit ihrem Teppich fertig ist, d.i. solange die Vergangenheit nicht abgeschlossen, sondern im Prozess der Gestaltung verbleibt, kann die Frage ‚Wer bist Du? mit ‚die Frau des Odysseus' beantworten, und ihre Handlung des Auflösens des Gewebes erklärt sich aus dieser Antwort. Solange Penelope die Arbeit am Teppich nicht beendet, ist die Zeit in einer Art Stasis eingefroren. Das Handeln der Penelope ist in diesem Sinn nicht wiederholend und sinnlos, sondern es zeigt zweierlei: wenn wir uns Penelope als Witwe vorstellen, dann ist es die Trauer, die sie nicht überwindet und nicht in die Vergangenheit sinken lässt, eine ewige Gleichzeitigkeit; wenn wir uns Penelope als Hoffende vorstellen, dann ist das Handeln gerade in seiner Wiederholung zielführend, denn jede Iteration ist ein erfolgreiches Behaupten ihrer Identität. Cavarero behandelt Penelope als eine der Heldinnen, anhand derer sie eine neue Interpretation und damit ein neues Bild des Kanons zeichnet. In Cavareros feministischer Kritik erscheint Penelope als die berühmte Weberin, die als einzige Heldin Odysseus gleichkommt an Schlauheit. Es ist die *metis*, die Handlungsklugheit, die sie als Weberin anwendet, um ihre List umzusetzen. Zur Rolle der Frauen nämlich gehört es, Kleidungsstücke herzustellen, denn im Oikos wird für die Bedürfnisse des Lebens Sorge getragen, es wird ‚das Haus besorgt'. Zu dieser Rolle gehört auch die Herstellung des Leintuchs, das die Frau als Teil der Aussteuer mit in die Ehe bringt. Doch Penelope entzieht sich dieser Aufgabe, indem sie das, was sie webt, immer wieder auftrennt. Die Technik des Aufschubs kennen wir z.B. auch aus den 1001 Nächten, wo jedoch die einzelnen Geschichten je zu Ende gebracht und in jeder Nacht eine neu begonnen wird, so dass das Ende der Nacht nie mit dem Ende der Erzählung koinzidiert, die Erzählerin also vom Zuhörer weiter gebraucht wird.

> Penelope flüchtet sich nicht in die Untätigkeit und Selbstauslöschung eines langen Wartens; Penelope webt und trennt wieder auf und steckt damit den undurchdringlichen Ort ihres (Sich-Selbst-)Angehörens ab (...) (Cavarero, Platon zum Trotz, 33)

Für Cavarero schafft Penelope einen Ort, der den Zugriffen der patriarchalen Ordnung sich aktiv entzieht und es darum erlaubt, weibliche Solidarität zu lokalisieren – eine eigene Bleibe (Cavarero, Platon zum Trotz, 34). Cavarero sieht in der Kategorie des Handelns ein Handeln zum Tod hin, gekennzeichnet von dem Einbrechen des Neuen, ein Geworfensein auf den Wogen der Ereignisse. „Deshalb handelt es sich beim Handeln um eine Zeit, deren Erinnerung bewahrt werden muß, damit sie nicht im ungewöhnlichen Augenblick ihres Entstehens bereits wieder verschwindet." (Cavarero, Platon zum Trotz, 30) Das Epos ist der Ort dieser kollektiven Erhaltung. Die Zeit der Penelope ist aber unberührt von Ereignissen, denn sie ist nicht die Zeit des ‚männlichen Handelns', sondern „eine nach den Kriterien der patriarchalischen Ordnung absurde Zeit, die von ihren Kategorien nicht vorgesehen ist und daher – in der Tat – von ihren Blicken nicht durchdrungen werden kann". (Cavarero, Platon zum Trotz, 33)

Die sinnlose Repetition einer Handlung ohne Ergebnis kennen wir aus der griechischen Mythologie als Strafe der Götter, die Camus dann in seiner Neuinterpretation des Mythos von Sisyphos existentialistisch umdeutet und indem er die Absurdität der Sinnlosigkeit des endlichen Handelns in der richtungslosen Wiederholung einer einzigen Handlung sichtbar macht – das Spielen und Zerspielen, das er jedoch wiederum positiv umdeutet und zur Quelle von Sinn und Selbstbestimmtheit. Mein Ziel ist es hier, die richtungslose Bewegung des Setzens und Löschen von Bedeutung hin zu öffnen auf die Unabgeschlossenheit einer Zukunft, der wir nichts desto trotz verpflichtet sind. In diesem Sinn unterscheidet sich meine Lesart der Penelope von der Cavareros. Penelope entzieht sich in Cavareros Interpretation dem Zugriff der patriarchalen Ordnung, die mit der Rückkehr des Odysseus reinstantiiert wird. In ihrer Kammer schafft sie einen Ort, der für weibliche Subjekte zur Bleibe werden kann: „Jetzt, wo sie die Männer ihrem Abenteuer auf dem Meer überlassen haben, erlaubte der gemeinsame Horizont, vor dem sie ihr Leben teilten, einer jeden, sich in der anderen anzuerkennen und wiederzuerkennen. Sie webten und lachten zusammen, und die Ruhe ihrer Stube blieb ungestört." (Cavarero, Platon zum Trotz, 51) Hier wird das utopische Bild einer klassenlosharmonischen Gemeinschaft der Frauen beschworen, die „weder das Denken von ihrem Körper <trennen>, um ihm ewige Dauer zu verleihen", noch in einem „hochmütigen Wunsch nach Unsterblichkeit" im Handeln zum Tod ihre eigene Grenze setzen. (Cavarero, Platon zum Trotz, 51) Ich lese Penelope als dem Odysseus *als Handelnde* ebenbürtig; ihre ‚List' des Aufschubs macht sie in meinen Augen zu einem Handlungssubjekt; die Lesart dieses Handelns als motiviert von Hoffnung auf eine offene Zukunft hin, die sich Penelope nicht nehmen lässt, verleihen der Wiederholung von ‚weben' und ‚auflösen' einen Sinn qua Richtung. Cavareros Argument umfasst die Darstellung der Tätigkeit der Philosophen als ‚Trennen' von Körper und Denken und das Tun der Weberin Penelope als ‚Zusammenfügen' dieser beiden Aspekte, was die Philosophen, die auf die Unsterblichkeit des Denkens zielen, in ihrer Rolle als Philosophen *vergeblich* finden und in ihrer Rolle als Träger des Patriarchats *absurd*. In meiner Vorstellung von Bedeutung als permanent von uns zu vollziehen ist aber das Schaffen von Bedeutung keine Sache einer Trennung von Körper und Denken, sondern fällt in den Bereich des Handelns (der nicht nur den Männern oder Helden vorbehalten ist): es ist nicht auf den Tod und nicht auf die Unsterblichkeit als Ziel in Überwindung des Todes gerichtet, sondern auf das Weitergeben von Bedeutungen an die Zukünftigen.

KAPITEL 7

Das ‚Dritte Paradigma einer Ersten Philosophie‘

Apels Vorschlag einer transzendentalpragmatischen Bedeutungstheorie buchstabiert ein ‚Drittes Paradigma der Ersten Philosophie‘ aus. Dieses Paradigma sehe ich als eine mögliche Antwort auf die Absagen an Bedeutung, die wir als *Probleme* der Bedeutungspermanenz und mit den performativen Paradoxa eines ‚Endes der Philosophie‘ rekonstruiert haben und das in Antwort darauf als ‚Viertes Paradigma der Ersten Philosophie‘ bezeichnet werden könnte.

Das Sich-Verantworten vor dem unbekannten Richter, den Lord Chandos bei von Hofmannsthal sich vorstellt, scheint mir nicht, wie vielleicht zunächst naheliegt, in einem örtlich vorgestellten Jenseits vor einem personalen Gott stattzufinden, sondern in einem kontrafaktischen ‚nicht-Ort‘ in einer kontrafaktischen ‚Zukunft‘ zu liegen – der vorgestellten teleologischen Zukunft einer Kommunikationsgemeinschaft, in die ich als Sprecher in mit meinem Sinnstreben impliziert bin. Die Sprecher dieser Gemeinschaft sind die Richter, vor denen ich mich verantworten werde. Die Beschreibung des Richters als ‚unbekannt‘ meint wohl bei von Hofmannsthal, dass eine eventuell göttliche Instanz über mein ‚Streben‘ oder ‚Leiden‘ richten wird, im Text von Hofmannsthals ist dies das Streben nach Verstehen und das Leiden am Unverstehen. Diese ‚göttliche‘ Instanz muss, ähnlich wie ein jedes jenseitige Telos, dem Suchenden während der Suche immer verborgen bleiben. Innerhalb der Suche scheint die geheime Sprache der Dinge, die Chandos zuweilen vernimmt, Offenbarung. Darum legt sich dem Schreiber nahe, dass im Moment des Aufhebens der Suche, ihrem Jenseits, eben auch er in ebendieser Sprache sprechen werde.

Vor den Richtern der Zukunft also verantworte ich mich, deren Sprache ich dann sprechen werde. Diese sind Teil unserer Sprechergemeinschaft, oder eher: in manchen klarsichtigen Momenten verstehen wir uns als Teil ihrer Sprechergemeinschaft. Mit Kant und gegen von Hofmannsthals Darstellung meine ich dass diese ‚Offenbarungen‘ oder ‚epiphanischen Momente‘ mich aber nicht nur ‚überkommen‘, sondern über meine Rationalität und meine Fähigkeit zum Theorietun zu verstehen sind. Das Erfahren der Krisis, das die Darstellung der Suche nach einer neuen Poetik mit Dringlichkeit versieht, wird hier zu einer Bewegung der Kontemplation als einer ‚Selbstbetrachtung im Spiegel‘, einer Selbstreflexion:

Im Sinne eines ‚Kategorischen Imperativs in der Theorieformel' können wir als zentrales Ziel der Philosophie ihre Nachhaltigkeit in Bezug auf die Bedeutungen, die wir den unbekannten Richtern einst präsentieren werden, nennen. Wir meinen zu erkennen: Es gehe nicht darum, das Ewige zu sehen oder das Ewig-Wiederkehrende zu begreifen, sondern uns selbst als impliziert in den ‚Lauf der Welt' auf die Zukunft (der Bedeutungen) hin.

Eine Gefahr, der wir dabei begegnen ist die Versuchung des Neuen. Auch die Anhänger der Fanatismen der Vergangenheit fühlten sich z.B. der ‚Evolution' verpflichtet, und darum meinten sie, das Recht zu haben, Leben zu missbrauchen und zu missachten, nicht so sehr um selbst im Heute zu überleben, sondern um für die Zukünftigen Leben zu ermöglichen. Das Prophetische an ‚neuen Menschen' stellt sich außerhalb des Kanons. Gerade indem aber diese Position sich einer Epoché enthalten muss, stellt sie sich bewusst außerhalb des Raumes der Geschichtlichkeit, geht von einem ‚Bruch' mit der Vergangenheit aus. Dass die Suche nach neuer Poetik die Fiktion eines solchen Abgrundes ermöglicht, haben wir am Beispiel des Sprachschrecks gesehen. Eine neue Poetik konstituiert positiv eine Antwort, die wir in ihrer Kapazität, Probleme zu lösen, ‚fortschrittlich' nennen könnten.

Einerseits ist also die archimedische Position problematisch, weil sie der Welt enthoben ist, andererseits ist die Hoffnung auf ein Jenseits, das außerweltlich ist, als Alibi-Funktion vis-à-vis den Zeitgenossen nicht haltbar; doch auch eine zu eifrige Sorge um die Zukunft der anderen als eine Entschuldigung für das Neue, das die alte Moral außer Kraft setzt und sich dabei von der kategorisch gebotenen Sorge um die gegenwärtige und zukünftige Sprechergemeinschaft entbindet, sollte unser Misstrauen erwecken.

Die Entwicklung des ‚Dritten Paradigmas' hat, laut Apel, auch die Folge, dass eine szientistische Reduktion der Geisteswissenschaften argumentativ entkräftet werden kann: Die Einsicht, dass für die objektive Geltung wissenschaftlicher Erkenntnis, z.B. der Erkenntnisse der Naturwissenschaften, die intersubjektive Sinnverständigung in der Interpretationsgemeinschaft der Wissenschaftler angenommen werden muss, geht einher mit der weiteren Einsicht, dass eine solche Sinnverständigung von den ‚Geisteswissenschaften' vermittelt wird, z.B. in Theorien der Philosophie, der Sozialwissenschaften oder der Wissenschaftsgeschichte, „so wird klar, dass hermeneutische Wissenschaften nicht als – vorwissenschaftliche – Konkurrenz zu den kausal und statistisch ‚erklärenden' Naturwissenschaften zu begreifen sind, sondern primär als metaszientifische *Verständigungswissenschaften* (...)" (Apel, Paradigmen, 35).

7.1 Bedeutung von ‚Lebensform' zu ‚Lebensform'[53]

Ist das Sein nur sprachlich verstehbar? Meine Suche nach einem geeigneten Bild für Bedeutung, ihr Bestehen (zwischen uns), ihre Beständigkeit, ihre Wandelbarkeit, stellt uns vor das Problem der Dopplung von Bedeutung als Abbild von Welt. Hier stehen Theorien der Repräsentation vor denselben Fragen wie Bedeutungstheorien. Speziell in der Frage nach ‚Sprache und ihrem Umraum' geht es darum zu klären, ob wir ‚Sein' nur ‚in Sprache' verstehen können, d.h. ob wir unterstellen (müssen), dass es einen Umraum gibt, oder eine Welt-an-sich, die wir aber nicht verstehen können, weil das Sein eben nur sprachlich verstehbar ist.

Die Argumentationslinien der hermeneutischen und der sprachlogischen Tradition divergieren in ihrer Auseinandersetzung mit dieser These vom ‚nur als Sprache verstehbaren Sein', die Gadamer in ‚Wahrheit und Methode' leitmotivisch aufstellt. Karl-Otto Apels früher Vergleich der beiden Traditionen zeigt die Unterschiede auf. Apel ist in seiner Analyse des ‚Problems des hermeneutischen Verstehens' bei Wittgenstein auf dem Weg zu seiner eigenen späteren Theorie der Intersubjektivität und zur transzendentalpragmatischen Theorie der Bedeutung.[54] Hier schauen wir uns Apels Vergleich zwischen Wittgenstein und Dilthey genauer an, um diesen Weg nachzuvollziehen:

Apel vergleicht Dilthey und Wittgenstein zur Frage nach der Kompatibilität von Lebensformen. Ist Bedeutung zwischen Lebensformen synchron und diachron übertragbar? Apel bescheinigt Dilthey die ‚maximale Rationalität' des Denkens in der „Vermittlung zwischen den Sprachspielen" und in der „Vermittlung auch zwischen der Form (der apriorischen Regel) und dem Inhalt (dem objektivierenden Sinn) der menschlichen Lebensformen". Damit habe Dilthey einen Vorsprung vor Wittgenstein, der weder im *Tractatus*, noch in seiner Sprachspiel-Theorie diese Vermittlung leisten könne.

Im Vergleich werden vor allem die Lücken *beider* Modelle sichtbar: Bei Wittgenstein ist es das Beibehalten der „transzendentalen Differenz zwischen logischer Form und möglichem Inhalt der Welt" (Apel, Wittgenstein und das Problem des hermeneutischen Verstehens, 87), das Wittgenstein vor das Problem „der Vermittlung zwischen den zerfallenden und entstehenden Sprachspielen" stellt. Wittgenstein könne das Phänomen der Traditionsvermittlung

---

53 Teile dieser Überlegungen wurden auf der 2023 Konferenz des Netzwerk Hermeneutik und Interpretationstheorie (NHI) vorgestellt und werden in den Proceedings erscheinen.
54 Apel, Wittgenstein und das Problem des hermeneutischen Verstehens, Zeitschrift fuer Theologie und Kirche, Vol. 63, No 1, 1966, 49–87.

als Begreifen der notwendigen Geschichtlichkeit des Verstehens „eigentlich nicht fassen" (ebd., 87). Er könne daher auch nicht erklären, wie diese über die Zeit hin vermittelt werden können.

In der klassischen Hermeneutik, z.B. eben bei Dilthey, ist das Beibehalten der Intention eines Textes „als Maßstab des Sinnverstehens" (ebd., 57) eine Limitierung, vor allem wenn ein Zugang über diese Intentionalität über ‚Nachverstehen' oder ‚Einfühlung' gelingen soll. Der „Unsinnigkeitsverdacht gegen die traditionelle Metaphysik" (ebd., 56), den Wittgenstein im *Tractatus* formuliert, bilde „den Kontrapunkt schlechthin zum Geiste einer hermeneutischen Philosophie und ihrer Theorie des Sinnverstehens". Aber eben nicht nur dieser Unterschied im Sinnverstehen, sondern auch die teilweise Berechtigung des Wittgensteinschen Verdachts werden erkennbar.

Apel beschreibt Wittgensteins Tractatus-Ansatz so: „Die gesamte, als psychologisch diskreditierte Problematik des ‚intentionalen Bewußtseins' soll ersetzt werden durch die semantische Problematik der weltabbildenden Sprache." (ebd., 59) Die Pointe dieser Reduktion sei indes nicht die Leugnung von Bewusstsein, sondern eine radikale Transzendentalisierung kraft derer das Subjekt als Grenze der Welt, nicht als ihr Teil erscheint. (ebd., 69) Diese Reaktion von Wittgenstein auf die Forderung der Überwindung des *seelischen* Ich bei Descartes, wie sie Husserl in der Krisis-Schrift stellt, erinnert auch an Sartres Version einer Antwort, bei der das Subjekt ebenfalls die perspektivische Grenze der Welt darstellt, bis es durch den Blick des anderen verdoppelt auch als Objekt in ihr erscheinen kann.[55] Beide Antworten, die von Wittgenstein und die von Sartre, erklären jedoch nicht zufriedenstellend, wie das situierte Subjekt (an-sich) und das grenzziehende transzendentale Subjekt (für-sich) *historisch vermittelt* sind.

Die ‚Logik' der Sprache, dem gehe Wittgenstein, laut Apel, vor allem in seiner Sprachspiel-Theorie nach, ist je in den Kontexten des Verstehens konkretisiert. Apel fragt etwas polemisch:

> Wie aber – so muß man doch fragen, sollen diese ad-hoc Ansätze der Sprachkritik ihre therapeutische Funktion erfüllen, d.h. das unselige Opfer metaphysischer Grübelei von dem Unsinnigen seiner Fragestellung überzeugen, ohne dabei auf eine theoretische Einsicht in das Wesen der Sprachfunktion, von ‚Bedeutung', ‚Sinn', ‚Verstehen' rekurrieren zu können, die den traditionellen Voraussetzungen an Tiefe überlegen ist? (Apel, Wittgenstein und das Problem des hermeneutischen Verstehens, 70)

Die Sinnlosigkeit metaphysischer Fragestellung sei nicht aufweisbar, wenn jener, der sie aufweisen möchte, selbst metaphysisch werden muss. Selbst

---

55 Husserl, Die Krisis der europäischen Wissenschaften, 1934; Sartre, Sein und Nichts, 1943.

Wittgensteins Enthaltung von Methode, sein Bestehen auf synthetisch apriorischen Anleitungen zur Ruhestellung der Philosophie als Therapie, genügen nicht, denn endlich stellt jedes Sprachspiel „die Einheit eines Gesprächs" her, dient der „Vermittlung des menschlichen Weltverständnisses und des zugehörigen Daseinsentwurfs im Kontinuum des Gesprächs" (ebd., 80) und ist damit „konkretisierte Transzendentalphilosophie der Bedingungen der Möglichkeit und Gültigkeit des Meines und Verstehens." (ebd., 82)

Unvereinbar sind die Positionen des hermeneutischen und sprachlogischen Ansatzes nur, wenn Nachverstehen von individuellen Meinungen gegen logische Analyse der Sprachform stehen. (ebd., 62). Wittgensteinsche Sprachspiele können jedoch, wie Apel zeigt, das hermeneutische Sprachspiel mitenthalten, das selbstreferentiell dazu dient, eine „Vermittlung von ‚Lebensform' zu ‚Lebensform'" (ebd., 80) zu leisten. Sie haben so eine Art sprachlogisches Alibi gegen den Unsinnigkeitsverdacht, wiewohl sie weiterhin auch ‚metaphysisch' genannt werden könnten.

‚Ins Ziel kommen' die beiden Ansätze, wenn „die Voraussetzung einer Teilnahme an einem gemeinsamen Sprachspiel (tritt) offenbar an die Stelle des methodischen Solipsismus der Einfühlung in den anderen" tritt (Apel, 82). Ex negativo – selbst dem methodischen Individualisten ist Einfühlung bereits durch öffentliche Sprachspielregeln und damit ‚Lebensformen' vermittelt –, und im positiven Sinn – in einer z.B. von Dilthey zitierten ‚Sphäre der Gemeinsamkeit' und Verbundenheit – erscheint der Raum des Mitsein in Sprache konstitutiv für Bedeutung, ganz gleich in welcher Tradition die Interpretation sich bewegt.

7.2 Die logische Form des Weltbezugs

In einem kurzen Exkurs zu Frege möchte ich den eben postulierten sprachlichen Raum des Mitseins untersuchen, indem die Frage nach der Relationalität von Bedeutung gestellt wird. Führen wir uns hierzu das Problem von Bedeutung als Gleichheit, das für Frege zentral ist, vor Augen:

> Die Gleichheit* fordert das Nachdenken heraus durch Fragen, die sich daran knüpfen und nicht ganz leicht zu beantworten sind. Ist sie eine Beziehung? eine Beziehung zwischen Gegenständen? oder zwischen Namen oder Zeichen für Gegenstände? (Frege, Über Sinn und Bedeutung, 25)[56]

---

56 Gottlob Frege, Über Sinn und Bedeutung, Zeitschrift für Philosophie und philosophische Kritik, NF 100, 1892, 25–50.

so beginnt Frege 1892 seine logischen Studien zu Sinn und Bedeutung. Das Wort Gleichheit brauche er im Sinne von Identität, d.h. „a = b" wird verstanden als „a ist dasselbe wie b". Die Frage, die sich Frege stellt, ist, wie ‚a = a' und ‚a = b' sich unterscheiden. Er stellt im Verlauf seiner Überlegungen dar, dass zum ‚Urteilen' über die Bedeutung eines Satzes nicht nur das Erkennen des Wahrheitswertes notwendig ist, sondern ebenfalls die Kenntnis des Gedankens, von dem zum Wahrheitswert fortgeschritten werden kann. So ist Urteilen etwas ‚Eigenartiges und Unvergleichliches', das Unterscheiden von Teilen innerhalb des Wahrheitswertes. Freges große Errungenschaft ist, dass er uns verstehen hilft, wie die Art des Gegebenseins grammatikalisch (oder: logisch) konstitutiv für das Verständnis von Sätzen ist. Dies kann er zeigen, indem er aufweist, dass und wie ‚a = a' und ‚a = b' einen *unterschiedlichen Gedanken* ausdrücken und damit ein unterschiedliches Urteil ermöglichen.

Ich erinnere hier daran, dass in Freges Verwendung die *Bedeutung* eines Eigennamens den Gegenstand meint, den er bezeichnet. Der *Sinn* hingegen meint die bestimmte Repräsentation dieses Gegenstandes (unterschieden von der subjektiv und mental gegebenen *Vorstellung* dieses Sinns als individueller mentaler Repräsentation). Der Sinn eines Satzes (der aus mehreren Eigennamen verbunden ist) ist der *Gedanke*, der sich in ihm ausdrückt. Obwohl nicht auf ein herzeigbares und finit umgrenztes Objekt (in der Welt) bezogen, gibt es auch für den Gedanken eine *Bedeutung*, deren Wahrheitswert bestimmbar ist. Der Behauptungssatz, schreibt Frege, sei in diesem Aspekt als Eigenname aufzufassen und die Bedeutung sei ‚das Wahre oder das Falsche', das ist der Umstand, dass der Satz wahr oder falsch ist. Wir sehen hier in Frege die Erweiterung der syllogistischen Logik, die jeden Satz als monolithischen Eigennamen bezeichnet, und darum nicht zur Modulation der verschiedenen Teile oder Gedanken von Sätzen vordringen kann, und auch nicht weiterkommt zum Urteilen in einem Kontext: Eigennamen konstituieren Sätze; Sätze ermöglichen ein *Verstehen* durch ein Urteilen, aber sie ermöglichen dies nur als ‚Sätze im Zusammenhang' (Somlo); auch die Haltung des Urteilenden wird schlussendlich zum Teil des Urteilsprozesses; letztens auch der (kulturelle) Hintergrund, vor dem das Urteilen stattfindet.

Frege ist also in der Lage, die Wahrheitswerte von (z.B. fiktionalen) Sätzen von denen in ihnen ausgedrückten Gedanken zu trennen. Es ist aber vor allen Dingen wesentlich, dass er ausgehend von wörtlicher (gerader) und zitierter (ungerader) Verwendung von Sätzen die Perspektive des Repräsentiertwerdens und damit die Perspektive des Repräsentierenden, aber nicht im Sinne einer subjektiv-mentalen Erfahrbarkeit, also als *Vorstellung*, sondern in ihrer Bedeutung für das Verstehen des Satzes, d.h. auch für das urteilende Operieren mit dem Satz, etablieren kann. Obwohl die Vorstellungskraft als wichtiges Vermögen auch für meine post-kritischen Studien in einer kritischen

Auseinandersetzung mit der Darstellung von Vorstellungskraft bei Kant) und für unsere Zwecke einer Verbindung von Bedeutungs-und Handlungstheorie (als Grundlage einer für die feministische Metaphysik und Philosophie allgemein notwendige ‚oikologische Wende') thematisiert wird, ist es doch hier mit Frege zu bemerken, dass die *Gedanken*, die in Sätzen ausgedrückt werden, nicht bloß auf einer Erklärung als individuelle Vorstellungen beruhen, sondern durch ihr Eintreten in den gemeinsamen Raum der Bedeutungen (und damit: das Austreten aus der Fiktion der Innerlichkeit, von der uns Ludwig Wittgenstein heilen möchte) eine grundsätzlich andere theoretische Darstellung erfahren und daher selbst einen davon ganz verschiedenen Gedanken ausdrücken können: die Perspektive der Repräsentation ist nicht wichtig, weil eine einzelne Denkerin die Welt so sehen mag, sondern weil ihre Perspektive sich in den Gedanken in Sätzen ausdrückt, d.h. eben auch: hier auszudrücken ist (ausgedrückt werden kann, wird und muss), und dass ein Verstehen (ein urteilendes Umgehen mit Repräsentationen) diese Perspektivität wird miterfassen müssen. Sie ist ebenso entscheidend wie der Wahrheitswert eines Satzes.

Anstatt das intentionale Meinen und das beabsichtigende Bedeuten eines Sprechers als Ausgangspunkt zu wählen, wird hier der umgekehrte Weg beschritten: *Verstehen* als urteilendes Aufteilen des Wahrheitswertes und der Gedanken von Sätzen im Zusammenhang vor einem kulturellen Hintergrund vom Standpunkt des Urteilenden aus wird zum Ausgangspunkt der Bedeutungstheorie. Eine analoge Analyse der Handlungstheorie bietet sich an. Ein Anliegen meiner Untersuchung ist das Aufzeigen der Parallelen, Unterschiede, Berührpunkte und des Zusammenfallens von Bedeutungstheorie und Handlungstheorie in einem Moment des Sinns (nach Frege). Da der Sinn bei Frege nur bezogen wird auf Gedanken, die in Sätzen ausgedrückt werden, und bei Eigennamen auf die Weise ihrer Repräsentation verweist, muss ein Teil der Erörterung sich darum kümmern, analog den ‚Sinn' in Handlungen zu verorten. Zweitens werden wir dann das Verstehen (oder: Beurteilen) von Handlungen und Sätzen vergleichen können.

Die Bedeutungstheorie mit Frege, möchte ich sagen, zeichnet sich aus durch die Ermöglichung eines nicht-relativierenden Verständnisses der kopernikanischen Wende und eines pro-aktiven Verständnisses des archimedischen Standpunktes, also der Ermächtigung des Handlungssubjektes, seinen Standpunkt zu verlassen und sich und sein Handeln ‚von außen' zu sehen. Frege denkt die kopernikanische Wende, die Kant für seine kritische Philosophie zum Ausgangspunkt nimmt, weiter, denn es sind ja die Kategorien des Verstehens, die er in seiner Bedeutungstheorie anwendet, ohne diese allerdings auf individuelle Vorstellungen zu reduzieren. Andererseits könnten Handelnde, die auf dem archimedischen Standpunkt stehen, nicht mehr *sinnvoll* handeln, weil ihre Handlungsperspektive von ihrem Standpunkt abgeschnitten scheint.

Verstehen wir aber den Sinn als Ausdruck der Perspektive in der Repräsentation selbst, dann kann die Ermächtigung des Handelnden auf seinen Standpunkt der Repräsentation rückbezogen werden.

Genau diese Figur der Umwandlung von Arbitrarität in Kontextverantwortung im Handeln sehen wir bei von Wright und bei Wittgenstein, und sie wird für das vierte Paradigma der Sozialontologie wichtig. Wie bei Frege wird die Umsetzung der Kategorien des Verstehens nicht als Rückzug in eine exklusive Innerlichkeit gedacht, sondern als Eintritt in einen Raum der notwendigen *Gemeinsamkeit* von Repräsentationen, die nicht im individuellen Erleben transzendiert werden kann. Damit ist auch die Verantwortung für die Perspektivität der Repräsentation bereits ein Teil des Gedankens, der im Satz ausgedrückt wird, und mit dem wir verstehend rechnen. Geradeso verstehen wir auch die Fiktionalität von Sätzen als besondere Modalität von ihnen und wenden uns dann in unserem Urteil nach Frege dem ‚Kunstgenuss' oder der ‚wissenschaftlichen Betrachtung' zu, je nachdem, ob wir uns mit der Frage nach der Wahrheit des Satzes beschäftigen, oder uns mit dem Gedanken beschäftigen, der in ihm ausgedrückt wird. Allerdings sehen wir hier noch eine Zweiteilung von ‚Form' und ‚Inhalt', die in der handlungspragmatisch angelegten analytischen Bedeutungstheorie (z.B. bei Austin und Searle) z.T. aufgehoben werden kann. Doch auch bei Searle bleibt es, trotz der Interpretation von Sätzen als Teil eines Tuns der Sprecher, bei der Trennung von mentalem Zustand (z.B. b = belief) und propositionalem Inhalt (dass p). In einer kurzen Reprise der Darstellung von Handlungshintergrund bei der Beantwortung der Frage: Was können wir wissen?, entwickle ich die Idee vom Wissen-als, das in seiner Standpunktgebundenheit je die Token-Bestimmtheit des mentalen Zustand und die Typ-Gegebenheit der propositionalen Inhalte als Aspekte vereint. Dass ich z.B. glaube, dass p, ist Teil der Gesamtdarstellung meines Wissens-als; es ist anders als mein Meinen, dass p, wobei p von jemandem, der meine Aussagen über ein Erkennen von Ähnlichkeit als ‚p' versteht, gedacht werden kann. ‚Daß p' tritt damit in den Raum der geteilten, d.h. Typ-gegebenen Bedeutungen ein, aber es bleibt je an mein Wissen-als und dann an das verstehende Wissen-als meines Gegenüber gebunden.

7.3 Bedingungen der Möglichkeit von Bedeutung

In diesem Abschnitt möchte ich die Grundidee von Apels ‚Paradigmen der Ersten Philosophie' darstellen. Es wird rekonstruiert, was Apel unter den drei Paradigmen der Ersten Philosophie versteht, und einige Unterschiede, die

Apel selbst zwischen seinem dritten Paradigma und anderen Modellen sieht, werden nachvollzogen.

Apel überträgt die Kuhnsche Idee des Paradigmenwechsels aus der Wissenschaftsgeschichte auf die Metaphysik oder ‚Erste Philosophie'. Er selbst ist sich der Spannung der im Begriff enthaltenen Widersprüchlichkeit wohl bewusst: Die Erste Philosophie handelt von unveränderlichen Strukturen. Die Idee der Wechsel von einander eventuell ausschließenden allumfassenden Weltvorstellungen, von Paradigmen, sind also mit dem Anspruch einer Ersten Philosophie, seit Aristoteles die Metaphysik als Untersuchung vom *on he on* – *dem Seienden als dem Seienden*, eins, ewig und unveränderlich, damit auch: von Gott, nicht leicht vereinbar. Bei einer Untersuchung, wie Apel sie unternimmt, handelt es sich also entweder um ein performatives Paradox, da die Erste Philosophie von sich behaupten muss, ahistorisch zu sein und ewig gültige Einsichten zu formulieren, oder um eine teleologische Erzählung über die Entwicklung hin zu einer End-Gültigkeit der Einsichten, die man selbst im Unterschied zu früheren Denkern darstellen kann. ‚Erste Philosophien' müssen sich in dieser Erzählung für den End-oder Höhepunkt einer notwendigen ideengeschichtlichen Entwicklung halten. Dies ist ein Teil der narrativen Struktur von ‚Erster Philosophie'. Apel fällt eher in diese zweite Kategorie: Er benennt anhand der dreistelligen Zeichenrelation, die er von Pierce übernimmt, das dritte Paradigma einer Ersten Philosophie, das die ersten beiden ergänzen und zu Ende führen soll, indem es aber die Verfehlungen der ersten beiden, nämlich das Versäumnis, alle drei Stellen der Zeichenrelation zu berücksichtigen, ausräumt.

> Fasst man nämlich die drei Stellen der triadischen Zeichenrelation im Sinne von Peirce als unentbehrliche Logosvoraussetzungen einer (insofern *transzendentalen*) Semiotik der inferentiellen Weltinterpretation auf, so ergeben sich zunächst die Paradigmen der *ontologischen Metaphysik* <Erstes Paradigma>, der *klassischen Transzendentalphilosophie des Bewußtseinssubjekts* <Zweites Paradigma> und schließlich der *transzendentalen Semiotik der Kommunikations-und Interpretationsgemeinschaft* <Drittes Paradigma>, je nachdem ob die drei Stellen der *Semiosis* transzendental berücksichtigt <wie in Apels Drittem Paradigma> oder – wie in der Geschichte der Ersten Philosophie bis heute geschehen – abstraktiv reflexionsvergessen ignoriert wurden. (Apel, Paradigmen, 11)

Eine *Entwicklung* von Ideen ist nicht außergeschichtlich möglich. Und so gibt es Veränderungen in der Ontologie, die Apel rückblickend als Bedingungen für das Ablösen des Ersten durch das Zweite und des Zweiten durch das von Apel vervollständigte dritte Paradigma sieht. Apel möchte, anders als Kuhn, damit keine aufklärerische, d.h. begrenzend-relativierende Lesart vorschlagen, die zeigt, dass das, was als wahre Theorie gehandelt wird, von den historischen Umständen zur Zeit der Interpretation von Tatsachen mit abhängt, sondern er geht von einer nicht hintergehbaren, d.i. ewigen Letzbegründung aus.

Obwohl ihm darum der Vorwurf der Zirkularität gemacht werden kann, kann er seinen Vorschlag vom Makel der Ahistorizität befreien, indem er die Zirkularität in eine innere offene Teleologie umwandelt. „Wenn nämlich das Ding-an-sich zwar nicht als *unerkennbar*, wohl aber als *unendlich erkennbar* bestimmt wird, dann ipliziert dies das Postulat einer ebenfalls unendlichen *Interpretationsgemeinschaft* der Erkennenden." (Apel, Paradigmen, 35)

Die Nicht-Abgeschlossenheit der Bedeutungen, die ‚in Zukunft' revidiert werden, ermöglicht die Sicht auf die Welt als unbegrenztem Ganzen, also im historischen Wandel begriffen und auf das Telos der Wahrheitsfindung ausgerichtet, aber dennoch nicht determiniert, da über den faktischen Erfolg menschlicher Erkenntnisprozesse noch nichts gesagt ist. Das Bemühen des Begriffs ‚Paradigma' nach Kuhn hat hier, wegen dieser besonderen teleologischen Wendung, meine ich, eher den Charakter einer Metapher. Qua angezeigtem begrifflichem Widerspruch erfüllt sie die Voraussetzung einer heuristischen Fiktion (nach Vaihinger).

In Apels Text wird erst theoretisch, dann geschichtsexemplarisch eine Art husserlsche Epoché vollzogen: die systematische und ideengeschichtliche Auseinandersetzung mit den Begriffen ‚Paradigma' und ‚Ontologie'. Ersterer wird auf letzteren bezogen. Ontologien, die nach dem, was es gibt, fragen, hat jetzt *als Paradigma* eine historische Entwicklung, sowohl als historisch gewordene Theorien, die in selbstreflexiver Anwendung der Einsicht von uns als wirklichen Sprechern der Zukunft ‚verbessert' werden, als auch innerhalb der Theoriegebung der Ontologie selbst, die im ‚Dritten Paradigma der Ersten Philosophie' als neue Transzendentalphilosophie der Intersubjektivität oder: Sprache einen teleologischen Wandel von Bedeutung(en) in einem offenen Modell darstellt.

Apel sieht sein Modell anderen Versuchen in drei Punkten überlegen:
i) in der Berücksichtigung der Dreistelligkeit der Zeichenrelation nach Peirce;
ii) in der dadurch ermöglichten Darstellung einer gleichzeitigen Teilnahme der Sprecher an einer realen und kontrafaktischen Sprechergemeinschaft;
iii) in der Bestimmung der Bedeutung als regulativer Idee, die durch diese Doppelteilnahme aktualisiert wird.

Diese drei Punkte erklären nicht nur, wie Apel sich in seinem Selbstverständnis von anderen sprachanalytischen Philosophen unterscheidet, sondern auch, vor welchem unbekannten Richter wir uns als Sprecher und Handelnde verantworten werden.

Ad i)
Anhand der laut Apel in seinem Modell realisierten Dreistelligkeit lassen sich die Unterschiede zwischen dem Grundmodell der Metaphysik bei Aristoteles und dem auf es folgenden ‚Zweiten Paradigma der Ersten Philosophie' in der Transzendentalphilosophie seit Descartes, mit Kant und zum Abschluss gebracht bei Husserl, und schließlich die spezifische Differenz des Peirce-Apelschen ‚Dritten Paradigmas' gut nachvollziehen. „Es lassen sich drei Hauptparadigmen unterscheiden, je nachdem, ob die Begründung der *prima philosophia* nur die erste oder die erste und die dritte oder alle drei Stellen der triadischen Zeichenrelation in Betracht zieht." (Apel, Paradigmen, 151–152)

Apel rekonstruiert nach Perice an erster Stelle ein Objekt (Designatum bzw. Denotatum oder das objektivierte Seiende), an zweiter Stelle das Zeichen und an dritter Stelle den Zeicheninterpreten. Bei Peirce sind dies ‚sign (representamen)', ‚semiotic object' und ‚interpretant', wobei hier darauf hingewiesen sei, dass ich Peirces Theorie nur in ihrer Verwendung bei Apel rezipiere. Die nicht-reduzierbare Relationalität der drei ‚Rollen' wird bei Apel metaphorisch für die notwendige dreistellige Beziehung von Zeichen, Objekt und Interpret gelesen, die für Apel die transzendental-pragmatische Dimension des von ihm explizierten dritten Paradigmas ermöglichen.

Ursprünglich betrachtet die ontologische Metaphysik im vorkantischen Sinn vor allem das Seiende, d.h. die Zweistellige Subjekt-Objekt-Relation, und die intersubjektiv zu denkenden Möglichkeiten der Erkenntnis, die Berücksichtigung aller drei Stellen, werden hier zunächst noch nicht wichtig. Natürlich gibt es auch zu dieser Zeit, im ‚Ersten Paradigma einer Ersten Philosophie' Erkenntnistheorie oder Sprachphilosophie, aber „die Erkenntnisrelation und die sie vermittelnde Zeichenrelation <werden> nicht in reflexiver Perspektive als *Vorbedingungen der Gegenständlichkeit* (Objektivität) der Welt" (Apel, Paradigmen, 152) thematisiert. Die Transformation zum ‚Zweiten Paradigma' deutet sich mit Descartes an, erfährt ihre Ausformulierung in Kant und wird von Husserl vollendet: sie alle motiviert eine *„transzendentale Reflexion auf die nichthintergehbaren subjektiven Bedingungen des Denkens bzw. Erkennens* einer objektiven Welt" (Apel, Paradigmen, 153).

Bei Kant kann die Selbstreflexion der transzendentalen Subjektivität, laut Apel, sogar die Funktion einer Letztbegründung einnehmen. (ebenda) Er überwindet so auch die „Grundaporie der ontologischen Metaphysik (...), daß die – aller Gegenstanderkenntnis als Bedingung ihrer Möglichkeit vorausliegende – *Subjekt-Objekt*-Relation der Erkenntnis prinzipiell nicht auf eine innerweltliche *Objekt-Objekt*-Relation reduziert werden kann." (Apel, Paradigmen, 152)

Husserl, „der letzte Klassiker des zweiten Paradigmas der *prima philosophia*" (Apel, Paradigmen, 153), bewältigt die Letztbegründung durch Rekurs auf das ‚ich denke', d.h. das intentionale Bewusstsein, das aus keiner Epoché weggedacht werden kann, und er expliziert den Sinn der Wahrheit als Korrespondenz „aus der Reflexion des intentionalen Bewusstseins auf die Evidenz der Erfüllung seiner Sachintentionen durch die Selbstgegebenheit der Phänomene." (Apel, Paradigmen, 153). Die Aporie des zweiten Paradigmas liegt in der phänomenalen Evidenz, die immer schon *sprachlich interpretiert* zu denken ist. Wenn dies in der Lebenswelt einfach und unproblematisch vorausgesetzt wird, so muss es in einem Diskurs zur Wahrheitsfindung explizit gemacht werden. „Dies kann aber, im Unterschied zur Vergewisserung der *phänomenalen Evidenz*, niemals Sache nur meines Bewußtseins sein; der entsprechende Gültigkeitsanspruch muss vielmehr in der *Interpretationsgemeinschaft der Zeicheninterpreten* als *konsensfähig* eingelöst werden." (Apel, Paradigmen, 154) Das dritte Paradigma löst diese Aporie auf, indem es die triadische Relation der sprachvermittelten Erkenntnis mitreflektiert. Erst durch diese Berücksichtigung der Dreistelligkeit können die Aporien aufgelöst und das dritte Paradigma aufgestellt werden.

Ad ii)
Sind aber andere Strömungen ebenfalls aus dem bei Apel transzendental interpretierten Schema der Semiose ableitbar oder verstehbar? Wie steht es z.B. mit den modernen ‚Seinsphilosophien' (Hegel, Marx, Heidegger)? Sie vereint, trotz ihrer Differenzen, die charakteristische Fragestellung nach dem Sein des Subjekts oder der vereinigten Subjekte der Erkenntnis und Lebenspraxis. (Apel, Paradigmen, 75)

Der Prozess der Geschichte kann nur adäquat gedacht werden, wenn im Denken der Geschichte ein transzendentaler Wahrheitsanspruch mögliches Resultat der Geschichte ist. (Apel, Paradigmen, 76) Das ‚transzendentale Subjekt' der menschlichen Erkenntnis und Praxis sollte „als etwas Überindividuelles, aber Interpersonales, d.h. als Instanz einer intersubjektiven Solidarität, die wir kontrafaktisch voraussetzen müssen, aber immer noch zu realisieren haben, kurz: als *ideale Kommunikationsgemeinschaft*" (Apel, Paradigmen, 83) gedacht werden.

Nach Apel ergibt sich die Möglichkeit einer „radikalen semiotischen Transformation der transzendentalen Logik Kants" (Apel, Paradigmen, 10) nur aus der Voraussetzung einer solchen „zugleich realen und darin kontrafaktisch antizipierten Kommunikationsgemeinschaft." (ebenda) Wichtig wird die transzendentale Reflexion bei der sprachpragmatischen Wende, die mehr ist als der rein psychologische ‚Versuch der Selbstobjektivierung des Bewusstseins' und auch mehr als eine ‚potentiell unendliche Reihe von Metasprachen'. Die performativ-propositionale Doppelstruktur der Sprechakte und ihre auf intersubjektive Einlösung bezogenen Geltungsansprüche müssen aber als Einsichten bewahrt werden. „<S>eit der zweifellos lehrreichen Freilegung des *kontextualistischen Aprioris* der historisch-kulturellen Voraussetzungen unseres Welt-Vorverständnisses" (Apel, Paradigmen, 12) werden die universalen Geltungsansprüche von philosophischen Positionssätzen nicht mehr als solche gelesen. Jeder provokante Verweis auf die bloße Faktizität des Weltvorverständnisses täuscht aber darüber hinweg, dass auch bloß nebeneinander stehende Sätze so formuliert werden müssen, dass sie aufeinander bezogen werden können.

Des Weiteren zeigt sich hier nicht nur eine quasisoziologische Konstante, die wir (etwa statistisch) beschreiben können, sondern eine logische Struktur, die für uns als rationale Diskursteilnehmer normativ und moralisch relevant ist:

> Denn durch strikte *transzendentalpragmatische Reflexion* auf das unhintergehbare Diskursprinzip zeigt sich, dass dieses Prinzip nicht moralisch neutral ist, sondern eine Bestreitung des *moralischen Gehalts* seiner prozeduralen Grundnormen (der Anerkennung aller möglichen Diskurspartner als *gleichberechtigt* und *mitverantwortlich* und daher als Adressaten einer *universalen Konsensverpflichtung*) in einen *performativen Selbstwiderspruch* der Argumentation führt. (Apel, Paradigmen, 15)

Der ‚methodische Solipsismus' der traditionellen Philosophie des Bewusstseins kann zugunsten des transzendentalen Aprioris der Kommunikationsgemeinschaft überwunden werden. (Apel, Paradigmen, 81)

Auch die von mir so genannte ‚Zueignung' des einzelnen auf die zukünftige Gemeinschaft im Sinne einer Nachhaltigkeit von Bedeutungen hat Apel bereits als Ergebnis seines ‚Dritten Paradigmas' im Sinn:

> Weiterhin kann m.E. gezeigt werden, daß eine dialektische Philosophie der undogmatischen Rekonstruktion der sozialen Geschichte und zumindest eine ethische Strategie für die Vermittlung von Theorie und Praxis hinsichtlich der Zukunft skizziert werden kann unter der Voraussetzung des teleologischen Postulats, daß die *ideale Kommunikationsgemeinschaft*, die wir in jedem ernsthaften Argument kontrafaktisch antizipieren, in der *realen Kommunikationsgemeinschaft* unter den historischen Bedingungen des Überlebens der Menschheit als realer Kommunikationsgemeinschaft langfristig verwirklicht werden soll. (Apel, Paradigmen, 81)

Die wichtigste Konsequenz des ‚Dritten Paradigmas' ist laut Apel „daß als ‚höchster Punkt' der transzendentalen Deduktion die Bedingungen der

Möglichkeit und Gültigkeit der Erkenntnis nicht mehr lediglich die ‚transzendentale Synthesis der Apperzeption' (im Sinne der Einheit des Gegenstandsbewußtseins und des Selbstbewußtseins) ins Auge zu fassen sind, sondern darüber hinaus eine transzendentale Synthesis der *Zeichen-Sinn-Interpretation* und *Wahrheit-Konsensbildung* in der unbegrenzten *Interpretationsgemeinschaft* der Forscher." (Apel, Paradigmen, 34).

Es zeigt sich mit Blick auf die Frage, ob Bedeutungen erst durch unsere Sterblichkeit für uns relevant werden, dass das ‚transzendentale Subjekt der intersubjektiven Gültigkeit von Bedeutung' durch kein endliches Subjekt, weder individuell noch kollektiv, und nicht einmal durch die gesamte menschliche Gattung, repräsentiert wird. „Der Geltungsanspruch unserer Aussagen zwingt uns dazu, als transzendentales Subjekt des Verstehens intersubjektiv gültiger Bedeutung in einer transzendentalen Sprachpragmatik eine *unbegrenzte Kommunikationsgemeinschaft endlicher Wesen* zu postulieren." (Apel, Paradigmen, 91)

Das, was ein ‚viertes Paradigma' zu leisten hat oder dem noch hinzufügen kann, ist das Aufweisen dieser Kommunikationsgemeinschaft endlicher Wesen, die gemeinsam auf dem Weg in eine unabgeschlossene Zukunft sind, als eine logische und sittliche Verpflichtung für den einzelnen.

Ad iii)
Diese Verpflichtung kann am besten über die vorgestellte Idealität der Teilnahme an den Kommunikationsgemeinschaften begriffen werden, die wir bereits im letzten Abschnitt ad ii) im Zitat als „Voraussetzung eines teleologischen Postulats" (Apel, Paradigmen, 81) gesehen haben. Die Idealität wird in dem Gedanken einer ‚regulativen Idee' ausgeführt, die Apel als einen impliziten Aspekt bei Peirce zeigt und in seiner Theorie anwendet: „Die *Funktion* der regulativen Idee kann schon nach Kant nur darin liegen, einen (schon in Gang befindlichen) *Erkenntnisprozeß dauerhaft teleologisch anzuleiten*, d.h. ihn auf den Weg zu bringen und auf dem Weg zu halten." (Apel, Paradigmen, 189)

Die regulative Idee hat ihre Grenze und Aufgabe in der ‚Anleitung' faktischer Diskurse:

> In diesem Sinne liegt m.E. die Funktion der *regulativen Idee der Wahrheit* als des letzten Konsenses lediglich – allerdings – darin, sowohl die immer erneuten Versuche zur faktischen Konsensbildung anhand gegebener Wahrheitskriterien als auch – gleichzeitig – die prinzipiell stets möglichen und aufgegebenen Versuche zur Kritik der erreichten faktischen Konsense teleologisch anzuleiten. (Apel, Paradigmen, 189).

Diese Idee der ‚Anleitung' als Funktion der Struktur der Deontologie, d.h. die Vorstellung, dass Rechte und Pflichten mir nicht nur instrumentell einen Horizont des Handelns öffnen, sondern das dieser Horizont zugleich ‚sittlich' normativ mein Handeln begrenzt, skizziert Apel in der Idee, dass die Teilnahme an der Gemeinschaft der Sprecher moralisch relevante Aspekte hat. Sowohl die Letztbegründbarkeit, als auch die Offentheit, und die anleitende Zielgerichtetheit der ‚regulativen Idee', die besagt, dass alle auch in Zukunft an der Kommunikationsgemeinschaft teilhaben werden, zeichnen die Apelsche Theorie als ‚transzendental' aus.

Abschließend noch ein kurzer Blick auf die Frage, ob die teleologische Anleitung als Fiktion zu denken sei: „Bei Peirce ist freilich diese Funktion der teleologischen Anleitung eines fortdauernden Erkenntnisprozesses nicht *nominalistisch* als bloße ‚Als-Ob-Fiktion konzipiert – so wie bei Nietzsche und Vaihinger. (...) Bei Peirce dagegen impliziert der *sinnkritische Realismus* (von vornherein) auch eine Form des *Universalienrealismus*; (Apel, Paradigmen, 189) Dies muss so sein, weil sonst die Allgemeinheit von Begriffen nicht auf ein ‚zukünftiges Sein' (*esse in futuro*) bezogen werden könnte. Hinzu kommt die Unterstellung eines Prinzips der Kontinuität des zu postulierenden Erkenntnisprozesses oder auch: des ‚Evolutionsprozesses der Realität', mit den jetzt gültigen Erkenntnisbedingungen, die sie verbindet mit den kontrafaktischen und dem Erreichen unendlich teleologisch entrückten Erkenntnisprozessen.

KAPITEL 8

Zum vierten Paradigma der Bedeutungspermanenz

Um *Sprachlichkeit* als Bedingung unserer Interaktion mit Welt, Selbst und anderen zu verstehen, denken wir das Außerhalb von Sprache nicht als ‚Außersprachliches', sondern als ‚andere Sprache', d.i. es soll über den Begriff der Ähnlichkeit (wie ihn Mauthner negativ und Wittgenstein positiv mit Sprache assoziieren) begriffen werden. Die Ähnlichkeit ist es, die die Sprache, laut Mauthner, der Mathematik unterlegen macht, die ja nicht Ähnlichkeiten darstellt, sondern die mathematische Genauigkeit in Gleichungen ausdrückt. Die Ähnlichkeit jedoch schafft einen Interpretationsrahmen, in dem ein ‚Verstehen' von Bedeutungen, die mir von anderen sprachlich präsentiert werden, über Ähnlichkeit mit Bedeutungen, die ich bereits *anderswo* kontextgebunden verstanden habe, möglich wird. In einem solchen Modus des Vergleichens kann ich das Genau-genug eines Verstehens erreichen.

Der Sprachbegriff soll hier weit gefasst werden. Auch die mögliche Rede von einer ‚Sprache der Bilder' soll nicht-metaphorisch verstanden werden. Ich gehe hier jedoch nicht so weit wie Gadamer, wenn er bemerkt „So reden wir ja nicht nur von einer Sprache der Kunst, sondern auch von einer Sprache der Natur, ja überhaupt von einer Sprache, die die Dinge führen." (Gadamer, Wahrheit und Methode, 450) Dies ist ein Echo der Sprache, die die Dinge führen, im Sprachschreck bei von Hofmannsthal. Mein Ziel ist jedoch gerade die Überwindung dieses Sprachschrecks.

Um *kritisch* auf den Sprachschreck und die in ihm auftauchende Sehnsucht nach Außer-Sprachlichkeit reagieren zu können, muss eine theoretische Antwort die Verbindlichkeit und Notwendigkeit von Sprache darstellen können, die uns einen Ermöglichungshorizont schafft. Zweitens kann diese Diskussion konstruktiv beitragen zur Frage nach dem Verhältnis des individuellen Sprechens im Rahmen konventioneller Bedeutung, zur Beziehung des Einzelnen zu anderen Sprechern, und zur Bedeutung des Kanons. Dabei kann die zeitliche Dimension von Bedeutung in den Blick kommen. Oder anders formuliert: Sowohl zur Frage der Vorstruktur des Verstehens, den Vor-Urteilen, als auch zur Frage nach Geschichtlichkeit und Universalität von Bedeutungen werden mit diesem Blick auf Sprache Zusammenhänge sichtbar.

8.1 Sprache und Umraum

Außer der Sehnsucht nach einem Überkommen der Sprache als Symptom des Sprachschrecks und neben der Gadamerschen Besorgnis über die Tendenz, das ‚Unsagbare' vorschnell in ein Sinn-Erlebnis zu verwandeln, gibt es Verstehens-Erlebnisse, die nicht über Sprache vermittelt oder vermittelbar scheinen. Solche nicht-sprachlichen Möglichkeiten des Verstehens sind u. a.:

i) Nicht-sprachliche, außer-sprachliche oder vor-sprachliche Erfahrungen, z.B. auch ästhetische;
ii) Lernen durch körperliche Tätigkeiten, vom ersten Versuch bis hin zu einem ‚Meistern' der Tätigkeit (thematisiert in der Debatte um Motor-Intentionalität);
iii) Kommunikativer Austausch mit nicht-sprachlichen, vor-oder protosprachlichen oder außer-sprachlichen Wesen (z.B. mit Tieren, kleinen Kindern, oder vorstellbar: Engeln oder einem göttlichen Fragesteller);
iv) ein nicht-sprachliches Selbst-Verständnis;
v) die nicht-sprachliche ‚Logik' eines Ortes;
vi) ‚objektive Tatsachen', solche, auf die Wissenschaft sich stützt und die sie erläuternd erklärt, die von einem (sprachlichen) Standpunkt unabhängig sind, und auch und gerade deshalb der Erläuterung bedürfen.

Dem *Sagbaren* steht in den Beispielen i), ii), iv) und v) ein *Sichtbares* entgegen, das für die sinnliche Qualität des Erlebens allgemein steht, die einen möglichen anderen Verstehens*modus* anzeigt. Gelernt wird in diesen Fällen durch eine Situiertheit des sinnlichen und mit den Sinnen wahrnehmenden Körpers. In iii) und iv) geht es um kommunikatives Verstehen, das nicht über Sprache vermittelt ist; und in vi) schließlich handelt es sich um die Frage nach nicht-repräsentationalen Evidenzen, die sprachlich nur *erläutert* werden.

In allen Fällen i)–v) gibt es keinen genau bezeichenbaren propositionalen Gehalt dessen, was verstanden wird. Propositionale Bestimmtheit ist ein Merkmal des sprachlichen Verstehens: Wir können uns den ‚Inhalt' des Gesagten ‚vorstellen' oder ihn kommunizieren und wir können diesen Inhalt selbst damit wiederum zum propositionalen Gehalt eines sprachlich verstehbaren ‚Satzes' machen. Vielleicht liegt es darum nahe, Bedeutungen eine Art inhärente ‚Eindeutigkeit' zuzuschreiben, die sich von ihrer propositionalen Bestimmbarkeit abzuleiten scheint. Gegen diese ‚Eindeutigkeit' argumentiert z.B. Wittgenstein in den ‚Philosophischen Untersuchungen', wenn er über das Sprach-Lernen nachdenkt.[57]

---

57 siehe Weingartner, Wittgensteins Bedeutung von ‚Bedeutung' in PU43, 220–221 zur Interpretation von Augustin in Wittgenstein; vgl. hierzu Gadamer, Wahrheit und Methode,

Nicht-sprachliches, verkörpertes Verstehen muss nicht als ein ‚Außerhalb' zur Sprache verstanden werden. Wenn die Weisen des Weltbezugs – kognitiv (‚Geist auf Welt'), volativ (‚Welt auf Geist'), und deontisch (d.i. die bedeutungskonstitutive Verbindung von ‚Geist' zu ‚Geist'), dergestalt geordnet sind, dass die letzte, die deontische Weise des Weltbezugs die Grundlegendste ist, aus der sich weiteres Erkennen und Wollen ableiten, dann ist Verstehen in einem weiten Sinn ‚sprachlich'.

In vi) wird die Sprache ein Hilfsmittel zur Erläuterung von Daten. Messungen haben *symptomatische* Bedeutung, die qua konventioneller sprachlicher Bedeutung handhabbarer gemacht wird. Die Sprache selbst wird ebenfalls, wie wir mit Mauthner gesehen haben, zu einem Gegenstand wissenschaftlicher Erkenntnis; dabei wird sie reduziert auf ihre symptomatisch-messbare ‚Natürlichkeit'; die Tatsache, dass Sprache einen deontisch-verbindlichen, Bedeutungspermanenz garantierenden Verstehensrahmen steckt, wird in einer reduktiven Analyse nicht thematisiert. Auf die Suche nach einem Naturzustand der Sprache als Thema greife ich bei meiner eigenen Suche nach einem vierten Paradigma einer ersten Philosophie zurück. (8.3)

Nietzsche beklagt in seiner ‚Fröhlichen Wissenschaft', dass das Selbstbewusstsein allererst der Sprachnot der Menschen geschuldet sei, d.h. dass es ein Effekt oder Ergebnis der Evolution einer Spezies ist, für die kommunikative Interaktion unerlässlich geworden ist. Im Paragraphen § 354 beklagt er: „Bewußtsein ist eigentlich nur ein Verbindungsnetz zwischen Mensch und Mensch – nur als solches hat es sich entwickeln müssen: der einsiedlerische und raubtierhafte Mensch hätte seiner nicht bedurft." Diese Sprachskepsis möchte ich in der von mir vorgeschlagenen Kehre positiv wenden: Gerade weil die Sprache ein Verbindungsnetz zwischen Mensch und Mensch im Bewusstsein knüpft, ist der Mensch nicht einsiedlerisch oder raubtierhaft, sondern kann sein Sein als ein Mit-Sein begreifen.

8.2 Die normative Differenz der Wahrheit

Das Problem, das Apel mit einem ‚postmetaphysischen Pragmatismus' hat, ist auch unseres: Wenn es nurmehr „kontextrelative Deliberations-und Persuationsprozesse" (Apel, Paradigmen, 188) gibt, dann geht es bloss um das Überreden immer neuer Zuhörer, ungeachtet der Reibung, die Wahrheit verursacht (siehe: Price). Wenn ‚Wahrheit' also nicht mehr als ordnende Leitidee

---

464: *„Sprachliche Spiele* sind es auch, in denen wir uns als Lernende – und wann hören wir auf, das zu sein? – zum Verständnis der Welt erheben."

in Frage kommt, wird im Diskurs ‚Objektivität' durch ‚Solidarität' ersetzt. Wie in verschiedenen Diskussionen (z.B. auch zur Funktion der Universität als Institution der Wahrheitssuche oder als Institution gesellschaftlicher Ausgleichsfindungen) wird bei einer solchen Argumentation auf ungute Weise unsere Verpflichtung auf Wahrheit gegen unsere ebenso legitime Verpflichtung auf Solidarität ausgespielt. Die feministische Forderung nach Abbau von Ungleichheiten argumentiert meist mit Solidarität und lässt sich zu oft in die Ecke der Wahrheitsrelativismen stellen. Hier gilt es zu zeigen, dass die Forderung nach Solidarität logisch verknüpft ist mit der Forderung nach Wahrheit, nämlich in einem Pragmatismus, der das von Apel so genannte ‚sinnkritische' dritte Paradigma begründet, indem er uns als gemeinschaftlich Wissende (‚cooperative knowers') in unserer Funktion als Spezies mit einer gemeinschaftlichen Aufzucht des Nachwuchses (Alloparenting, ‚cooperative breeding') in den Prozess einer gesellschaftlich-kulturellen Evolution gestellt sieht und uns so auf die realen, wie auf die noch-kontrafaktischen zukünftigen Gemeinschaften des Wissens und Könnens, d.i. des nachhaltig gelingenden Lebens, verpflichtet sieht.

Die Ordnungen, in denen wir stehen –, nach Kant: die Ordnung des bestirnten Himmels über mir, meiner ‚tierischen' Existenz als sterblicher Kreatur aus Sternenstaub und die des moralischen Gesetzes, das ich in mir finde und kultiviere, wobei ich der Hilfe anderer bedarf, allerdings wichtiger Weise nicht ihrer Vormundschaft –, ein an uns gerichtetes Rätsel darstellen und die Antwort des Rätsels als eine Aufgabe formuliert werden kann. Das Rätsel fragt, ob die Darstellungen der Ordnungen, in denen wir stehen, ‚nützliche' Fiktionen sind, die normativ ins Gewicht fallen. Als Antwort möchte ich im Anschluss an Apel formulieren: Die Darstellungen der Ordnungen, in denen wir stehen, sind handlungsleitende und wirklichkeitsformende Fiktionen *und darum sind wir für sie verantwortlich.*

Aus dem Dritten Paradigma ergibt sich die Einsicht, dass Bedeutungen mich auf Wahrheit verpflichten. Daraus ergibt sich eine zweite wichtige Einsicht, dass Wahrheit das Anerkennen des Wertes des guten gemeinsamen Lebens mit beinhaltet. Dies zeigt sich nicht hinter dem Schleier der Unwissenheit, und auch nicht im Instrumentalisieren der eigenen Zweck-Rationalität – etwa: ‚Ich möchte den besten Platz, darum muss ich für eine allgemein erträgliche Ordnung sorgen, so dass ich, ungeachtet auf welcher akzidentellen Position ich ins Spiel eintrete, gute Chancen auf ein ‚gutes' Leben habe' –, sondern durch das Erfassen der logischen Verbindung von Wahrheit als abhängig von Bedeutung und Bedeutung als konstituiert und garantiert vom Wert des guten gemeinsamen Lebens; vice versa ist Bedeutung für diesen Wert konstitutiv and garantiert ihn.

Wie oben erwähnt unterscheidet Kant den Begriff ‚transzendent' von ‚transzendental', nämlich als *Realisierung* einer Rede vom Jenseits als Rede von den allgemeinen Bedingungen des Menschseins, die sich im Hier und Jetzt, wie auch im Später und Dort umsetzen. Es bleibt eine Bewegung aus der Transzendenz (des Zukünftigen, des Kontrafaktischen) ins Diesseits. Die hier zu zeichnende Bewegung des ‚vierten Paradigmas' zielt umgekehrt aus dem ‚Diesseits' auf ein kontrafaktisches und zukünftiges ‚Jenseits'.

Wittgenstein rezipiert den Vorschlag von Frege, dass Sinn transzendent zu verstehen sei. Kripke zeichnet in seiner common-view-Lesart von Wittgenstein nach, dass für Wittgenstein Bedeutungen nicht unmittelbar und immanent, sondern vermittelt und ‚sinnvoll' sind. Sinnvoll sind sie aber gerade nicht mit Blick auf Sinn als (exklusives, ursprüngliches, privates) Eigentum eines einzelnen und ihm allein zugänglich, sondern sie sind notwendig in einer Vielheit konstituiert.[58] Wir sehen also, warum und wie das Projekt der Standpunkt-Philosophie für ein Projekt der Sinn-Konstitution wichtig wird. Hieraus lassen sich Ideen des Wissens als ein Wissen-als entwickeln, die auf die Frage: Was können wir wissen? antworten.

Wittgensteins Gedanken sind also einerseits dekonstruierend, andererseits kann seine Kritik an der Konventionalität in positiver Umdeutung so gelesen werden: dass die Vielen sich an die Begrifflichkeit der Begriffe erinnern müssen, um eine Gestaltungsgewalt (wir könnten auch sagen: gelingende kulturelle Ordnung) zurückzugewinnen. Bei Wittgenstein wird diese Einsicht von einem Kulturpessimismus motiviert, den wir positiv überwinden wollen. Wittgensteins eigenes Schreiben, der Stil des Tractatus, seine Hinwendung zur Philosophie des anglophonen Raums, macht ihn zu einem Teil der analytischen begriffsskeptischen Philosophie, zu einem Auflöser der Ordnung. Die Kritik aber an dieser Auflösung schreibt er gleich in sie mit hinein.

Wenn *transzendental* bedeutet, dass im (rationalen) Erkennen die Gegebenseinsweise der Erkenntnisse mit-betrachtet wird (und damit die Grenze der möglichen Erkenntnis), dann bedeutet *transzendent* in einem positiven Sinn, dass das, was erkannt werden kann, sich nicht auf das Vereinzelte-Atomare-Sinnliche beschränkt, sondern diachron und kollektiv ist, und dass diese Dimensionen der Bedeutung entscheidend sind für das Erkennen der Welt als geordnet und das Handeln in diese Ordnung hinein. Erst im Handeln in die Ordnung hinein ‚erscheinen' wir als rationale Teilhaber der Welt.

---

58   Hier sehen wir einen Anschluss an die Idee der Perspektivenvielheit von Leibniz.

8.3 Die Suche nach dem Naturzustand der Sprache

Georg Henrik von Wright zeigt Wittgensteins Philosophie als Kritik an der Invasion eines wissenschaftlichen Vokabulars, das das frühere Vokabular religiöser Autorität ersetzt (von Wright, 1993, 99). Von Wright stellt die These auf, dass Wittgensteins Antwort auf den Terror der Sprache eine Suche nach dem ‚Naturzustand der Sprache' sei – nach einem Moment der ‚reinen Verbindung' des Denkers mit der Welt. Für ihn ist diese Suche der rote Faden im intellektuellen Lebens Ludwig Wittgensteins:

> 17th and 18th century philosophers had entertained the fiction of ‚man in a state of nature'. This fiction was thought useful in their search for the raison d'être of the state and the legitimation of societal institutions. Some fancied it to have been an existing state of affairs in the ‚uncorrupted' infancy of prehistorical man. Even if this was an illusion, it does not necessarily ruin the philosophic value of the fiction. In some similar sense Wittgenstein may be said to have been in search, throughout his reflective life, of a ‚natural state of language'. Georg Henrik von Wright, Wittgenstein and the 20th Century[59]

Von Wright zeigt jedoch auch, dass Wittgenstein an keiner Stelle seiner philosophischen Bemühungen in der Lage ist, einen solchen Naturzustand der Sprache zu finden, und dass Wittgensteins Wunsch, die Konsequenzen dieser Suche praktisch umzusetzen, indem er sich z.B. von der Gesellschaft abwendet und Möglichkeiten eines Zustands / Lebens ‚nach der Philosophie' in Betracht zieht, unerfüllt bleiben muss. Von Wrights Haltungsinterpretation lehrt uns indes ebenso viel über seine eigene philosophische Agenda wie über Wittgensteins Position. Wie Wittgenstein betritt von Wright die Philosophie durch das Tor der Logik, setzt sich mit der menschlichen Verfasstheit auseinander und verlässt sie durch das Tor des Kulturpessimismus.

Von Wrights Darstellung von Wittgensteins Philosophie als Suche nach einem sprachlichen Naturzustand unterscheidet sich von der Naturzustandsargumentation früherer Gesellschaftsphilosophen, weil Wittgenstein darin nach einem idealen und reineren Zustand der Sprache gesucht haben soll, deren Verwirklichung er für möglich hielt oder die tatsächlich einmal in der Vergangenheit verwirklicht worden sein könnten. In einem strukturellen Punkt stimmen jedoch sowohl Naturzustands- als auch Sprachurzustandsfiktion überein: Beide verstehen den gegenwärtigen Zustand des Menschen als kompromittiert. Wittgenstein und von Wright betrachten den Zustand

---

59   Georg Henrik von Wright, The Tree of Knowledge and Other Essays, Brill: Leiden, 1997, 95. Von Wright nennt den Text ‚a sort of intellectual autobiography'.

der heutigen Gesellschaft als kompromittiert, doch ihre ordnende Fiktion ist eher die eines besseren, wünschenswerteren quasi-paradiesischen früheren Zustands als die eines brutalen Naturzustandes. Der heutige Kompromiss gereicht zum Schlechteren, nicht zum Besseren, und das Eintreten in eine Kompromissphase ist eine Korruption, die wenig mit der freiwilligen oder rationalen Verpflichtung zu tun hat, zu der frühere Philosophen eines Gesellschaftsvertrags uns motiviert und verpflichtet sehen. Stattdessen diagnostizieren Wittgenstein und von Wright eine Art sprachliche ‚Verschmutzung', die sich auf Sprache und Gesellschaft auswirkt und einen kulturellen Niedergang dokumentiert.

Von Wright spricht von einem ‚natürlichen Zustand der Sprache'; ich habe dies als einen ‚sprachlichen Naturzustand' uminterpretiert, vorausgesetzt, dass wir von einem ‚sprachlichen Menschen im Naturzustand' sprechen, der meiner Meinung nach eine Variation des Topos ‚Menschen im Zustand der Natur' darstellt. Das traditionelle Argument vom ‚Menschen im Naturzustand' geht stillschweigend davon aus, dass der Mensch bereits sprachfähig und im Besitz einer Sprache sei. Der Besitz einer Sprache kann bereits als notwendige Voraussetzung für die Teilnahme an der Gesellschaft angesehen werden.

Dies führt in einen Zirkel: Es wird ein – fiktiver – Zustand vor der Gesellschaft vorgegeben, gleichzeitig aber werden bereits notwendige Bedingungen für die Gesellschaft selbst vorausgesetzt. Dieser Widerspruch zeigt den Zustand der Natur als Fiktion (im Sinne Vaihingers). Der spezifische Unterschied einer Fiktion ist ein solcher sich selbst bezeichnender Widerspruch. Der Widerspruch weist auch darauf hin, dass Wittgenstein seine Suche zwar im Medium einer ‚Sprachkritik' durchführt und logische Untersuchungen der Satzform vornimmt (wie Russell und Frege vor ihm), seine Suche jedoch in Wirklichkeit der von Hobbes unternommenen recht ähnlich ist, ebenso wie Locke, Montesquieu, Rousseau und Hume. Sie betrifft neben ihrem kritischen Ziel auch die rationalen und freiwilligen Bedingungen der Gesellschaft. Diese Suche wird für Wittgenstein durch die spezifischen Merkmale des Sprachschrecks bestimmt.

Die Berufung auf ein „State-of-Nature"-Argument durch von Wright im Hinblick auf Wittgensteins Sprachbegriff ist aus mehreren Gründen heuristisch zutreffend, auch wenn sie sich von der früheren „Man-in-the-State-of-Nature"-Argumentation unterscheidet: Sie etabliert Wittgenstein als einen Haltungsphilosophen und nicht als einen Logiker. Sie verweist darauf, dass es sich bei dem Argument um eine heuristische Fiktion handelt, die „denkmöglich" und nicht inkarniert/inkarnierbar oder wahr/überprüfbar ist. Sie beschreibt, dass Wittgensteins Projekt eher kritisch als konstruktiv ist, stellt es also einem wissenschaftlichen Projekt gegenüber und zeigt, wie skeptisch es der Wissenschaft und einem „Geist der Moderne" gegenübersteht. Durch die Umkehrung des ursprünglichen Arguments – das auf einen verlorenen paradiesischen Zustand und nicht auf einen brutalen Zustand zurückgeht – kann der Kulturpessimismus erklärt werden, den von Wright als die genealogische Wurzel, den Kampf und das Erbe von Wittgensteins Sprachphilosophie ansieht.

Die sprachliche Wende, die die Philosophie nach Wittgenstein einschlägt, hat eher ein konstruktives als ein kritisches Ziel und ist daher selbst nicht mehr Teil der Reaktion auf den Sprachterror. Von Wrights eigene Philosophie ist ebenfalls keine Fortsetzung, sondern ein deutlicher Bruch mit der Philosophie Wittgensteins, obwohl von Wright sich der Ursprünge von Wittgensteins Denken bewusst ist und daher in der Lage ist, Wittgenstein im Einklang mit seiner eigenen Haltung zu lesen. Zweitens ist die Aporie des Sprachschrecks nicht nur den Sprachschrecken-Philosophen vorbehalten. Schon bei Platon finden wir einen von unserer Wahrnehmung getrennten Gedanken der Welt, ebenso prominent in Descartes' systematischem Zweifel und ebenso durchsetzungsfähig in Kants Gedanken über die Welt-an-sich. Neuan den Sprachterror-Philosophien ist die Fokussierung auf die Sprache als Schlüsselmoment und Ausdruck der Repräsentationskrise, die das Selbst von der Welt trennt. Sprache als bestimmende, aber auch korrumpierende Kraft auf die menschliche Existenz wahrzunehmen, treibt Sprachschreckphilosophen in die Aporie. Eine pragmatische Antwort kehrt zur Sprache als Möglichkeitsstruktur zurück.

Im Gegensatz zu Wright meine ich, dass das Argument des sprachlichen Zustands der Natur als eine von Wittgenstein bewusst eingesetzte Fiktion betrachtet werden kann. In gewisser Weise erklärt dies auch Wittgensteins Affinität zum Pragmatismus von James, denn dieser markiert ebenfalls eine pragmatistische Herangehensweise an den ‚Terror der Sprache'. Der Ausweg aus dem Mise-en-Abyme eines Sprachterrors ist für Wittgenstein nicht der einer normativen oder moralischen Kritik, er ist auch kein Versuch der Wahrheitssuche, sondern besteht vielmehr in einem formalen Schritt. Es geht um die Fiktion eines natürlichen Zustands der Sprache, das heißt um die Aussetzung eines Werturteils über die Natur der Sprache zum Zwecke einer praktischen Richtlinie, zum Beispiel: Betrachten wir die Sprache, als wäre sie verdorben oder verunreinigt im aktuellen Zustand der Gesellschaft. Wir müssen verstehen, wie unser Verständnis durch Sprache strukturiert ist, um Sprache als ein handelnd gesetztes Bild zu sehen, das für Überarbeitungen offen ist.

Von Wrights Reaktion auf die Herausforderung, die der Terror der Sprache mit sich bringt, nämlich dass die Sprache uns vom Wahren, dem Wirklichen und dem Anderen trennt, lässt sich anhand seiner Reaktion auf die

Fortschrittsbegeisterung der modernen Gesellschaft erkennen. Von Wrights Pragmatismus drückt sich nicht in einer Analyse der Funktionsweise der Sprache aus, sondern nimmt eine humanistische Wendung. Von Wright begründet sie mit der Beobachtung, dass ein Humanismus davon ausgehen muss, dass der Mensch für sein Schicksal verantwortlich ist (von Wright, 1993, 170). Anschließend liest und vergleicht er die drei Fabeln vom Sündenfall der Menschheit – die biblische Geschichte vom Baum der Erkenntnis, den Prometheus-Mythos und Goethes Doktor Faustus. Er unterscheidet Glauben einerseits von Magie und Wissenschaft andererseits. Wo man normalerweise einen Gegensatz zwischen Magie und Wissenschaft vermutet, sieht er ihre Aufgaben in dem Impuls vereint, die Kontrolle über Kräfte zu erlangen, die außerhalb der Reichweite des (individuellen) Menschen liegen. Der Glaube steht im Gegensatz zu Wissenschaft und Magie und ist ein Zustand, in dem die Menschen mit Demut akzeptieren, dass sie nicht über ihr Schicksal entscheiden. Sowohl Magie als auch Wissenschaft sind anfällig für die antike Vorstellung von Hybris. (von Wright, 1993, 145) Wittgenstein und von Wright warnen uns vor den Folgen einer Kultur, in der das Individuum so entfesselt ist. Sie beide versuchen, es zu erlösen – aus dem Abgrund eines Sprachterrors bei Wittgenstein und aus der Wette mit dem Teufel, die für von Wright moderne Wissenschaft und Technologie darstellt. Goethes Faust-Saga endet mit einer solchen Erlösung, als Fausts Seele dem Teufel entrissen und in den Himmel gerettet wird. Solange der Mensch nicht selbstgefällig ist, scheint die Lösung darin zu bestehen, dass der Teufel ihn nicht besiegt (von Wright, Tree of Knowledge, 150).[60]

> And the more strongly the awareness of our limitations forces itself on to us, the more doubtful it would be that the poet was right when he thought the Lord would calmly allow man to lend a finger to the Devil without him taking the whole hand, or that Faust's restless striving was sufficient guarantee for his final salvation. On whether one is entitled to such optimism or not, we must still seek to form an opinion. (von Wright, Tree of Knowledge, 151)

Der Terror der Sprache kann als eine Umkehrung der Vernarrtheit in die Idee des Fortschritts angesehen werden. Sowohl der Mensch im Sprachschreck als auch der durch technischen und wissenschaftlichen Fortschritt ermächtigte

---

60 Von Wright: Tree of Knowledge, Brill: Leiden, 1997. An anderer Stelle interpretiere ich das Auftreten der Sorge in Faust II für das konative Streben der Menschen mit Verweis auf Heidegger. Siehe: Kobow, The Erotic and the Eternal, Conatus No. 6, Vol. 6, No.2, 2021, 213–236.

Mensch, der scheinbar Herr seines Schicksals ist, streben danach, die Kontrolle über das Individuum (wieder) herzustellen. Die Nachwirkungen eines sprachphilosophischen Schreckens äußern sich negativ in der Feindseligkeit gegenüber der Sprache, in der wahrgenommenen Einsamkeit eines außersprachlichen Selbst, in der Heraushebung des Individuums als Insel-Akteur und in den theoretischen Beschränkungen eines methodologischen Individualismus.

Von Wright teilt mit Wittgenstein die Stimmung des Kulturpessimismus. Da diese Stimmung aber, obwohl sie sich aus einer ähnlichen Wahrnehmung der kulturellen Gegenwart als kompromittiert speist, sehr unterschiedliche Wurzeln hat, sind die Ergebnisse der jeweiligen Philosophien im Sinne einer Richtlinie für die Zukunft sowie ihre Konzeption der Aufgabe der Philosophie selbst sehr unterschiedlich. Während Wittgensteins Hauptabsicht darin zu bestehen scheint, in seinen Texten Hinweise zu setzen, die es dem Leser ermöglichen, die Begrifflichkeit unserer Sprache selbst zu erfassen, d.i. die Sprache als instrumentell und willkürlich gesetzt erkennbar zu machen, wird von Wrights Kulturkritik von einem humanistischen Motiv beseelt: dass der Mensch zwar nicht mehr in von der Religion gesetzten moralischen Grenzen steht, aber dennoch seine neugewonnene Herrlichkeit nicht als Ermächtigung sondern als Begrenzung wahrnimmt und diese zum Anlass einer selbstkritischen und in diesem Sinn selbst-bewussten Bilanz seines Handelns. Von Wright wendet sich gegen die Entfesselung des Individualismus als Folge einer radikalen Sprachkritik, die auch das handelnde Subjekt entfesselt.

Die Gegenüberstellung von Wittgenstein und von Wright zur Frage des Kulturpessimismus oder eines möglichen ‚sittlichen Fortkommens' der Menschheit zeigt die von ihnen je unterstellten Grundprämissen: i) dass Bedeutungen arbiträr sind und als solche begriffen werden müssen bei Wittgenstein und ii) dass die Handlungsfolgen des entfesselten Individuums unabsehbar und uneinhegbar sind bei von Wright. Dies mag zwei Vermutungen nahelegen: Ad i) die Annahme, dass wir aufgrund der arbiträren Setzung von Bedeutungen als Sprecher auf nichts verpflichtet sind – ein Echo der These, die sowohl Nietzsche, wie auch Dostojevski evaluieren, dass wenn Gott tot ist, alles erlaubt sei. Ad ii) die Aufforderung, dass wir als Handelnde uns besser des Handelns enthalten mögen. Im Gegensatz dazu hoffe ich aber mit diesem Text die Einsicht zu befördern, dass i) uns gerade auf die reale Sprechergemeinschaft verpflichtet, Teil derer wir sind. Wenn Bedeutungen willkürlich gesetzt werden, dann sind wir für sie direkt rechenschaftspflichtig; und dass ii) uns gerade aufs Handeln verpflichtet und zwar mit Blick auf die zukünftige kontrafaktische Gemeinschaft, deren Lebensbedingungen unser Handeln (oder unser Nicht-Handeln) direkt formt.

8.4 Der Kategorische Imperativ der Theorie

> Da aber unser Schicksal in der künftigen Welt vermutlich sehr darauf ankommen mag, wie wir unsern Posten in der gegenwärtigen verwaltet haben, so schließe ich mit demjenigen, was VOLTAIRE seinen ehrlichen CANDIDE nach so viel unnützen Schulstreitigkeiten zum Beschlusse sagen läßt: Laßt uns unser Glück besorgen, in den Garten gehen und arbeiten! (Kant, Träume eines Geistersehers, 1776)

Dies schreibt Kant am Ende seines „Geistersehers". Er entsagt noch einmal ironisch einem künftigen Jenseits, dessen diesseitige Kenntnis er für abergläubische Schwärmerei hält, hier pragmatisch mit dem Verweis darauf, dass wir unseren „Posten" in der gegenwärtigen Welt so gut als möglich verwalten sollen, da unser Schicksal vermutlich daran gemessen werde. Dies bringt mich zur Formulierung eines Kategorischen Imperativs nach Kant ‚in der Theorieformel'. Kant verweist uns mit seinem Kategorischen Imperativ auf die kontrafaktische Dimension des Regelfolgens: Handle immer so, dass Du zugleich wollen kannst, dass dein Handeln allgemeines Gesetz werde. Die *Zukünftigkeit* ist im Dritten Paradigma bei Apel implizit und explizit in meinem Vorschlag die Richtschnur (der ορθός κανόνας, d.i. das Lot) unserer Verwaltungstätigkeit des ‚Postens in der gegenwärtigen Welt', den wir innehaben. Dies korrespondiert direkt mit der im zweiten Teil der Schrift „Was ist Aufklärung" dargestellten Aufgaben des rechten Gebrauchs der Freiheit.

Für Kant sind die Werkzeuge zu unserer Selbstbildung ‚Erkenntnis', ‚Moral', ‚Recht' und ‚Religion' selbst Erzeugnisse der Menschen und keine bereits bestehenden Gegebenheiten oder Ordnungen, in die ich mich bloß zu fügen habe. Die Gemeinschaft der sich selbst Bildenden, die die hierzu notwendigen Rahmen selbst erst zimmern, nimmt im Argument von Kant bereits implizit einen wichtigen Platz ein. Herta Nagl-Docekal beschreibt in „Innere Freiheit" die Frage nach der ‚Würdigkeit, glücklich zu sein' bei Kant und in „Why Kant's ‚Ethical State' might prove instrumental in challenging current social pathologies" diskutiert sie die entscheidende Rolle der Gemeinschaft für diese Würdigkeit.[61] Die Zusammenführung von Glück und Moralität sei für Kant eben nicht nur wünschenswert, sondern notwendig, obwohl diese Zusammenführung ein komplexer Prozess ist. Der Prozess der Umsetzung wird darum, so Kant, von zukünftigen Generationen zu leisten sein. Obwohl Kant seine

---

61 Herta Nagl-Docekal, Innere Freiheit. Grenzen der nachmetaphysischen Moralkonzeptioen, 2014, 3.2. Die Utopie der Einheit von Kunst und Natur, 173 ff. und: Herta Nagl-Docekal, Why Kant's ‚Ethical State' Might Prove Instrumental in Challenging Current Social Pathologies" in: Kantian Journal, 2021, Vol. 40, No. 4, 156–186.

Gegenwart für geprägt von Zivilisierung und Kultivierung hält, sei sie doch noch nicht ‚moralisiert'. „Es gilt zu beachten, dass wir hier erst Kants Konzeption des ultimativen Ziels der Geschichte vor uns haben; die Begründung einer Weltbürgergesellschaft bildet, wie gesagt, nur die Bedingung der Möglichkeit der optimalen Entfaltung des Menschen. Kant zufolge erschließt sich der gesamte Gang der Menschheit von diesem Ziel her; (...)" (Nagl-Docekal, Innere Freiheit, 174) Die drei Institutionen der Kultivierung und Moralisierung, mit Hilfe derer wir auf dieses Ziel zusteuern können, sind Erziehung, Regierung und Religion.

Im zweiten genannten Artikel zu Kants Ethischem Staat und seiner heutigen Relevanz untersucht Nagl-Docekal Kants Idee eines ‚ethischen Staats'. Dieser meint keine Regierung, die für Legalität und Gesetze einsteht, und bezeichnet auch nicht die notwendige Erziehung der Öffentlichkeit zur Mündigkeit durch den rechten Gebrauch der Freiheit, wie in ‚Was ist Aufklärung?' dargestellt, sondern eine moralische Gemeinschaft, die in ihrer Struktur einer Kirche gleichkommt:

> While his primary concern is the moral duty to establish the „ethical state" – an obligation which is imposed on all human beings –, he also seeks to demonstrate to believers of monotheistic creeds that their faith in „God" does, in fact, imply this duty, i.e. that their respective conceptions of community, or „church", must be understood as different ways of implementing this shared duty."(Nagl-Docekal, Why Kant's Ethical State, 171)

‚Eine ethische Gemeinschaft unter göttlich-moralischem Recht' ist hier Kants Definition von ‚Kirche'. Dies kann einerseits alle möglichen, nicht nur die monotheistischen Religionen umfassen – „he claims that the great diversity of religious narratives and practices may be viewed as so many efforts to realise, within the respective particular cultural contexts, humanity's most demanding moral task" (Nagl-Docekal, Why Kant's Ethical State, 172), andererseits eröffnet es auch die Möglichkeit der Kritik an bestehenden institutionalisierten Religionen: „(...) the genuine moral teachings that are contained in each traditional confession can be fully brought to light, and made available as practical guidelines, only by detaching them from hierarchical pressures that seek to establish a heteronomous mode of acting." (Nagl-Dockela, Why Kant's Ethical, 173) Der einzelne, der mit dem Kategorischen Imperativ dazu angehalten ist, sich selbst ‚zu moralisieren', bedarf einer Gemeinschaft moralischer Mitsubjekte, um diese an ihn gestellte Aufgabe zu bewältigen. Erst in einer solchen gut geordneten Gesellschaft kann die Menschheit ihrer moralischen Aufgabe, die in jedem einzelnen realisiert wird, nachkommen.

Die Vorstellung einer ‚gut geordneten Gesellschaft' werde, im Gegensatz dazu, im Mainstream der Sozialphilosophie jedoch gleichgesetzt mit Fragen nach Recht und Gesetz. Die Diskussion eines darüberhinausgehenden ‚ethischen Staates' bleibe der Expertise einiger weniger Kant-Forscher überlassen. (Nagl-Docekal, Why Kant's Ethical State, 157) Im ersten, kritischen Teil ihrer Arbeit verteidigt Nagl-Docekal Kants Idee des ‚ethischen Staats' gegen ihre diskurstheoretische Umformulierung bei Habermas und die prozedurale Auslegung bei Rawls. Sie kritisiert einerseits die quasi-kontraktualistische Auffassung von Gemeinschaft, die nicht basierend auf Harmonie oder Akkord gedacht wird, sondern aus der Not des Aushandelns von Uneinigkeit und Zwietracht, d.i. einem Cluster einander widerstreitender Interessen, entsteht. Von einem solchen Gemeinwesen geht Rawls aus.

Gegen die prozedurale Transformation des Kategorischen Imperativs, die Rawls vornimmt, aber auch gegen Habermas post-metaphysische Diskurstheorie der Moral, die beide Kants Idee von Moral nicht gerecht werden, stellt Nagl-Docekal die Kantische Idee der ethischen Gemeinschaft, die die Form ‚einer Kirche' habe. Der Grund hierfür ist der implizit sakrosankte Charakter der Tugendgesetze, die keiner weltlichen Institution unterstehen, sondern der Instrumentalisierung allgemein entzogen sind. (Nagl-Docekal, Why Kant's Ethical State, 173)

Die Frage des Kategorischen Imperativs: Was soll ich tun? ist die Richtschnur für mein eigenes Handeln, sie ist nicht zur Beurteilung oder sozialnormativen Bewertung anderer da: „One significant aspect of the moral law is that – contrary to a common understanding of moral judgment – it provides a guideline for examining primarily my own ways of acting rather than those of other people." (Nagl-Docekal, Why Kant's Ethical, 163) Daraus folgt, dass das moralische Gesetz vor allem mein angemessenes Verhalten anderen gegenüber organisiert. Die Sozialpathologien, vor denen uns der ‚ethische Staat' schützen kann, die Nagl-Docekal im Sinn hat, sind z.B. der Sozialatomismus und der theoretische Missstand einer Auffassung von Moral als bloß kontraktualistisch oder instrumentell, wobei zunächst einmal dahingestellt ist, zu welchem Ende hier die Moral eingesetzt wird. Der kritische Teil des Arguments von Nagl-Docekal wendet sich gegen ein Falschverstehen des Kategorischen Imperativs. Der Kategorische Imperativ kann nicht kontraktualistisch reduziert werden und basiert nicht auf Reziprozität. Wir haben Grund, andere als Personen zu behandeln, sogar unter der Annahme, dass sie uns nicht ebenfalls so behandeln werden. Es ist unsere moralische Pflicht jede Person, auch uns selbst, mit Würde zu behandeln. Daraus ergibt sich der konstruktive Aspekt der Kant-Auslegung Nagl-Docekals zum ‚ethsichen Staat'. Die regulativen

Ideen wie Freiheit oder Unsterblichkeit erscheinen als Ideale, die unserem Handeln ein praktisches Ziel setzen können und darum für das Handeln notwendig sind. Die Triebkräfte der Verbesserung der Gesellschaft sind Vernunft und Freiheit als Triebkräfte auf solche Ideale hin; d.h. nach größerer Freiheit und umfassenderer Durchsetzung der Vernunft zu streben markiert hier bereits den spezifisch menschlichen *conatus*. Das Streben aber muss sich in einer Gemeinschaft Gleichgesinnten vollziehen, sonst ist es zum Scheitern verurteilt.

In: Ist Geschichtsphilosophie heute noch möglich? diskutiert Nagl-Docekal nach einer negativen Bestandsaufnahme der Geschichtsphilosophie in ‚ihren Schwundstufen' von Comte bis zur Analytik.[62]

> Kant sucht möglichst präzise zu rekonstruieren, was es für endliche Wesen heißt, moralisch zu handeln. Im Zeichen dieser Fragestellung bringt er zwei Themenbereiche ins Spiel: Da ist zum einen die in unserer Vernunft verankerte Verbindlichkeit des kategorischen Imperativs, die – wie Habermas zu recht hervorhebt – keineswegs der Religion bedarf. Zum anderen stellt sich die Frage, woher Menschen überhaupt den Mut und die Kraft beziehen, ungeachtet der oft düsteren Aussichten moralisch zu handeln. (Nagl-Docekal, Innere Freiheit, 190)

Abschließend möchte ich versuchen, die ‚Gartenmetapher' von Kant, die den Auftakt zu meinen Überlegungen bildet, mit Nagl-Docekals Hilfe ein wenig besser zu verstehen. Es bietet sich der Brückenschlag zur bereits angeführten Gartenmetapher in Wittgensteins ‚Über Gewissheit' an.

Kant zitiert hier Voltaires Satire ‚Candide oder der Optimismus' von 1759. Dies mag ein Verweis auf die mögliche politische Kritik der Aufklärung sein, die Voltaire in dem Buch leistet und die Kant selbst in seinem Geisterseher in der Beschäftigung mit der Metaphysik (und eventuell aus Vorsicht der Zensur gegenüber) sonst nicht explizit macht. Im Roman beendet der naivoptimistische Candide die lange Reihe seiner Desillusionierungen mit dem Satz ‚Cela est bien dit, mais il faut cultiver notre jardin.' Auf den hoffnungslosen Optimismus seines Lehrers, den Voltaire beständig mit Spott überzieht, weist Candide nun als Antwort auf die häuslichen, d.i. oikologischen Pflichten. Er hat sich nach vielen Reisen und Enttäuschungen auf sein Landgut zurückgezogen. Es gibt aber noch eine weitere Inspirationsquelle für Kant, die den Verweis einordnet. Julies Garten bei Rousseau, auf den Kant in seinem Candide-Zitat verweisen mag, liest Nagl-Docekal als notwendigen (Gegen)Entwurf, der Kants eigenes geschichtsphilosophisches Ziel verstehen hilft. Rousseau sieht

---

62 Herta Nagl-Docekal, Ist Philosophie heute noch möglich? In: Der Sinn des Historischen, Geschichtsphilosophische Debatten, Fischer: Berlin, 1996.

den Prozess der ‚Zivilisierung als eine Verlustgeschichte' (Nagl-Docekal, Innere Freiheit, 177), wobei er nicht propagiert, dass wir zu früheren Lebensformen zurückkehren könnten oder sollten. Rousseaus Konzeption, wie Nagl-Docekal zeigt, hat einen ‚ausgeprägt geschlechterhierarchischen Zuschnitt'. Kant hingegen ordnet ‚die Keuschheit beiden Geschlechtern' zu. (Nagl-Docekal, Innere Freiheit, 183)[63] Auch in Rousseaus ‚Julie oder Die Neue Heloise' jedoch bleibt ein fragwürdiger Zusammenhang zwischen dem Ideal der Harmonie von Vernunft und Gefühl und ihrer Realisierung in einer Frauenfigur bestehen: „Die dichotome Auffassung der Geschlechtscharaktere ist so konzipiert, dass im Rahmen der modernen Öffentlichkeit die Frau keinen Ort hat. Dies eröffnet die Möglichkeit, jene Dimension des Lebens, die Männer in ihrer Sphäre vermissen, auf die Frau zu projizieren. Das Weibliche wird auf diese Weise zur Utopie der Moderne" (Nagl-Docekal, Innere Freiheit, 185). Nagl-Docekal sieht Rousseaus Werk dennoch einer simplen, dogmatischen Auffassung dichotomer Geschlechterrollen überlegen und hält ihn darum für einen geeigneten Autor, der die kritische Analyse „des Mentalitätshintergrunds jener gegenwärtigen sozialen Ordnungsmuster, durch die Frauen in vielfacher Form mit Diskriminierung konfrontiert werden", erlaube (Nagl-Docekal, Innere Freiheit, 189).

Nagl-Docekal referiert auf eine posthum veröffentliche Reflexion zu Rousseau, in der Kant schreibt: „Rousseau erhebt die Natur, und die ist auch unser Beziehungspunkt bei aller Kunst: nämlich jener nicht Gewalt anzutun, sondern sie nur vollkommen zu entwickeln. Blumen, neue Früchte." (zitiert nach Nagl-Docekal, Innere Freiheit, 187) Wohingegen bei Rousseau die Kunstfertigkeit wie Natur aussieht, aber immer die Gewalt, derer es bedurfte, dies so zu arrangieren, im Hintergrund spürbar bleibe, sei für Kant die Natur des Menschen ausgerichtet auf das Streben nach Moral. Nach Nagl-Docekal hebt Kant das Thema der möglichen Harmonisierung von Moral und Glückseligkeit ‚auf die Ebene der begrifflichen philosophischen Argumentation, die sich in der Doppelstellung des Menschen als sinnliches und vernunftbegabtes Wesen auseinandersetzt'. Die Frage nach dem Ziel der Geschichte betrifft daher ‚den

---

63   Nagl-Docekal bemerkt jedoch kritisch, dass eine feministische Kritik an Rousseau zu kurz greife, wenn sie die Frau bei Rousseau ausschließlich als Instrument zur Erziehung der Männer zu vernunftgeleitetem moralischen Handeln sieht; Rousseau sieht zwar die Sittsamkeit ‚in der Natur der Frau' angelegt, und dadurch entsteht eine Inkonsistenz sowohl in seinem Naturverständnis als auch in seinem Moralverständnis; aber er bringt sein geschichtsphilosophisches Denken anhand einer Frauengestalt zum Ausdruck, erkennt damit also formal an, dass Frauen hinsichtlich ihrer Wahrnehmung anderer und eventuell auch Selbstdisziplin quasi Kantische Moralsubjekte sind.

Menschen als solchen', nicht Frauen und Männer auf verschiedene Weise. (Nagl-Docekal, Innere Freiheit, 189)

> Sobald wir uns handelnd für ein moralisch geprägtes Zusammenleben engagieren, ist das Sinnganze bereits (praktisch notwendig) vorausgesetzt – andernfalls hätten wir keinen guten Grund, in dieser Weise tätig zu sein. (Nagl-Docekal, Innere Freiheit, 191)

Das philosophische Gespräch von Wittgenstein mit von Wright findet im Garten von Grantchester statt. Im Garten besorgen wir, laut Rousseau, die Harmonisierung von Kunst und Natur; mit Kant erfüllen wir hier unseren Posten in dieser Welt, und dies bedeutet für Kant in der Umsetzung des Kategorischen Imperativs in individuellem Handeln, angeleitet und unterstützt von einer überindividuellen, überstaatlichen, überzeitlichen Gemeinschaft sich gemeinsam moralisch Bildender. Bei Rousseau und bei Kant ist das Ziel des Strebens in ein (metaphorisches) Jenseits verlegt. Dass also das Erreichen der Glückseligkeit schon in diesem Leben oder in der Sinnenwelt möglich wäre, finden diese Philosophen eher befremdlich. Auch die Zueignung auf Kants Ideal des ‚ethischen Staats' verweist ins Jenseits der nächsten Generationen, die nach diesem Ziel weiter werden streben müssen.

TEIL IV

Drei Fragen einer kritischen Sozialontologie

KAPITEL 9

Was können wir wissen? Wissen-als

In diesem vierten Teil der Untersuchung skizziere ich drei Themen, die in meinen Augen wichtig für eine kritische Sozialontologie werden: Überlegungen zu den Standpunkten des Wissens, zum konativen Streben nach Bedeutung, und zu den Grenzen der Meisterschaft. Diese Themen lassen sich den drei Kantischen Fragen zuordnen, die ich in einer pluralen Umformulierung stelle: Was können wir wissen? Was dürfen wir hoffen? Was sollen wir tun? Im abschließenden fünften Teil kulminieren diese Skizzen in der sich erneut stellenden Frage: Wer sind die Menschen? In meinen Ausführungen gehe ich davon aus, dass die Abwendung von Bedeutung dem Trauma ähnlich ist, und ich postuliere eine Theorie der Bedeutungspermanenz, um beibehaltene Hoffnung als Streben nach Bedeutung darstellen zu können. Dies vor allem mit Blick auf den Nihilismus und das paradoxe ‚Aufhören der Philosophie'. Im Zentrum des Bemühens steht das Arbeiten mit ‚kanonischen' Quellen mit Blick auf das von mir vorgeschlagene vierte Paradigma einer Ersten Philosophie. In diesen Kontext werden verschiedene kleine Einzelanalysen zusammen gestellt: Lesarten zu Husserls Krisis-Schrift, zu Texten aus der Standpunktdebatte, zur feministischen Kritik am Symposium, zu Schelers ‚Stellung des Menschen im Kosmos' und zu verschiedenen Texten aus dem Werk von Hubert Dreyfus. Ich beziehe mich auf unterschiedliche Quellen und bringe die in ihnen präsentierten Ideen in Kontakt miteinander, setze sie ‚ins Bild'. Mein eigener Text ist, wie sein Untertitel anzeigt, ‚Entwurf' – es wird versuchsweise einiges angedacht, das vielleicht zur Diskussion beitragen kann.

Ein Weiterdenken des ‚linguistic turn' lenkt den Blick erneut auf Bedeutungstheorie. Das Anliegen des Feminismus, das Prozesshafte und Relationale auch hier angemessen zu repräsentieren, lädt uns ein zum erneuten Versuch einer Rekonstruktion der menschlichen Verfasstheit in Sprache. Philosophie steht dabei vermittelnd zwischen der Beschreibung von Wirkzusammenhängen einer naturwissenschaftlichen Annäherung und den Darstellungen ideographischer Disziplinen, wie z.B. der Geschichtswissenschaft, die das Spezifische an einem Phänomen, das sich nicht wiederholt, aber dennoch in seiner Besonderheit beschrieben werden soll, herausarbeiten. Philosophie muss dabei aber weder das Gesetzmäßige (einer Darstellung von ‚Naturgesetzen'), noch das Fortschrittliche (einer Annäherung an ein Ideal als Telos), noch das Dekonstruktive (ein ständiges Zerspielen von Annäherung) für sich wählen. Sie ist angehalten, pragmatisch auf die Frage zu antworten: Was sollen wir tun? In dieser Frage sind Regelmäßigkeit und Regel enthalten. Diese Frage ist wiederum informiert von der Frage: Was können wir wissen?, mit Hilfe derer wir unseren eigenen Beitrag zum handlungsermöglichenden Hintergrund des Handelns formulieren können, und informiert von der Frage: Was dürfen wir hoffen?, die den Rahmen unserer Handlungsmöglichkeiten absteckt. Die Zueignung auf andere Menschen (jetzt und in der Zukunft) ist eine spezifische Besonderheit, die unsere von anderen Lebensformen unterscheidet; sie ist an sich kein ‚Wert‘, sondern eine Besonderheit, die das Fortleben unserer Spezies verlangt. Sinn wiederum hängt ab von einem Erlernen von Sinn, das ihn konstituiert. So greifen naturwissenschaftliche Erklärung und hermeneutisches Verstehen ineinander: die unserer Spezies geschuldete Sprach*abhängigkeit* wird zum Motor von Geschichte. Sie ist eine *Fähigkeit*, die uns ein rationales Ideal setzt. Sie diktiert Werte (z.B. das Fortbestehen menschlichen Lebens) und verpflichtet uns logisch auf eine Zukunft der Bedeutung. ‚Was kann ich wissen?‘ behandelt Kant ursprünglich als Frage der Metaphysik. Besprochen in der Kritik der reinen Vernunft als bloß spekulativ, müssen wir bis zu einer Antwort voranschreiten, die die Vernunft befriedigt. ‚Wissen‘ ist für uns allerdings nicht erreichbar. Es liegt jenseits und wird uns niemals zu Teil. Ein konatives Streben nach Wissen scheint hier schon als Thema und Grundbedingung der Epistemologie auf. Nach der kritischen Wende, wie Husserl schreibt, ist die Kantische Metaphysik eine *neue Erkenntnistheorie*. Die Untersuchung der Frage: Was können wir wissen? bildet die Grundlage der Beschäftigung mit dem Ewigen und Erotischen, d.i. dem konativen Streben nach dem Kanon. Die Darstellung des Wissens als Wissen-als auf die Frage: Was können wir wissen? und die Darstellung unseres konativen Strebens nach dem Kanon auf die Frage: Was dürfen wir hoffen?, bilden wiederum die Grundlage für eine diese Arbeit motivierende Sorge um ‚Meisterschaft‘. Auf ihrer Basis können wir fragen: Was sollen wir tun? und antworten, indem wir die Grenzen der Meisterschaft beschreiben; dies führt uns zur letzten Frage, der Frage nach dem, was die Menschen auszeichnet. Hier gewinnen wir Verantwortlichkeit und Zukunftsfähigkeit der einzelnen als Geborene und damit zum Handeln Bestimmte zurück.

9.1 Die Krisis der modernen Wissenschaften

> Die Umwendung der öffentlichen Bewertung war insbesondere nach dem Kriege unvermeidlich, und sie ist, wie wir wissen, in der jungen Generation nachgerade zu einer feindlichen Stimmung geworden. In unserer Lebensnot – so hören wir – hat diese Wissenschaft uns nichts zu sagen. Gerade die Fragen schließt sie prinzipiell aus, die für den in unseren unseligen Zeiten den schicksalvollsten

Umwälzungen preisgegebenen Menschen die brennenden sind: die Fragen nach Sinn oder Sinnlosigkeit dieses ganzen menschlichen Daseins. (Krisis-Schrift, Husserl, 6)

In diesem ersten Teil des Kapitels zum ‚Wissen-als' geht es um eine Auseinandersetzung mit der Wendung hin zum geschichtlichen Standpunkt in Husserls Krisis-Schrift. Die Krisis-Schrift leistet zunächst eine kritisch-historische Rekonstruktion des Status Quo, den Husserl als den Ausgangspunkt für die (von ihm entwickelte) Phänomenologie als neue und zentrale wissenschaftliche Disziplin sieht. Husserl beginnt so mit einer Umsetzung seiner These, dass die Epoché, also die Rekonstruktion der Vorbedingungen des Wissens zum Zweck ihrer Einklammerung, die dann einen wissenschaftlichen Standpunkt ermöglicht, *geschichtlich* werden muss. Selbstreferentiell klärt er hier also auch seinen eigenen historischen Standpunkt auf. Der zweite wichtige Aspekt der Schrift, die motivierende These, dass die ‚Wissenschaft' sich in ihrem Bemühen um Objektivität von der ‚Lebenswelt' entfernt habe, hat auch ein persönliches Moment. Husserls Sohn war 1916 in Verdun gefallen. Husserl referiert auf die Umwendung der Bewertung des ‚Fortschritts' durch Wissenschaft in seiner Gegenwart, die er sicher auch persönlich nachvollziehen kann, und damit direkt auf die Sinnlosigkeit einer Welt, in der ‚bloße Tatsachenwissenschaften bloße Tatsachenmenschen machen'. Wenn nur als wahr gelten darf, was objektiv feststellbar ist, wenn Geschichte nur lehrt, dass alles ‚Haltgebende' (Normen, Ideale, Lebensbindungen) nur flüchtige Wellen sind, die sich bilden und auflösen, „können wir in dieser Welt leben, deren geschichtliches Geschehen nichts anderes ist als eine unaufhörliche Verkettung von illusionären Aufschwüngen und bitteren Enttäuschungen?" (Husserl, Krisis-Schrift, 7) Diese Frage stellt Husserl 1935 an seine Zuhörer und er stellt sie auch an uns heute. Die Krisis-Schrift ist ein Vermächtnis für die Zukunft, das Husserl im Moment der Ausarbeitung, basierend auf den Vorträgen in Wien und Paris, aber durch die Nazi-Herrschaft unmöglich gemachte fehlende Drucklegung gefährdet sieht. Ähnlich wie Af Klint muss Husserl fürchten, dass sein Werk in seiner Zeit nicht mehr wird bestehen können und übergibt es darum ‚dem Archiv'.

Husserls Auseinandersetzung mit Kant im Anschluss an seine Cartesianischen Meditationen ist wegweisend für das Erkennen der Begrenztheit des Objektivismus: „Indem Husserl an Kant anknüpft, zeigt er aber zugleich die Notwendigkeit, über ihn hinauszugehen, um den Objektivismus endgültig zu überwinden, bzw., um die transzendentale Dimension wirklich wissenschaftlich zu erfassen." (Iso Kern, Husserl und Kant, 49) Iso Kern meint, die Krisis-Schrift könne gar ‚Kantianische Meditationen' heißen, weil Husserl so dezidiert von Descartes sich zu Kant wendet und Kants Ideen als notwendige

Vorarbeiten zu seiner eigenen Theorie versteht.[64] Dieser Kehre möchte ich hier kurz exegetisch anhand der Krisis-Schrift nachgehen. Seine Cartesianischen Meditationen schließt Husserl noch mit den Worten:

> Das Delphische Wort γνῶθι σαυτόν hat eine neue Bedeutung gewonnen. Positive Wissenschaft ist Wissenschaft in der Weltverlorenheit. Man muß erst die Welt durch ἐποχή verlieren, um sie in universaler Selbstbesinnung wiederzugewinnen. (Husserl, Cartesianische Meditationen, 183).

Was *universale Selbstbesinnung* heißt, das zeigt Husserl in zwei Schritten in der Krisis-Schrift. Er rekonstruiert diese als ‚zwei Wege in die Phänomenologie'. Der erste Weg ist die kritische Rekonstruktion des Status Quo der Wissenschaften und zugleich das Aufzeigen der Möglichkeit eines Anknüpfens der Phänomenologie an Kant. Der zweite Weg ist das Darstellen der Psychologie als der positiven Wissenschaft von der ‚universalen Selbstbesinnung' und der Evaluation einer ‚rationalen' Psychologie als möglicher wissenschaftlicher Disziplin einer zukünftigen Metaphysik. Husserls Ziel ist es darum auch, Kants Haltung zur rationalen Psychologie zu evaluieren. Die Hauptaufgabe der Wiener und Prager Vorträge, auf die die Krisis-Schrift aufbaut, sei es, in Kerns Lesart von Husserl, zu zeigen, warum die Kopernikanische Wende Kants noch nicht endgültig zu Ende geführt werden konnte, und darzustellen, warum der neuzeitliche Objektivismus, den Husserl für das bisherige Versagen des transzendentalen Subjektivismus verantwortlich macht, noch nicht überwunden werden konnte. Gerade eine methodisch durchgeführte Bewusstseinsanalyse, eine echte intentionale Psychologie, kann dann, in Husserls Auffassung, die ‚mythischen Konstruktionen Kants' mit Hilfe einer anschaulich-aufweisenden Methode ergänzen und die Aufgabe der Transzendentalphilosophie erfüllen – die (wissenschaftliche) Darstellung der die sinnliche Welt transzendental konstituierenden Subjektivität. (Iso Kern, Husserl und Kant, 49)

Mich interessiert hier vor allem die kritische Rekonstruktion des Status Quo im zweiten Teil: Die Ursprungsklärung des neuzeitlichen Gegensatzes zwischen physikalistischem Objektivismus und transzendentalem Subjektivismus. Diese Erklärung wird fortgeführt im dritten Teil, der Klärung

---

64   Iso Kern, Husserl und Kant, 45 ff. „Husserls Plan einer Kantkritik für die *Krisis* widerspricht nicht der von uns oben aufgestellten Behauptung, dass dieses Werk in einer besonderen Nähe zu Kant stehe. Vielmehr ist diese Kantkritik gerade durch diese Nähe bedingt." Und abschließend: „Durch unsere Hinweise ist die enge Beziehung der *Krisis* zu Kant für den jetzigen Zusammenhang genügend deutlich geworden. Sie würde es als nicht willkürlich erscheinen lassen, das letzte große Werk Husserls in Konfrontation zu den *Cartesianischen Meditationen* ‚Kantianische Meditationen' zu nennen." (49–50)

des Transzendentalen Problems und der darauf bezogenen Funktion der Psychologie, und hier vor allem im Abschnitt A: Der Weg in die phänomenologische Transzendentalphilosophie in der Rückfrage von der vorgegebenen Lebenswelt aus. Bei Kant, schreibt Husserl, verweilen wir mit gutem Grund. Die an ihm zu explizierende Kritik erhellt den ‚allgemeinen Sinn der Wissenschaftlichkeit früherer Philosophien' als notwendig, da kein anderer in ihrem geistigen Horizont liegen konnte. „Eben dadurch wird ein tieferer und der *allerwichtigste Begriff* vom ‚Objektivismus' hervortreten (wichtiger noch als jeder, den wir früher definieren konnten), und damit auch der eigentlich radikale Sinn des Gegensatzes von Objektivismus und Transzendentalismus." (Husserl, Krisis-Schrift 109) Kants transzendentaler Subjektivismus hat als Motiv das Rückfragen nach der ‚letzten Quelle aller Erkenntnisbildungen', nämlich das ‚Sichbesinnen des Erkennenden auf sich selbst und sein erkennendes Leben' (Husserl, Krisis-Schrift, § 26, 106) Je radikaler, umso besser erfüllt die Transzendentalphilosophie ‚ihren Beruf als Philosophie'; d.h. der Philosoph muss zu einem klaren Verständnis seiner Selbst als Quelle der Subjektivität vordringen. Kant ist ‚auf dem *Wege* dahin'. (Husserl, Krisis-Schrift, §27, 108) Da Kant die Welt als ein ‚Sinn-und Geltungsgebilde' versteht, ist bei ihm eine ‚erkennende Subjektivität' weltbildend, und darum kann so eine ‚wesentlich neue Art der Wissenschaftlichkeit' in Kant bereits sichtbar werden. Was bei Kant und im Deutschen Idealismus entsteht, ist das Erkennen der Evidenz (der Wissenschaften) als *Problem* für die Philosophie. Der subjektive Grund dieses Erkennens muss thematisiert werden. Kant selbst jedoch untersucht noch nicht die ‚unbefragten Voraussetzungen' seiner Kehre. Der doppelt fungierende Verstand ist als Kants große Entdeckung also gleichsam nur ‚Vorentdeckung' (Husserl, Krisis-Schrift, § 28, 111). Der Wechsel der Einstellung zeigt uns einmal das Objekt und das ‚ihm Eigene' und ein anderes Mal „geht der Blick durch die Erscheinungen hindurch auf das in ihrer kontinuierlichen Einigung kontinuierlich Erscheinende" (Husserl, Krisis-Schrift, § 28, 113). Der ‚Urmodus' der Anschauung ist der der Selbstgegenwart. Ausgehend von Kant und mit ihm philosophierend fragt Husserl nach ‚den Selbstverständlichkeiten zurück' (Husserl, Krisis-Schrift, § 29, 120), von denen ‚jedermanns Denken' fraglos Gebrauch macht, um die wirklich wissenschaftliche Dimension der Transzendentalphilosophie benennen zu können:

> Natürlich ist vorweg mit den Kantischen Fragestellungen die alltägliche Lebensumwelt als Seiende vorausgesetzt, in der wir alle, auch ich, der jeweils Philosophierende, bewußtseinsmäßig Dasein haben, und nicht minder die Wissenschaften, als Kulturtatsachen in dieser Welt mit ihren Wissenschaftlern und Theorien. (Husserl, Krisis-Schrift, § 28, 112)

Lebenswelt wird zur Vorbedingung von Wissenschaftlichkeit. Aber das Subjektive wird nicht auf ‚Seele' reduziert, wie bei Descartes, sondern das Verhältnis dieses ‚ich selbst' meines Bewußtseinslebens auf die Welt wird thematisiert. Ich erkenne das ‚wahre Sein' dieser Welt ‚in meinen eigenen Erkenntnisgebilden'. (Husserl, Krisis-Schrift, § 26, 107) Was schon in der These von der Lebenswelt anklingt, aber noch deutlicher in der Frage nach der notwendigen Geschichtlichkeit der Epoché zur Sprache kommt, ist die Bedingtheit von Wissen durch einen Hintergrund des Wissens. Der Handlungshintergrund bezeichnet, dass unser propositional, d.i. im öffentlichen Raum der Sprache objektiv benennbares Wissen, das damit auch kontextentbunden transferierbar wird, immer von einem nicht-propositionalen Wissen ermöglicht und gestützt wird, das nicht auf gleiche Weise bereits propositional formuliert ist. D.h. das Wissen der Wissenschaftlichkeit basiert auf einem praktischen Können, auf lebensweltlich Gewusstem, auf Körperlichkeit und Geschichtlichkeit, aber auch, und diese These möchte ich hier ausarbeiten, auf dem Wissen um unser Wissen als einem Wissen-als.

9.2 Der Handlungshintergrund

In ‚The Construction of Social Reality' skizziert John Searle in wenigen Strichen den ‚Handlungshintergrund', der seine Erklärung der Intentionalität vor dem Regress bewahren soll. Wenn intentionale Zustände nur verstanden und erklärt werden können, indem sie in einem Netzwerk anderer solcher Zustände auftreten, dann müssen diese Netzwerke selbst, um einen Regress der Erklärung zu vermeiden, ‚vor einem Hintergrund' stattfinden, der selbst nicht wieder aus intentionalen Zuständen besteht[65]. Searle postuliert darum einen nicht-intentionalen Handlungshintergrund, der sowohl ‚tiefe', ‚biologische', als auch ‚lokale' und ‚kulturelle' Ermöglichungsstrukturen beinhaltet. Anders als bei Husserl in seiner Krisis-Schrift, der zur Lebenswelt über eine Analyse der Krise der Wissenschaften, d.i. über eine inhaltliche Beschreibung des historischen Status Quo, kommt, ist Searles Argument zunächst nur der Ausweg aus einer logischen Verlegenheit.

Searles Text ist eine der wichtigsten Quellen im Übergang von der sprachanalytisch informierten Handlungstheorie zur Sozialontologie und er

---

65 Ich denke hier auch an die ‚Feldtheorie' wahrer Sätze in ‚Two Dogmas of Empiricism' bei Quine, der die Netzwerkverbundenheit, d.i. Kontextualität von solchen Sätzen vor allem mit Blick auf ihre mögliche Verifizierung darstellt. In: W.O.Quine, *Two Dogmas of Empiricism*, The Philosophical Review, 60 (1) 20–43.

weist zugleich auch die Lakunae auf, die dann zur Entwicklung der Fragestellungen einer nicht-idealen Sozialontologie führen und auch zu der hier vorgeschlagenen kritischen Sozialontologie. Der Lösungsvorschlag von mir ist, den Handlungshintergrund, für den Searle eine Topographie der Fähigkeiten vorschlägt, zu erweitern. Nicht nur das ‚Know-how', also verschiedenes Können, nicht nur das lebensweltlich erlernte ‚Know-that' zählen dazu, sondern auch unser *Wissen-als*, d.i. die Standpunktabhängigkeit unseres gesamten Wissens, sozusagen die Token-Indexikalisierung, die jeden Aspekt des Wissens eines Individuums mit einem Vermerk der Singularität versieht, und die damit das, was unter einem ‚Standpunkt' verstanden werden kann, im Werden dieses Individuums verortet.

Der Begriff der ‚Passrichtung' (direction of fit) wurde von Anscombe in ‚Intention' in die Diskussion eingeführt. Sie hält uns an, uns einen Mann vorzustellen, der einkaufen geht. (In Anscombes Beispiel wird er von seiner Frau zum Einkauf geschickt und ist ihr dann auch Rechenschaft schuldig, aber dieser etwas anachronistische Scherz ist nicht der Witz an der Unterscheidung.) Diesem Mann folgt ein Detektiv. Obwohl der Detektiv und der Einkäufer am Ende dieselbe Liste vorzeigen können, ist es die ‚Aufgabe' des Mannes, die Dinge auf der Liste in den Einkaufswagen zu legen, die ‚Aufgabe' des Detektivs, diesen Vorgang zu dokumentieren. Der Einkäufer repräsentiert im Beispiel den volitiven Weltbezug, der Detektiv den kognitiven. Aus den möglichen Fehlern in der Ausführung und ihrer Korrektur erklärt sich der Begriff ‚Passrichtung': Wenn der Mann mit Butter statt Margarine nach Hause kommt, kann dieser Fehler, d.h. das Nichtübereinstimmen der Liste mit dem Einkauf, nicht durch ein Streichen des Wortes ‚Margarine' auf der Liste erreicht werden. Was nämlich ‚passend gemacht wird' ist der Zustand der Welt; die Liste des Detektivs ‚passt', wenn er den Einkauf des Mannes korrekt dokumentiert hat. Zunächst werden also die beiden Passrichtungen des Volitiven und Kognitiven unterschieden. Das Volitive hat eine Welt-auf-Geist Passrichtung, weil die Welt unseren ‚Vorstellungen' oder ‚Wünschen' angepasst wird, das Kognitive hat die Geist-auf-Welt-Passrichtung, weil hier unsere Repräsentation an ihrer Übereinstimmung mit dem in der Welt Vorfindlichen gemessen wird. Für diese Evaluation der Passrichtung Geist-auf-Welt reservieren wir die Begriffe ‚wahr' und ‚falsch'. Wir beziehen uns entweder auf Welt, indem wir wahrnehmen. Diese Wahrnehmungen haben einen ‚Wahrheitswert', d.h. wir bewerten sie danach, wie genau sie die Gegebenheiten der Welt repräsentieren; volitiv beziehen wir uns auf Welt, wenn wir in ihr etwas verändern wollen, d.h. wenn wir eine Vorstellung von möglicher Veränderung fassen, an die wir die Welt dann – handelnd – anpassen. In diesem Fall beurteilen wir unseren Erfolg nach seinem ‚Glücken' oder ‚Fehlschlagen'. (Bemerken wir hier zunächst, dass die

Beziehung des Mannes zu seiner Frau und zum Detektiv bei der Darstellung der Vorgänge überhaupt nicht in den Blick kommen, dies aber müssten, um der absurd scheinenden Geschichte überhaupt einen Sinn zu geben.)

Eine dritte Passrichtung, die John Searle im Anschluss an Anscombe entwickelt, ist die ‚double direction of fit'. Hier bewirken wir Veränderung in der Welt, indem wir die Welt auf bestimmte Weise repräsentieren: ‚making it the case by taking it the case'. Untersuchen wir diesen Fall auf Gelingensbedingungen, wird schnell klar, dass wir nicht entscheiden können, welche Seite für den ‚fit' herangezogen werden soll. Passt die Welt hier auf unsere Vorstellung oder umgekehrt, passen wir unsere Vorstellung wieder der Welt an? Ein Hin- und Herkippen des Bildes lässt keiner Alternative den Vorzug. Sehen wir uns Beispiele für die ‚double direction of fit' an, so wird klar, was bisher in der Searleschen Darstellung nicht mitberücksichtig wurde. Mein Lieblingsbeispiel stammt von Raimo Tuomela: In alten Zeiten, berichtet er, benutzten die Finnen Eichhörnchenpelz als Währung, d.h. Eichhörnchenpelz wurde für ‚Geld' gehalten, und damit wurde es erst zu einer geeigneten Tauschwährung.

Die Passrichtung, die Searle als Welt-auf-Geist / Geist-auf-Welt beschreibt, hat eine entscheidende dritte Dimension. Sie ist eine Passrichtung Geist-auf-Geist. Wir beurteilen die ‚Angemessenheit' oder ‚Passendheit' unserer mentalen Repräsentationen (und jegliche von dieser abgeleitete Intentionalität, z.B. Sätze in Rede oder Text) dieser Art danach, ob unser Dafürhalten mit dem Dafürhalten anderer abgeglichen werden kann. Und wo die Passrichtungen Welt-auf-Geist und Geist-auf-Welt das instrumentelle Umgehen mit Welt eines einzelnen Individuums (*uomo* oder Amöbe) meinen kann, ist die spezielle Passrichtung, die uns zu Verfügung steht, die Passrichtung Geist-auf-Geist, die für uns auch die beiden anderen informiert. Wir könnten damit den ‚spezifisch menschlichen Weltbezug' benennen. Es handelt sich bei der Passrichtung Geist-auf-Geist um eine Art ‚Passen als Konsens'. Dieses Passen ist indes nicht nur konventionell und arbiträr, sondern normativ eingehegt, so die Annahme des vierten Paradigmas. Normativ begrenzt wird das Passen durch die Wissensgemeinschaft mit den anderen, deren Projekt der Darstellung (kognitiver Weltbezug) und Veränderung (volitiver Weltbezug) ich teile, indem ich auf die Wirklichkeit verwiesen bin, die wir in gemeinsamer Anerkennung von deontischen Beziehungen (Rechten und Pflichten) für unser Handeln (in Gemeinschaft) zugänglich machen. Welche Aspekte des Deontischen gegeben und gleichzeitig notwendig sind, – z.B. geht die Diskussion von Besitz als gerechtfertigter Ordnungsstruktur bereits mit der Rezeption des Kantischen Kategorischen Imperativs um dieser Frage –, oder ob z.B. hierarchische normative Ordnungen notwendig seien (wie Marmor behauptet), muss mit Blick auf die (institutionelle) Wirklichkeit, die durch diese Ordnungen entsteht, gefragt werden. Auch unser Handeln ‚in die Natur hinein', wie Arendt sagt, d.i. die Folgen unserer Lebensorganisation für die (planetaren) Lebensbedingungen zukünftiger Generationen, muss hierbei eine Rolle spielen.

9.3 Standpunkte: the particular situation

> The modalities of feminine bodily comportment, motility, and spatiality which I have described here are, I claim, common to the existence of women in contemporary society to one degree or another. They have their source, however, in neither anatomy nor physiology, and certainly not in a mysterious feminine „essence". Rather, they have their source in the particular situation of women as conditioned by their sexist oppression in contemporary society. (Iris Marion Young, Throwing Like a Girl, 152)

In ihrem klassischen Aufsatz ‚Throwing Like a Girl' benutzt Iris Marion Young einen phänomenologischen Ansatz (nach Merleau-Ponty im Anschluss an Husserl), um die doppelte Positionierung des weiblichen Subjekts zu beschreiben. Kants transzendentale Subjektposition werde, so Young, von Merleau-Ponty auf den Körper übertragen, als das, was vereint und synthetisiert. Der ‚Standpunkt' dieses verkörperten Subjektes ist im Folgenden gekennzeichnet durch die Vorstellung der Möglichkeit einer Handlung und zugleich der Vorstellung ihrer Unmöglichkeit. „When the woman enters a task with inhibited intentionality, she projects the possibilities of that task – thus projects an ‚I can' – but projects them merely as the possibilities of „someone," and not truly her possibilities – and thus projects an ‚I cannot'." (Young, Throwing Like a Girl, 147) Die Analyse basiert auf einer Ambiguität des ‚I' – einmal ist das Ich im ‚Ich kann' ein generisches, im Sinne von ‚man kann', oder unpersönlicher ‚es ist möglich', im zweiten Moment, der Inhibition der Intentionalität, das Ich als identifiziert mit dem aktualen Selbst, ‚aber *ich* kann nicht', auch qua generischer Position, ‚weil Mädchen nicht werfen können'. Diese direkte Rückwirkung der Position auf die körperliche Verfasstheit ist, wie Young betont, weder anatomisch, physiologisch oder (auf mysteriöse Weise) essentiell bedingt, sondern wird von einem Konsens über Möglichkeiten getragen, der zum unausgesprochenen Handlungshintergrund der ‚contemporary society' gehört, die von sexistischer Unterdrückung gekennzeichnet ist. Young nennt hier das, was später in der Diskussion ‚Standpunkt' heißt, ‚the particular situation'. Dieser Begriff scheint mir sehr passend, weil er die individuelle geistig-körperliche Situiertheit innerhalb einer historischen von materiellen Bedingtheiten und Ideen strukturierten ‚Umwelt' benennt, in der ‚die partikulare Situation' konstituiert ist.

Aus diesen Überlegungen erklärt sich das Anliegen der feministischen Standpunkttheorie, ein wichtiger und zentral diskutierter Topos des Feminismus, auf deren ideengeschichtlich wechselhafte Entwicklung hier nicht genauer eingegangen werden soll. Die Standpunkttheorie (egal welcher Spielart) vertritt ganz allgemein die These, dass die Positionierung des Subjektes das Wissen, das dieses Subjekt hat, formt. Verschiedene Annahmen folgen aus dieser These: dass der Zugang zu (bestimmtem) Wissen systematisch (in einer von sexistischer Diskriminierung, aber auch Diskriminierung aufgrund anderer Situiertheit, z.B. Vermögen, Alter, Ethnie, Religion u.a. geprägten Gesellschaft) einigen, aber nicht anderen gewährt wird; dass unser Verstehen notwendig durch unseren Standpunkt limitiert wird; dass verschiedene Standpunkte also auf verschiedenes Wissen zugreifen lassen (das anderen Standpunkten verborgen bleibt) und darum diese Standpunkte in einem gemeinsamen Projekt der Wahrheitssuche einzubeziehen seien.

Mich interessiert hier speziell die Frage, ob die Standpunkttheorie uns etwas über Epistemologie sagt, uns also unser Weltverstehen erklärt, oder ob mit der Standpunkttheorie vor allem kritische Einsichten in die Normentheorie oder zu Machtpositionen formuliert werden. Gerade dieser Punkt ist fuer das hier vorgeschlagene Verständnis vom Wissen als einem Wissen-als relevant. In der Frage nach der besonderen Aufgabe der Standpunkttheorie sehen wir eine Parallele zur Diskussion um die beschreibend-wissenschaftliche oder kritisch-normsetzende Aufgabe der zeitgenössischen nicht-idealen Sozialontologie. Einige Einsichten aus dem Streit um epistemologische oder kritische Ausrichtung der Standpunkttheorie helfen uns, die Standpunktgebundenheit des Wissens-als als einen wichtigen normativen oder *idealtypischen* Aspekt der Bedeutungstheorie zu formulieren.

Susan Hekman schreibt rückblickend auf fünfzehn Jahre Entwicklung in der Standpunkttheorie in ‚Truth and Method: Feminist Standpoint Theory Revisited': „In 1983, the publication of Nancy Harsock's *Money, Sex and Power* changed the landscape of feminist theory."[66] Hartsock stellt in diesem Text die These auf, dass das weibliche Subjekt nicht nur einen privilegierten Zugang zu Beschreibung von Unterdrückung habe, sondern in diesem Standpunkt zugleich auch eine *Methode* zur Analyse finde:

> The method Hartsock defines is the feminist standpoint. Borrowing heavily from Marx, yet adapting her insights to her specifically feminist ends, Hartsock claims that it is women's unique standpoint in society that provides the justification for the truth claims of feminism while also providing it with a method with which to analyze reality. (Hekman, Truth and Method, 341)

---

66 Susan Hekman, Truth and Method: Feminist Standpoint Theory Revisited, in: Signs, Winter, 1997, Vol. 22, No. 2 (Winter, 1997), 341–365.

Darum ist die Standpunkttheorie in Hartsocks Fassung ursprünglich die Darstellung einer neuen Art des Theorietuns, ebenso wie Youngs Einsichten aus der Anwendung der phänomenologischen Methode auf feministische Forschungsfragen, etwa: Was ist sexistische Unterdrückung?, gewonnen werden konnten. In ihrer Antwort auf Hekman beschreibt Hartsock ihr Erstaunen über die vergessenen Wurzeln der Standpunkttheorie im Projekt des Marxismus. „This leads to the criticism the standpoint theories are by nature essentialist, that they assume a fixed human nature for individuals with a pregiven selves and pregiven needs and wants." (Hartsock, Comment, 366–367) Hartsock versteht die Standpunkttheorie vor allem als Theorie mit einem kritisch-reformerischen Anliegen, die von ‚partikularen Situationen' (im Sinne Youngs) ausgeht, von denen aus der epistemische Zugangs zu Wissen beschrieben wird, wobei es vor allem um Zugriff auf Machtstrukturen zu ihrer Veränderung *und* um Forderungen nach Solidarität geht: „Standpoint theories are technical theoretical devices that can allow for the creation of accounts of society that can be used to work for more satisfactory social relations." (Hartsock, Comment, 370) Hartsock merkt selbstkritisch an, dass sie bei der Anwendung der Kategorien nach Marx, ‚by analogy a simple two-party opposition between feminist and masculinist representatives of patriarchy', einen ähnlichen Fehler wie Marx begehe, dass sie nämlich homogene Gruppen unterstelle und so keinen ‚theoretischen Raum' lasse für eine differenzierte Darstellung von Unterdrückung verschiedener Gruppen, auch in intersektionaler Überschneidung. (ebenda, 368)

Hekman betont das epistemische Moment der Standpunkttheorie und bemüht sich in Folge um die Etablierung eines epistemischen Ideals. Sie greift dabei auf Webers Idealtypenlehre zurück. Hartsock sieht das zentrale Anliegen des Feminismus jedoch in der Kritik an Machtpositionen. Diese Ziel sieht sie von Hekman (und der neuen Generation Feministinnen) missverstanden oder vernachlässigt: "(...) here I want to address three areas where I think she <Hekman> reads standpoint theories through a kind of American pluralism that prefers to speak not about power or justice but, rather, about knowledge and epistemology. She is not alone in that."[67] Hekmans Problem ist (und hier ist sie in Hartsocks Augen stellvertretend für die Richtung, in die der Feminismus sich entwickelt), die von Hekman an der Standpunkttheore wahrgenommene unterliegende Gefahr der Essentialisierung, die sie mit einem Fokus auf epistemologischen Idealtypen wettmachen möchte. Dabei ersetze Hekman die feministische Forderungen nach Solidarität, d.i. einen Diskurs, der ‚power' und ‚justice' ins Zentrum stellt, durch einen pluralistischen Diskurs (der

---

67 Nancy Hartsock: Comment on Hekman's „Truth and Method: Feminist Standpoint Theory Revisited": Truth or Justice? In: Signs, Winter, 1997, Vol. 22, No. 2 (Winter, 1997), 367–374.

Selbstfindung), der keine wirklichen kollektiven ‚Bindungen' (commitments) kennt. Hartsock zitiert Gramsci, um zu formulieren, worum es bei einer solchen Bindung der Individuen auch epistemisch gehen könnte: „Our capacity to think and act in the world is dependent on other people who are themselves also both subjects and objects of history." (Gramsci, zitiert nach: Hartsock, Comment, 372) (...) Moreover, Gramsci holds that each individual is the synthesis of these relations and also of the history of these relations, a ‚precis of the past'." (Hartsock, Comment, ebenda) Neues Wissen, das Hartsock normativ werten möchte, d.h. einiges ‚Wissen' sei besser als anderes, z.B. ‚Wissen, das sich selbstbewusst in Oppositon und Widerstand kollektiv organisiert'. So entstehende neue Kollektive sind die Vision, die eine solche *engagierte* Standpunkttheorie uns zeigt.

> To claim that we can understand the totality of social relations from a single perspective is as futile an effort as to claim that we can see everything from nowhere. (Hartsock, Comment, 371)

Indem die Einsicht in die Bedeutung von Geschichtlichkeit (nach Husserl) mit der systematischen Darstellung des Handlungshintergrundes unseres Weltbezugs in seinen drei Passrichtungen (in Erweiterung der analytischen Regressvermeidung bei Searle), von denen die Geist-auf-Geist-Passrichtung den spezifisch menschlichen Weltbezug zeigt, im Standpunkt unseres Wissens als einem Wissen-als zusammengedacht wird, kann ein Dilemma der Standpunkttheorie gelöst werden: Die Frage, ob es nur eine Wahrheit gibt, oder jeder Standpunkt seine ‚eigene' Wahrheit beinhaltet, muss nicht in einen Relativismus führen. Wenn angenommen wird, dass die je ‚eigene' Wahrheit für andere unsichtbar bleiben und damit ausschließlich sein müsse, verfällt das gemeinsame Projekt der Wahrheitsfindung (wie im Absolut Minus Negativen des Nihilismus bei Nietzsche) durch diese Entwertung von Wahrheit (als Gemeinsamem) in einen Regress, der uns in ewiger Unverbundenheit nebeneinander stellt. Wenn aber die Negation der Negation das Bild erneut ins Positive wendet, dann kann jeder (einzelne) Standpunkt als notwendiger Bestandteil der Wahrheit für jeden anderen Standpunkt als ‚eigentlich' in einem kollektiven Sinn der gemeinsamen Wahrheitssuche verstanden werden. Nicht die Möglichkeit, von meinem Standpunkt zu abstrahieren, wird behauptet. Dies wäre nämlich die Vorstellung, dass jeder jeden anderen Standpunkt ebensogut vertreten könnte, weil es um das Verallgemeinerbare an der jeweiligen Position gehe (wie in Kramers Argument gegen den Partikularismus des Feminismus). Es wird stattdessen mit der These vom Wissen-als angenommen, dass jeder Standpunkt für meine eigene Wahrheitsfindung notwendig ist, nicht, weil ich ihn mir ‚zu eigen' machen könnte, sondern weil nur in der Pluralität der Beiträge zum Wahrheitsprojekt mein eigenes als unser gemeinsames Fortkommen möglich ist.

KAPITEL 10

Was dürfen wir hoffen? Konatives Streben nach dem Kanon

10.1 Die Ordnung, in der wir stehen

Kosmos, das geordnete All, ist das Gegenteil von Chaos, ungeordnete Totalität. Die Metaphysik kümmert sich um die Begriffe, in denen das Chaos als Kosmos gefasst werden kann. Sie ist in diesem Sinn der Teil der Kosmologie, dem Studium des ‚geordneten Ganzen', der ‚jenseits der Physik' liegt: Sie trägt etwas bei, was nicht ‚physikalisch' gefasst wird, als eine Disziplin, die untersucht, wie die Begriffe, die wir zur Beschreibung des Kosmos verwenden, selbst ein konstitutiver Teil davon sind. Nur durch diese Begriffe ist das ‚Universum' für uns geordnet und nicht ungeordnet (Kosmos, nicht Chaos) – es gehört uns: Begriffe solcher Art ermöglichen unser Verständnis, sie setzen den Rahmen für unsere Handlungsfähigkeit, sie bestimmen, wie wir begreifen, was ist, und wie wir (selbst und unser Handeln) handelnd hineinpassen in die Wirklichkeit. Songe-Møller z.B. rekonstruiert, wie in der griechischen Antike verschiedene kosmische Ordnungsvorstellungen miteinander konkurrieren und bis heute unsere Konzepte von *Gleichheit* beeinflussen.[68] So kann eine Dualität z.B. als notwendige Zweiheit eines Gleichgewichts erscheinen. In einer anderen Vorstellung entsteht Alles aus Licht und Dunkel, das aus beidem gemischt wird, wobei das Dunkel zwar notwendig, jedoch zugleich ‚verunreinigend' erscheint. Diese Dualität ist bereits eine hierarchisch geordnete Zweiheit, deren einer Teil als das Untergeordnete, weniger Wertvolle, erscheint, das am anderen als dem Vollkommeneren, Idealeren gemessen wird.

Die philosophische Anthropologie, die in diesem Kapitel mit Scheler als einem wichtigen ‚Begründer' der Disziplin betrachtet wird, kümmert sich um ‚die Stellung des Menschen im Kosmos', wobei sie sich vor allem auf das Herausarbeiten der spezifischen Differenz der Menschen konzentriert hat. So stehen gerade alternative Ontologien, wie z.B. bei Hamann und Morton, aber auch bei Kondylis, solchen auf ‚das Subjekt Mensch' fokussierten Erklärungen einer ‚Sonderstellung' feindlich gegenüber. In der Entwicklungsanthropologie finden wir im Konzept des ‚cooperative breeding' eine alternative Erklärung

---

[68] Songe-Møller, Philosophy without Women – The Birth of Sexism in Western Thought, Continuum: London, 2002.

für die ‚Besonderheiten' der Menschen, die nicht auf kosmische Zusammenhänge, sondern evolutionäre Notwendigkeiten schaut. Die Notwendigkeit gemeinsamer Care-Arbeit haben wir gemeinsam mit einigen Primaten. In unserem evolutionären Modell des ‚Alloparenting' werden die Jungtiere in flexiblen Rollen nicht mehr nur von einer Mutter gestillt und versorgt, die sie gegen andere, auch Gruppenmitglieder verteidigt, sondern kollektiv und arbeitsteilig erzogen. Die Übergabe der Kinder an andere, das Futterteilen im Füttern der Kinder, das Lokalisieren von anderen Gruppenmitgliedern und deren Identifikation durch Rufe stellen die Individuen und Gruppen vor komplexe Koordinationsprobleme, die nur mit Hilfe von motivationaler Bereitschaft gelöst werden können und zu dieser führen.[69] Solche *motivationalen* geistigen Werkzeuge sind zur Entwicklung der Sprache, wie wir sie haben, notwendig. Neben dem Werkzeugnutzen, das zu unserer mentalen Kapazität beiträgt, und der Abhängigkeit von Sorge durch andere von Geburt an, das im Begreifen der Welt und anderer als ‚für mich da' zu einem bestimmten Verständnis unseres Seins führt, ist das Gerichtetsein auf die Sorge um andere ebenfalls eine evolutionäre Strategie, die uns auszeichnet und uns bedingt.

Schauen wir nun zunächst darauf, wie (historisch) die Besonderheiten unserer Spezies mit unserer Stellung im Kosmos zu einer philosophischen Auslegung unserer Verfasstheit zusammengedacht werden, bei Nietzsche als ‚Entzauberung', bei Kant als ‚doppelte Ordnung', bei Arendt als ‚Überhebung'. Wir haben bereits Nietzsches Dictum gehört, dass das Bewusstsein der Sprachentwicklung geschuldet ist und dass es ein Netz von Mensch zu Mensch spannt. Für ihn steht damit das Subjekt in Frage, denn sein Ursprung und seine Ausbildung, sein Bestehen kann evolutionär auf die Gruppe reduziert werden. Für Nietzsche ist dies ein entwicklungsgeschichtlicher Schlag gegen die Vernunftphilosophie, die die Vernunft beständig feiert und hypostasiert.

> In irgend einem abgelegenen Winkel des in zahllosen Sonnensystemen flimmernd ausgegossenen Weltalls gab es einmal ein Gestirn, auf dem kluge Tiere das Erkennen erfanden. Es war die hochmütigste und verlogenste Minute der „Weltgeschichte": aber doch nur eine Minute. Nach wenigen Atemzügen der Natur erstarrte das Gestirn, und die klugen Tiere mußten sterben. (Nietzsche, Über Lüge und Wahrheit im außermoralischen Sinn)

---

69   Vgl. Arbeiten von Judith Burkart, z.B. Cumulative culture – the result of our double legacy as cooperatively breeding apes? Mit Sandro Sehner in: Zeitschrift für Entwicklungspsychologie und Pädagogische Psychologie, 2023, und viele andere.

Mit dieser Fabel beginnt Nietzsche seine Ausführungen ‚Über Lüge und Wahrheit im außermoralischen Sinn', die jedoch noch nicht annähernd beschreibe, *wie schattenhaft und flüchtig, wie zwecklos und beliebig sich der menschliche Intellekt innerhalb der Natur ausnimmt* (ebenda). Seine Tiraden gegen den Vernunftglauben und die Wahrheitsliebe als pathetisch, illusorisch und lügnerisch gehen über ein bloßes evolutionäres ‚Argument' hinaus, das er hier eher anekdotisch und illustrierend anbringt. Interessant ist der Beginn der Fabel im Kosmischen ‚in irgend einem abgelegenen Winkel des in zahllosen Sonnensystemen flimmernd ausgegossenen Weltalls', das die Bedeutungslosigkeit des Gestirns ‚Erde' unterstreicht. Auch in Kants Beschluss schrumpft die Bedeutung der Vernunft und des einzelnen ins Winzige:

> Das erste fängt von dem Platze an, den ich in der äußern Sinnenwelt einnehme, und erweitert die Verknüpfung, darin ich stehe, ins Unabsehlich-Große mit Welten über Welten und Systemen von Systemen, überdem noch in grenzenlose Zeiten ihrer periodischen Bewegung, deren Anfang und Fortdauer. (Immanuel Kant, Beschluss, Kritik der praktischen Vernunft)

Vielleicht ist der jemand, der Nietzsches Fabel erfindet, in einer ironischen Anspielung gar Kant? Hannah Arendt beginnt ihr Werk ‚The Human Condition' ebenfalls mit dem Blick in die Sterne, sie erneuert hier noch einmal den ‚Topos des Aufschauens' der Philosophen:

> In 1957, an earth-born object made by man was launched into the universe, where for some weeks it circled the earth according to the same laws of gravitation that swing and keep in motion the celestial bodies – the sun, the moon, and the stars. To be sure, the man-made satellite was no moon or star, no heavenly body which could follow its circling path for a time span that to us mortals, bound by earthly time, lasts from eternity to eternity. Yet, for a time it managed to stay in the skies; it dwelt and moved in the proximity of the heavenly bodies as though it had been admitted tentatively to their sublime company. (Hannah Arendt, The Human Condition, Einleitung)

Die unmittelbare Reaktion sei die kollektive Erleichterung darüber gewesen, dass der Mensch nun dem Gefängnis Erde möglicher Weise entkommen könne: „The immediate rection was relief about the first ‚step toward escape from men's imprisonment on earth'." Der Satz ‚Mankind will not remain bound by earth forever.' (wie er auf der Begräbnis-Stele eines berühmten russischen Wissenschaftlers zu lesen steht), gibt Arendt zu denken. So sei es der vorgestellte Blick ‚von außen', der uns unsere Grenzen vergessen lässt. Der archimedische Punkt, von dem aus im Weltall die Welt mit einem geeigneten Hebel aus den Angeln zu heben sei, bezeichnet nicht einen geographischen, vielmehr einen Zeit-Punkt in unserer kollektiven Ideengeschichte, von dem an die Bedingungen des Menschseins als Erdenwesen verhandelbar erscheinen. Diese Veränderung fällt nur äußerlich mit der technischen Machbarkeit der Reisen ins Kosmos zusammen, sie bezeichnet vielmehr einen Punkt in unserer Vorstellung von uns selbst.

Das *Verhandeln* hat ja schon viel früher begonnen: immer waren die Philosophen die Unterhändler der Ewigkeit, die für die Sterblichen, egal wie, sei es durch Illusion, ‚Matrizid', Hybris oder Umdeuten der Tatsachen, einen Zugang zur Unsterblichkeit aushandeln wollten. Sicher ist es im Sinn einer Bedeutungstheorie, die Beständigkeit, ja gar Unvergänglichkeit von Bedeutungen zu erörtern. Denn wenn Bedeutung mit jedem einzelnen verginge, dann wäre eine kulturelle Evolution unmöglich. Bedeutung bleibt immer bestehen, solange kulturelles Gedächtnis weitergeht. Gerade die Beständigkeit von Bedeutung wird dann zu einem Problem. Bedeutungspermanenz stellt uns vor ein Problem der Abfallbeseitigung oder des Recycling. Es muss nicht nur erklärt werden, wie Neues entsteht, sondern wie Weltbilder vergehen (Castoriadis) und Fiktionen von anderen abgelöst werden (Vaihinger). Nicht das Zertrümmern des Vorhergehenden (Adorno), oder das Zerspielen (Iser), das kollektive Vergessen (Assmann) oder das Plündern (Cavarero) oder Neuverweben des alten Fadens (ebenfalls Cavarero), sondern die mögliche, ja notwendige Veränderung von Bedeutungen hin auf ein gelingendes Leben gilt es zu erklären.

Diese drei Verweise aufs Kosmische – Nietzsche, Arendt, und Kant – mit ihren jeweiligen Rückblicken auf den Ursprung der Philosophie als Disziplin im antiken Griechenland, rekonstruieren die Entstehung der Bemühungen um ein Verstehen der menschlichen Existenz (jenseits des Mythos) als einem wissenschaftlich *und* metaphysischen Unterfangen. Dass dies gerade den spezifischen Vorteil unserer Spezies ausmacht, dass gerade weil wir auf andere angewiesen sind und uns ihnen mitteilen, wir keine einsamen Raubtiere sein müssen, dieser Gedanke soll hier noch etwas weiter gesponnen werden. Das Kapitel hat zwei exegetische Momente, die ich nebeneinander stellen möchte: Zunächst rekonstruiere ich Songe-Møllers feministische Kritik an Platons Symposium. Sie zeigt an diesem Text das Streben nach Unsterblichkeit als homoerotisches Unterfangen, das die Relevanz des Weiblichen in diesem Streben negiert, aber ultimativ jeder Individualität entsagen muss; zweitens betrachte ich die ‚Stellung des Menschen im Kosmos' nach Scheler, bei dem das Streben nach Bedeutung konativ aber nicht vitalistisch verstanden werden kann, als konstruktive Alternative.

10.2 Erotisches Streben im Symposium[70]

In Platons „Symposium" einigen sich die (der Konvention entsprechend männlichen) Gäste des Banketts darauf, diesmal das Flötenmädchen hinauszuschicken und auf Alkohol zu verzichten. Sie widmen stattdessen ihre Aufmerksamkeit der Diskussion eines neuen Themas – der Liebe. Aber: Wie sollte dies ein neues Thema sein? Euryximachos berichtet über die Beschwerde des Phaidros, dass der Gott Eros nicht angemessen gepriesen werde, weshalb sich die Teilnehmer darauf einigen, jeweils eine Rede zum Lob des Eros oder der Liebe zu halten. Allerdings sind hier nicht die Götter Aphrodite und Eros in ihrer traditionellen Form gemeint, die Mann und Frau vereinen – denn für sie gibt es bereits reichlich Lob. Wir müssen die Bemerkung so verstehen, dass sie sich auf eine andere Art von Eros bezieht, einen homoerotischen Eros, dessen Lob noch nicht gehört wurde, und der auf eine andere Art der Reproduktion abzielt – die Reproduktion der Wahrheit. So jedenfalls geht die rekonstruierende Interpretation bei Songe-Møller. Aber auch Cavarero stellt die ‚Subversion' des Weiblichen in der Übernahme durch die ‚männliche' Zeugung ins Zentrum der Interpretation. Es ist dieser Eros, der in der Rede von Sokrates am überzeugendsten gefeiert wird. Sokrates beruft sich auf Diotima, eine Hebamme, als seine Expertin und gibt ihre Erzählung wieder. Sie behauptet, das Ergon der Liebe sei Fortpflanzung und Geburt (genesis kai tokos). Dies sei auch das Ziel der Philosophie (als einer Form der Liebe), aber die philosophische Fortpflanzung und Geburt muss anderer Art sein. Der Geschlechtsverkehr ist eine Funktion der Natur, er ist für den Fortbestand der menschlichen Gattung notwendig und gehört daher zur Tyrannei der Notwendigkeit. Die Liebe zwischen einer Frau und einem Mann habe ihren ‚natürlichen' Abschluss im Koitus und weise darum, in der Platonischen Weltsicht, an sich nicht auf etwas hin, das über das rein Körperliche hinausgehe. Aus diesem Grund biete Heterosexualität kaum eine geeignete Parallele zur philosophischen Liebe im platonischen Sinne. (Songe-Møller, Philosophy without Women, 94) Das Ziel (aller) Fortpflanzung ist Unsterblichkeit; für Menschen als sterblich muss durch die Genese ‚neuer Individuen' Beständigkeit erreicht werden, um sicherzustellen, dass es immer eine jüngere Generation geben wird, die an die Stelle der alten tritt (Platon 207d). Der verfallende Körper muss durch

---

[70] Vgl. Beatrice Kobow, *The Erotic and the Eternal* in: Conatus No 6, abgedruckt. Hauptquelle ist Songe-Møllers Interpretation des Symposiums von Platon aus: Philosophy without Women. Platon-Text z.B. in: Franz Boll, Wolfgang Buchwald (Hrsg.): Platon: Symposion. 8., aktualisierte Auflage, Artemis, München/Zürich 1989.

Zellreproduktion erhalten bleiben; das Fortbestehen des Menschen als Spezies wird durch die Geburt neuer Individuen gewährleistet. Das Kind wird also nicht als eigenständiges ‚neues' Individuum gezählt, sondern als ‚Erneuerung' der eigenen Person gesehen. (Songe-Møller, Philosophy without Women, 109) Die ‚Unsterblichkeit' in Zellreproduktion und Fortführung der Spezies erreicht die fortgesetzte Existenz nur durch beständiges Werden, was im platonischen Sinne nicht-ideal bleibt. Es überrascht daher nicht, dass Diotima diesen ersten Bericht als ‚sophistisch' abtun wird (208c) und sich der wahren Unsterblichkeit als Ziel der Liebe zuwendet.

Zunächst gilt es den Status Quo der Diskussion zu bestimmen: Ist der Eros der Liebe nicht auf bestimmte Dinge gerichtet, nach denen er ein Bedürfnis hat / an denen ihm mangelt? (Platon, Symposium, 200e) fragt Sokrates Agathon, seinen Vorredner, als er zuletzt an der Reihe ist. Wir müssen bedenken, dass die Vorredner, obwohl sie von Sokrates korrigiert werden, zum Gesamtbild beitragen, das Platon uns präsentiert. Es zeigt sich, dass das, was ‚der Mensch' will, unveränderliche Einheit ist (d.i. auch: Wahrheit, Schönheit, das Gute). Das zweite Thema, das Sokrates diskutieren möchte, nachdem er den Ursprung und das Wesen von Eros besprochen hat, ist das Ziel des Eros. Es besteht darin, die Menschen von der einfachen Befriedigung fleischlicher Begierden weg und hin zum Sehen von Schönheit und Wahrheit zu führen. Dies könne erreicht werden, „indem man junge Männer richtig liebt" (Platon, Symposium, 211b), denn es ist der homoerotische Eros, der auf diesen Weg führt. Das erotische Verlangen bezieht sich nicht mehr auf biologische Fortpflanzung. Philosophische Liebe (der homoerotische Eros) beschreibt das Konative als Streben nach schönen Ideen oder Schönheit (Wahrheit) selbst – das Erotische bewegt sich in Richtung des Ewigen.

Den Ursprung dieses erotischen Strebens nach Ewigkeit (realisiert als Liebe zur Weisheit, d.i. Philosophia), das für die Griechen gleichbedeutend mit seinem Wesen ist, beschreibt Diotima im Mythos des personifizierten Eros – einer allegorischen Wiedergabe des konativen Strebens. Eros, ein Dämon (Geist), ist das Kind von Penia, deren Name ‚Armut' oder ‚Bedürftigkeit' bedeutet. Sie vergewaltigt auf einer Gartenparty der Götter zum Geburtstag der Aphrodite den Poros, dessen Name ‚Einfallsreichtum' oder ‚Fülle' bedeutet, und die beiden zeugen das Kind Eros. Das erbt die Essenzen seiner Mutter und seines Vaters. Es bewegt sich somit zwischen den Polen ‚Fülle an Weisheit und Ressourcen' väterlicherseits und ‚Mangel' mütterlicherseits. Daraus erklärt sich das Erotische als ein *beständiges Streben* (d.i. conatus) nach Vollkommenheit, das den Mangel an Vollkommenheit zu überkommen sucht. Darum wird derjenige, dem es an Liebe oder Schönheit mangelt, sich von Schönheit (und: Wahrheit) angezogen fühlen und durch das beständige Streben und den fortgesetzten

Mangel in der eigenen Person langsam durch dieses Streben aufsteigen, sich allmählich dem Ziel, der Schönheit selbst, immer weiter annähern.

Das Fortbestehen des Menschen (als Spezies und als Teilhaber an Wahrheit) wird als individuelle Aufgabe und Ziel einer gewissen Zweckrationalität angesehen: Der Mann mag eine Frau ‚benutzen', um ein Kind zu zeugen; er mag einen anderen Mann (oder Jungen) ‚benutzen', um sich der Wahrheit zu nähern. Der homoerotische Eros ermöglicht es ihm, die Schönheit des anderen (als Ähnlichkeit) zu schätzen, dann zur Schönheit selbst überzugehen und den Liebhaber zurückzulassen. In dieser Konzeption können Geburt und Fortpflanzung auf drei verschiedene Arten instanziiert werden, von denen jede nur eine Fortsetzung *des Gleichen* ist: i) die Aufrechterhaltung des eigenen Körpers durch Zellreproduktion, ii) die Fortführung der menschlichen Art von der Generation zu Generation, indem *man* (Mann) sich selbst in einem Kind ‚nachahmt', und iii) die Verwirklichung des Ewigen durch die Geburt einer wahren Idee. Letzteres ist die einzige Weise, auf die Menschen eine Ahnung von eigentlicher Unsterblichkeit haben können. Die Parallele zwischen Reproduktion (auch als Geburt) und der Beschreibung des erotischen Strebens nach Wahrheit in der Philosophie zeigt ‚den Menschen', d.i. den Mann, als konatives Wesen, das strebt, weil es ihm an Unsterblichkeit mangelt. Das Ewige ist das ideale Ziel des konativen Strebens, das für den Menschen in ein unerreichbares Jenseits verschoben ist, so dass es je nur eine Annäherung an das Ewige geben kann.

Das Symposium beschreibt erotische Liebe als Streben nach Unsterblichkeit (Permanenz, Fortbestand). Songe-Møller liest den Text aus der Perspektive einer feministischen Kritik. Diese Kritik ist in erster Linie eine Kritik an der Ausgrenzung des Weiblichen:

> My aim in describing the love discourse of the Symposium in these terms has been to show how the kind of metaphoric language that Plato uses in this text – images relating to sexuality and birth – facilitate a particular understanding of philosophy: philosophy as the highest form of reproduction – the reproduction of the One and of Likeness – with immortality as its objective and a radical homoeroticism as its precondition. (Songe-Møller, Philosophy without Women 112)

Allgemeiner kann (und sollte) der Ausschluss von Differenz ins Zentrum der Kritik rücken. Abweichend von Songe-Møllers Kritik vertrete ich die These, dass der Fokus auf Reproduktion von Gleichheit nicht notwendigerweise insbesondere oder nur den Frauen eine wesentliche Rolle verweigert (Platon sieht für sie sogar eine Teilnahme als möglich vor, solange sie ‚als Männer' teilnehmen), sondern paradoxerweise allen Individuen eine Rolle als Individuum verweigert. Den Männern eine perfektere Form der Fortpflanzung zuzuschreiben, führe, so Songe-Møller, dazu, die bereits reduzierte und abgewertete Rolle der Frauen als ‚gynaike', d.i. im biologischen Sinne als ‚Trägerinnen' der sexuellen Fortpflanzung, noch weiter zu entwerten. Das Resultat des Symposiums in dieser Lesart ist die Abwertung des Weiblichen durch die Beschreibung der männlichen Geburt (von Ideen). Laut Songe-Møller präsentiert Platon im Symposium das Zeugnis einer männlichen Geburt, eine Geburt, die nur durch Homoerotik möglich ist, die es als einzige ermöglicht, ‚das Gleiche zu lieben'. Songe-Møller bemerkt, dass Sokrates natürlich auch über den Eros der gleichgeschlechtlichen Liebe zwischen Frauen hätte schreiben können (Songe-Møller, Philosophy without Women, 92). Oder er hätte die höchste Liebe als eine *vergeistigte* Verbindung zwischen den beiden Geschlechtern konzipieren können. Da die Vereinigung der Geschlechter, wie wir gesehen haben, aber auf natürliche Weise zur biologischen Fortpflanzung führt und als solche in der Befriedigung sexueller Begierde endet, ist sie wenig dazu geeignet, ‚über sich selbst hinauszuweisen'. Gleichgeschlechtliche Liebe zwischen Frauen wird beiseite gelassen, weil Frauen verschiedentlich (wie Sklaven und Kindern) als ‚schwach' beschrieben werden. Nur die maskulinsten Frauen können selbst zu ‚Männern' werden (und nur wenn sie sich ‚als Männer verkleiden'). D.i. sie können teilnehmen, wenn und solange sie ihre Weiblichkeit negieren. Abgesehen von der Beobachtung, dass jede erklärte Identität bereits auf einer *Aufhebung* (oder Negation) der Einsicht beruht, dass (im engeren Sinne) *nichts gleich ist*, drücken wir mit solchen Identitätserklärungen allgemein Relevanz oder: Wert aus. Zu sagen, dass die ‚gynaike' ausgeschlossen sind, erklärt sie als zu mangelhaft gegenüber der positive ‚Norm' (hier: dem Männlichen). Solche Definitionen gehen implizit bereits von unnötiger Weis geschlechts-identifizierten, wertenden Dualismen aus, etwa, dass Gleichheit ideal und männlich, Differenz oder Andersartigkeit weiblich und nichtideal sei. Zwischen der Zuschreibung der Idealität und der Identifikation mit einem Geschlecht besteht jedoch natürlich kein kausaler Nexus. (Und die ‚mythische' Darstellung dieser Zusammenhänge, z.B. in der Eros-Erzählung Diotimas, zeigt eher eine metaphorische Bebilderung abstrakter Zusammenhänge, d.i. die Verwendung der ‚Geschlechtlichkeit' ist nicht essentialisierend, sondern eher metaphorisch, könnte man sagen.) Dennoch bleibt eine solche Geschlechtszuordnung von Konzepten problematisch und scheint mir eigentlich kontraintuitiv zu sein. (Sie mag auf einem Missverständnis der Lektüre antiker philosophischer Metaphern allgemein basieren.)

Selbst wenn wir diesem ‚Geschlechterstreit' der Konzepte oder Begrifflichkeiten über die zulässige oder unzulässige metaphorische Sexualisierung von Begriffen, für einen Moment außer Acht lassen, bleibt inhaltlich vor allem die Vorstellung problematisch, dass Fortpflanzung auf Gleichheit und nicht auf Unterschied abzielt. Dies ist nicht nur mit Blick auf (biologische) Individuen problematisch, sondern vor allem auch, wenn wir die Reproduktion von Bedeutung als ‚immer-gleich' betrachten. Während Songe-Møller in ihrer Lesart zunächst die Negation des Weiblichen betont, weitet sie ihre Kritik auf die implizierte Negation der Liebe als zwischenmenschlich aus:

> The ideal of love that Diotima is made to advocate is something beyond all forms of interpersonal love; it is a love that cannot acknowledge and has no need of the Other, and which is unaware of differences – especially the differences of sex. (Songe-Møller, Philosophy without Women, 111)

Eine Identitätsphilosophie mit Unsterblichkeit (Wahrheit) als Ziel des Strebens kann in einer Gemeinschaft der Gleichheit angestrebt werden. Sie wird aber letztendlich nur dadurch erstrebbar, dass der Strebende ‚den anderen' zurücklässt, um allein auf die Schönheit zu schauen. Die Wahrheit zu sehen bedeute, viele anmutig schöne Ideen zur Welt zu bringen, so schließt Diotima ihre Erklärung. Diese ‚Geburt' hat schwerwiegende Konsequenzen, vor allem für ‚die Differenz', um deren Anerkennung es Songe-Møller vor allem geht, aber darüber hinaus auch für ‚die Ähnlichkeit als Medium des Mitseins der einzelnen', um die es mir hier geht.

Das Argument für die Leugnung des Weiblichen und der zwischenmenschlichen Liebe impliziert allgemeiner die Überflüssigkeit des Individuums als Individuum. Songe-Møller greift kurz auf Irigaray zurück, um dieses Argument zu zeigen. Luce Irigaray verwendee den Höhlenmythos in ihrer Untersuchung der Grundlagen des Wissens. Der Gefangene, der die Dunkelheit der Höhle verlässt, so Irigaray, ist *gewaltsam* der Neuorientierung der Vernunft ausgesetzt. Blind und desorientiert gebe diese Person, laut Irigaray, bald der Autorität nach. In Irigarays Lesart von Platons Gleichnis ist es gerade nicht der *Diskurs*, der uns die Wahrheit zeigt, sondern die *Autorität*. So wird das ‚Gefängnis der Illusionen' in der Höhle aufgegeben, bloß um in ein neues ‚Gefängnis der Wahrheit' einzutreten. Wie aber sollte die Wahrheit ein Gefängnis sein? Platons befreiende ‚Wahrheit' (das Eine) befreit uns (gewaltsam) von allen Unterschieden. Damit macht das Erkennen ‚der Wahrheit' unserer individuellen Unterschiede sinnlos – unsere Meinungen, Standpunkte, unsere kontingenten Diskurse, unser Wissen-als. Angesichts der ewigen, unveränderlichen Wahrheit werden alle Kontexte, Anekdoten und flüchtige Qualitäten der Individualität bedeutungslos. Sie sterben ab. Innerhalb der Höhle haben die Gefangenen, so Irigaray, eine gewisse Freiheit – sie führen Gespräche, sie reden, sie hören sich selbst reden, ihre Standpunkte zählen. Als Kind der Höhle kann man sich als Individuum mit einer persönlichen – empirischen – Geschichte betrachten:

„As a child of the cave one can regard oneself as an individual with a personal – empirical – history; as children of the sun we are all the same, impersonal, and quite lacking in individual traits." (Songe-Møller, Philosophy without Women, 128) Wo Gleichheit das Ziel ist, muss Individualität überwunden werden.

Für Platon geht Schönheit, d.i. die Wahrheit, das Eine oder die ewige Einheit, notwendiger Weise über zwischenmenschliche Liebe hinaus, sie verweist auf ein Jenseits. Das Ewige selbst hat keine Mängel oder Unvollkommenheiten, die die (erotische) Liebe, gekennzeichnet von Mangel und Unvollkommenheit, zu überwinden versucht. Das ewig Selbstidentische zu verstehen, bedeutet auch, sich selbst ein wahres Bild von sich selbst zu vermitteln und so zu einem vollkommeneren Selbstverständnis zu gelangen: Der Philosoph (der auf die Wahrheit blickt) sehnt sich nicht mehr eine Person, die ihm ähnelt, sondern allgemein die Schönheit. Darüber hinaus sieht er die Schönheit auf einmal und getrennt vom Weg des Eros (Entbehrung), der selbst nichts fehlt. Diese kategorische Getrenntheit platziert das Ziel des Strebens außerhalb des Strebens. Unser Streben wird zur paradoxen Performanz. Das Manko des Arguments bei Platon ist, laut Songe-Møller, der Ausschluss des Weiblichen und die Propagierung einer „One-Sex-Lösung", die in Wirklichkeit eine No-Sex-Lösung ist – es ist ultimativ keine zwischenmenschliche Liebe zum Schauen erforderlich, sie muss vielmehr überwunden werden, um das Eine zu erreichen (wahre Unsterblichkeit, Beständigkeit); mit Irigaray (qua Songe-Møller) ist das Ergebnis dieses Arguments, dass auch jede Individualität überwunden werden muss.

10.3 Geist durch Drang

Wie er in der Einleitung schreibt, enthält der 1927 als Vortrag gehaltene und im Todesjahr Schelers 1928 erscheinende ‚Die Stellung des Menschen im Kosmos' Schelers Ansichten zu einigen Hauptaspekten einer ‚philosophischen Anthropologie', einem Projekt, an dem Scheler bereits intensiv seit 1922 arbeitet.[71] Er arbeitet an einer Antwort auf eine Frage, die er in seinem Aufsatz ‚Zur Idee des Menschen' 1914 formuliert hatte: „was der Mensch sei und welche metaphysische Stelle und Lage er innerhalb des Ganzen des Seins, der Welt und Gott einnehme".[72] ‚Die Stellung des Menschen im Kosmos' gilt als ein Gründungstext der modernen philosophischen Anthropologie. Scheler stellt in ihm die vermeintliche Sonderstellung des Menschen auf den Prüfstand. Laut Scheler bezieht ‚der gebildete Europäer' (stellvertretend für die westliche

---

71 Max Scheler, Die Stellung des Menschen im Kosmos, 1928.
72 Max Scheler, Zur Idee des Menschen, 1914.

Tradition) den Begriff ‚Mensch' auf drei verschiedene Traditionen: auf die jüdisch-christliche religiöse Lehre von der göttlichen Schöpfung; zweitens auf die Tradition der griechischen Philosophie, in der der Menschen ausgezeichnet ist durch ‚Vernunft' (logos, phronesis, ratio, mens); drittens, in den modernen Naturwissenschaften, auf die Evolutionstheorie, die den Menschen in Kontinuität mit anderen Lebensformen beschreiben. Vor der Durchführung der Wende zur philosophischen Anthropologie hatte Scheler einen ‚Theomorphismus', d.i. „ein philosophischer Gebrauch des Potenzials sakraler Rede des Menschen gegen den naturalistischen Reduktionismus in Gestalt des ‚Positivismus und Pragmatismus'" (Fischer, Max Scheler: Philosophische Anthropologie als Challenge und Response, 257) vertreten, vor allem um einem ‚Biomorphismus', d.i. dem Abbau des Menschen auf tierische Natur, vorzubeugen.[73] Nun stellte er in der neuen Auffassung von der ‚Stellung' des Menschen seine Antwort auf diese Frage vor. Die drei Traditionen der Schöpfungsgeschichte, der Vernunfterzählung und der Evolutionstheorie führen die Ausnahmethese auf ein quantitatives Mehr an Intelligenz und Entscheidungsverhalten beim Menschen zurück. Auch die Leugnung der Sonderstellung findet sich als Lösung. Das Projekt einer philosophischen Anthropologie besteht für Scheler darin, ein einheitliches und nicht reduktivistisches Verständnis des Menschen zu entwickeln. Er legt seiner Darstellung eine ‚Wesensbestimmung' zugrunde, in der der Begriff ‚Wesen des Menschen' den radikalen Ausgangspunkt für eine systematische Lesart bildet. Auf dieser Grundlage kann Scheler kritisch auf verschiedene reduktivistische Darstellungen antworten, wie zum Beispiel formal-mechanistische Theorien (zum Beispiel: Demokrit, Epikur, Lamettrie, Hume, Mach) und vitalistische Reduktionismen (wie zum Beispiel James, Dewy, Marx und Nietzsche), aber auch Nihilismus (Buddha, Schopenhauer) und klassische dualistische (z.B. Descartes) und teleologische Darstellungen des Geistes (z.B. Hegel).

Es folgt nun eine teilweise Rekonstruktion des Schelerschen ‚Stufenmodells' der chiastisch gestellten Geist-Leben-Konstellation in den verschiedenen Lebensformen Pflanze-Tier-Mensch: In Schelers Darstellung ist das Leben kontinuierlich. Es wird daher in allen Stufen (Pflanze, Tier, Mensch) durch bestimmte ‚objektive' Eigenschaften wie Bewegung, Differenzierung, Bildung und räumliche und zeitliche Eingrenzung einer individuellen Einheit, eines ‚Selbst', gekennzeichnet, aber auch durch das wesentliche Merkmal, dass es einen inneren Sinn für dieses ‚Selbst' gibt. Das Erleben des Lebens konstituiert

---

73 Joachim Fischer, Max Scheler: „Zur Idee des Menschen" 1914 und „Die Stellung des Menschen im Kosmos" 1928 – Philosophische Anthropologie als Challenge und Response, Jahrbuch für interdisziplinäre Anthropologie, 2/2014, 253–278.

eine grundlegende Selbstgegebenheit – das Fürsich-oder Innesein (Scheler, Stellung des Menschen, 10). Dieses ‚Innesein' ist die Grundform der Seele, die bereits Pflanzen haben und die alles Lebendige verbindet. Der anorganischen Materie mangelt es an einem Sinn für Innerlichkeit und Selbstgegebenheit. Es ist das bestimmende Merkmal des Lebens, ein ontisches Zentrum zu besitzen, d.i. eine einzigartige räumlich-zeitliche Einheit zu bilden, die seine ‚Individualität' ist (und die einen von dieser Individualität abhängigen Standpunkt bezeichnet, von dem alle in diesem Individuum sich kreuzenden Einflüsse zu einem Wissen-als werden, könnten wir weiterausführen.) Pflanzen, Tiere und Menschen haben an dem teil, was Scheler ‚Gefühlsdrang' nennt: ein unbewusstes, undifferenziertes Streben, ein bloßes objektloses ‚Hin zu' oder ‚Fort'. Pflanzen haben diesen Sinn, obwohl sie keine Rückmeldung der Zustände ihrer Individualität zu einer ‚Kommandozentrale' haben, die diese zusammenzufasst, und darum (nur) ekstatisch in ihre Situiertheit leben. Wie alle Lebewesen weisen auch Pflanzen bereits ein weiteres Kernmerkmal des Lebens auf, einen Ausdruck ihrer Selbstgegebenheit, der auf Lebensqualität hinweist; für eine Pflanze kann dies „matt, kraftvoll, üppig, arm" (Scheler, Stellung des Menschen, 13) sein und ist eine Antwort auf die Frage, wie es diesem bestimmten Individuum geht.

Tiere sind weiter spezialisiert und verfügen über ein Handlungszentrum, das Rückmeldungen von Zuständen an dieses Zentrum bündelt. Es kann spezifische Selbstbewegungen als Reaktion auf diese Rückmeldungen koordinieren, Assoziationen, erworbene Reflexe und zusätzlich zum Ausdruck eine weitergehende kommunikative Fähigkeit, diese selbstwahrgenommenen Zustände nicht bloß (leidend) zu präsentieren, sondern anderen *mitzuteilen*. Diese Rückmeldung und Änderung des Status quo stellt für Tiere eine Selbstgegebenheit zweiten Grades dar. Sie konstituiert noch kein Selbstbewusstsein. Alle Dinge, die ein Tier wahrnimmt und versteht, sind in seiner Umgebung enthalten. Das Tier in seiner spezifischen Differenz (seine Triebe, sein Wahrnehmungsapparat) bildet mit seiner Umwelt eine geschlossene Einheit. So lebt das Tier ekstatisch in seine Umwelt hinein und kann sich nicht von ihr trennen (weder räumlich noch zeitlich). Auf diese Weise *bestätigt* es seine Umwelt.

Im Gegensatz dazu kann der Mensch seine Umwelt negieren. Menschen können sich von ihrer Umgebung distanzieren und sie in eine ‚Welt' und auch in eine symbolische Darstellung der ‚Welt' verwandeln. Wo die Interaktion zwischen Tier und Umwelt geschlossen ist, ist die Interaktion zwischen Mensch und Umwelt offen und kann unbegrenzt erweitert werden. ‚Weltoffenheit' ist ein bestimmendes Merkmal der menschlichen Existenz. Der Mensch ist zu einer Selbstgegebenheit *dritten* Grades fähig, indem er in der Lage ist, Kontingenz zu verstehen. Der Mensch teilt die erste Ebene der Selbstgegebenheit mit allen Lebensformen als Gefühlsdrang und den zweiten Grad mit Tieren als Selbstbewusstsein. In einem Akt der Objektivierung der Umwelt als ‚dingliche Welt' und der anschließenden auch möglich werdenden Anwendung dieses Aktes der Objektivierung auf das eigene psycho-physische Wesen (Sammlung) erlangen Menschen Selbstbewusstsein. Der Mensch ist zu dieser Selbstgegebenheit dritten Grades jedoch nur fähig, weil er ‚Geist hat'. Es wäre jedoch falsch, schreibt Scheler, anzunehmen, dass wir hier ein additives Modell haben, dass also der Mensch zusätzlich zu anderen psychischen ‚Schichten' wie Gefühlsdrang, Instinkt, assoziatives Gedächtnis, Intelligenz und Wahl, mit dem ‚Geist' bloß noch eine neue Ebene dazugewänne. (Scheler, Stellung des Menschen, 36)

> Das neue Prinzip ‚Geist' steht außerhalb von allem, was wir ‚Leben' im weitesten Sinne nennen können: Was den Menschen zum Menschen macht, kann auch nicht als eine ‚neue Stufe des Lebens' verstanden werden, sondern ist vielmehr ein *Prinzip*, das nur als ‚dem Leben entgegengesetzt' verstanden werden kann. (Scheler, Stellung des Menschen, 32)

Die Griechen nennen dieses Prinzip Vernunft, Scheler bevorzuge den umfassenderen Begriff ‚Geist', der seiner Meinung nach Vernunft (Ideen), Intuition (‚Anschauung') und Verstehen (von Werten als wesentlicher Bestimmung), sowie bestimmte Willens- und Willensäußerungen, aber auch emotionale Werthaltungen (wie Liebe, Bedauern, Ehrfurcht, Staunen, Glückseligkeit, Verzweiflung) mit beinhaltet. (Scheler, Stellung des Menschen, 32) Der Mensch wird von ‚Geist' geleitet, der sich kategorisch von allen Manifestationen des Lebens unterscheidet, insofern diese Manifestationen allesamt weitere Spezifikationen oder Ausformulierungen des ‚Gefühlsdrangs' sind. (Scheler, Stellung des Menschen, 37). ‚Geist' steht dem ‚Leben' *entgegen* und ermöglicht es dem Menschen, seine Triebe zu unterdrücken, sich von seiner unmittelbaren Umgebung zu distanzieren und eine unmittelbare (instinktive, affektive, reflexive) psychophysische Reaktion auf den Widerstand der Umgebung auszusetzen, die das Selbst immer umgibt und in der es als Angst erfahren wird. Durch diese Distanzierung ist der Mensch in der Lage, die Umwelt in die Welt und das Bewusstsein in Selbstbewusstsein zu verwandeln. Ein weiteres wichtiges Merkmal des ‚Geistes' ist seine reine Aktualität: ‚Geist' verwirklicht sich erst in der freien Ausführung von ‚Handlungen' durch eine ‚Person'. Diese ‚Person' ist jedoch keine konkrete Einheit (z.B. ein Mensch), sondern eine kontinuierliche Organisation und wesentlich bestimmte Ordnung, die erst die Selbsteinheit ‚Mensch' zur ‚Person' macht: „Die Person ist nur in ihren Akten und durch sie." (Scheler, Stellung des Menschen, 40) Alle Aspekte der *Seele* (die wir mit anderen lebendigen Wesen, d.i. Pflanzen und

Tieren gemein haben) sind Umsetzungen von ‚Gefühlsdrang', sie sind ‚in der Zeit' verwirklicht als Bewegungen unserer eigenen Seele. Im Hinblick auf das Wesen unserer eigenen ‚Person' können wir daher nur ‚unseren Verstand sammeln', uns ‚auf sie konzentrieren', wir können uns aber nicht in eine objektivierende Distanz zu ihr begeben. Ebenso können wir die Person eines anderen nicht objektivieren, sondern sie bloß als einen einheitlichen spirituellen Vollzug verstehen, der der Objektivierung diametral entgegengesetzt ist. Nach dieser ersten Rekonstruktion des Begriffs ‚Wesen des Menschen', wie ihn Scheler in ‚Die Stellung des Menschen im Kosmos' benutzt, möchte ich nun drei Aspekte der Schelerschen Anthropologie, seiner besonderen ‚Geist'-Konzeption, diskutieren. Die Trennung von ‚Geist' (als hemmendem Prinzip) und ‚Leben' (als Gefühlsdrang) ermöglicht es Scheler, seinen eigenen Ansatz der *conditio humana* von den meisten anderen Darstellungen (seiner Zeit) zu unterscheiden und diese zu kritisieren.

i) Jenseits von Biologie und Zeit: (Kosmologische) Grenzen des „Wesens"
Schelers Konzeption von ‚Geist' ist in mehrfacher Hinsicht idiosynkratisch. Im Gegensatz zu den platonischen und klassischen Vorstellungen betrachtet Scheler den ‚Geist' als Gegensatz zum Prinzip des Lebens, auf das er hemmend einwirkt. Geist selbst ist ganz ohne Kraft oder Antrieb (im Gegensatz zu klassischen und theistischen Vorstellungen); Geist ist überindividuell und außerhalb des Menschen (im Gegensatz zu reduktivistischen Annahmen, die ein kausales Jenseits außerhalb der Biologie leugnen). Scheler schlägt mit ‚Geist' also in der Tat eine kosmologische Konzeption vor.

ii)   Ein lebenshemmendes Prinzip
Wie ermöglicht ‚Geist' die Weltoffenheit und die bewusste Selbstgegebenheit dritten Grades des Menschen? Indem Scheler über ‚Sublimierung' (von Lebenstrieben, von überschüssiger Energie) und auch über ‚Lebensverleugnung' (‚omne ens est malum') nachdenkt, gelangt er zu einer Vorstellung von ‚Geist' als dem, was das Leben durch Aufhebung des Gefühlsdrangs negiert. Diese Aufhebung bringt ein mögliches Aussetzen von Sinneswahrnehmungen und Trieben mit sich. Die Angst (als unmittelbare Reaktion) wird in einem ‚asketischen' Akt der Aufhebung der Realität durch eine Deaktivierung des Gefühlsdrangs überwunden. Die Wirkung der Hemmung des Lebenstriebes ist für den Menschen befreiend; der Geist hebt Ängste auf. Er erweitert ‚als Weltoffenheit' den Wirkungsbereich des Menschen über die geschlossene Interaktion mit der Umwelt hinaus, die (nichtmenschliche) Tiere erfahren. Der Mensch ist wesentlich durch den Geist bestimmt und durch ihn seinem eigenen Wesen ‚als Lebensform' distanziert: „So ist der Mensch als Geistwesen das sich selbst

als Lebewesen und der Welt überlegenes Wesen." (Scheler, Die Stellung des Menschen, 40)

iii) Im Prinzip ohne Zwang? Die Geist-durch-Drang-Lösung

In einer spektakulären Umkehrung zeigt Scheler, dass alle Machtverhältnisse allgemein *von unten nach oben* (statt von oben nach unten) verlaufen. Am mächtigsten und unabhängigsten ist die anorganische Ordnung, danach kommt das Pflanzenleben, dann Tiere, letztens Menschen. In den letzten dreien ist der Lebensdrang schwächer. Dies steht einer traditionellen Nomenklatur der Lebensformen entgegen, nach der die Weiterentwickelten als ‚höher' bezeichnet werden. Somit ist jede herkömmlich verstanden ‚höhere' Lebensform gegenüber der ‚niederen' Lebensform relativ machtlos und hängt zur Verwirklichung von jener ‚niederen', aber mächtigeren Lebensform ab. In seiner ‚reinen' Form ist Geist ohne jegliche Kraft und Aktivität. Erst seine Wirkung auf den Menschen in der Aufhebung von Trieben verleiht ihm (indirekt) Aktivität und Kraft: „Geist und Wollen des Menschen können nie mehr bedeuten, als ‚Leitung' und ‚Lenkung'." (Scheler, Stellung des Menschen, 57) Wir sind an den Wagenlenker in Platons Seelenmetapher erinnert, der die Kräfte der Seele zügeln und lenken muss. Die traditionelle Dichotomie Körper-Seele löst sich in dem dualen Prinzip Geist-Leben (als Drang) auf, die sich, wenn auch in Spannung, im Einklang entwickeln: Im Laufe der Zeit kommt es in einer (notwendigerweise historischen) Entwicklung zu einer (immer) weiteren Verwirklichung des Geistes durch das oder im Leben, was das Ziel und der Zweck des endlichen Seins und der (zeitlichen) Ereignisse ist. Ein theistischer Bericht stellt die *creatio ex nihilo* an den Anfang dieses Prozesses. Dies ist, laut Scheler, ein Fehler, der sich durch die Vorstellung von ‚deitas' als allmächtig erklären lässt. Beide Prinzipien, ‚Geist' (hemmend) und ‚Leben' (drängend), hängen voneinander ab. Andererseits ermöglicht ‚Geist' erst die Offenheit auf die Welt, Selbstbewusstsein und so auch: Sinn (Werteverständnis und Mitvollzug), indem er hemmend auf den Lebensdrang einwirkt; d.i. Leben ermöglicht so die Entfaltung von Geist.

iv) Supra-Individualität und Äußerlichkeit des Geistes

Schelers Vorstellung von der Verwirklichung des ‚Geistes' durch das Leben ist eine des ständigen Werdens. ‚Geist' wird konzipiert als überindividuell, aber doch in ‚Personen' als Aktzentren verwirklicht. Scheler beschreibt das eigenartige Phänomen, dass Menschen Raum und Zeit als ‚leer' wahrnehmen, als auch ohne Objekte und Ereignisse existierend; dies, so Scheler, sei ein Effekt der Fähigkeit, von der konkreten Umweltkontingenz und psychophysischen Kontingenz zu ‚abstrahieren': „So blickt der Mensch, ohne es zu ahnen, seine eigenen Herzensleere als ‚unendliche Leere' des Raumes und der Zeit an, als ob diese auch bestünden, wenn es gar keine Dinge gäbe!" (Scheler, Stellung des Menschen, 39) Wenn der Mensch einmal ‚weltexzentrisch' geworden ist, also außerhalb der Welt steht und sich nicht mehr als Teil der Welt, als von ihr umschlossen wahrnehmen kann, führt dies zu der Frage nach seinem eigenen Standpunkt. Gestellt wird diese Frage von den Menschen als Frage, warum es eine Welt gibt und warum sie selbst sind, und nicht stattdessen nichts. (Scheler, Stellung des Menschen im Kosmos, 74)

KAPITEL 11

Was sollen wir tun? Die Grenzen der Meisterschaft

Die Frage ‚Was ist Meisterschaft?' zieht sich wie ein roter Faden durch das Werk von Hubert Dreyfus. Sie spannt einen Bogen von Dreyfus erster Veröffentlichung, einer Interpretation von Episode 17 aus dem 2. Buch von Cervantes ‚Don Quijote', bis zu Dreyfus letzter Publikation, in der er als Co-Autor mit Charles Taylor einen Realismus für uns zurückgewinnt.[74] Mit der zentralen Frage nach ‚Meisterschaft' als einer Selbstbeziehung, die es zu erklären gilt, stehen vor allem Grenzen der Intentionalität, das Regelfolgen, und der Weltbezug eines philosophischen ‚Realismus' stehen im Zentrum der Überlegungen. Diese drei Themenkomplexe lassen sich auch als Überlegungen zu vier Fragen verstehen, die wiederum als Alternative zu Kants vier Fragen gelesen werden können: Was meistern wir?, Was liegt an mir?, Was heißt erfolgreich handeln?, Wer ist ein Meister?. Die erste Frage ist erkenntnistheoretisch, die zweite sinnkritisch, die dritte gehört in die praktische Philosophie und die vierte ist eine Frage der Haltung, die von unserem Verständnis der *conditio humana* abhängt.

Die von Hubert Dreyfus bevorzugte Methode des Philosophierens war die der ‚philosophischen Literaturexegese'. Hubert Dreyfus liebte die Gestalten der großen Literatur. Odysseus und Dante und Kapitän Ahab waren die Dialogpartner seiner Vorlesungen. Er schätzte die Bedeutung des kulturellen Kanons als bedeutungsstiftend. Die Exegese von Literatur war für ihn deshalb nicht bloß einer Vorliebe geschuldet. Ist doch der wichtigste Teil des Begreifens der conditio humana für Dreyfus der, dass Menschen Welten-Erschließer sind und das bedeutet Erschließer von kultureller Bedeutung. Diese Welten, die wir erschließen können, zeigen sich in den Werken der Literatur, ja in ihnen geht es – selbstbezüglich – immer um die Meisterschaft einer Welterschließung. So werden wir im dritten Teil in Dreyfus' Kritik an Davidson's ‚principle of charity' sehen, dass es sich laut Dreyfus um eine bestimmte Form von Realismus, eher als Relativismus, handelt, der es uns erlauben mag, einen kulturellen Perspektivenplural zu leben, ohne die ‚andere' Perspektive im Vokabular

---

74 Andere wichtige Aspekte von Dreyfus Schaffen – seine Heidegger-Exegese, z.B., für die er berühmt wurde, seine heideggersche Antwort in der Debatte um Künstliche Intelligenz – ‚What Computers Still Can't Do', sein wichtiges und sehr populäres Werk ‚Alles leuchtet', in dem es um eine Kulturgeschichte des Westens anhand großer Werke der Literatur geht, stehen dabei im Hintergrund. Sie werden zum Teil durch methodische und thematische Bezüge gestreift. Hier geht es mir um die Annäherung an die ‚lebendige Frage', was Meisterschaft bedeutet. Bei dieser Annäherung ist Dreyfus unser Mediator.

unseres Weltverständnisses zu simplifizieren. Für Dreyfus ist die Wirklichkeit unsere eigentliche Lehrmeisterin. Die These von der ‚Wirklichkeit' als ‚Lehrmeisterin' scheint mir das treffende Fazit einer bestimmten Lesart von ‚worlddisclosure' nach Dreyfus und dem zugrunde liegenden Handlungsverstehen zu sein.

i) Das Scheitern der Schüler

Dass zur Meisterschaft auch die Möglichkeit des Scheiterns oder gar das Scheitern selbst gehören, sehen wir sehr gut an einem berühmten Schüler, der scheitert: an Goethes Zauberlehrling.[75] Der Unterhaltungswert des Gedichtes liegt anfangs darin, dass wir an einer sogenannten Kompetenzentwicklung des Zauberlehrlings direkt teilhaben. Zunächst nehmen wir seine ‚unbewusste Inkompetenz' wahr – der Zauberlehrling ist Opfer des Dunning-Kruger-Effekts, der beschreibt, dass jemand sich trotz Unkenntnis als sehr kompetent einschätzt. Je inkompetenter, desto höher die Kompetenzeinschätzung:

> Hat der alte Hexenmeister
> Sich doch einmal wegbegeben!
> Und nun sollen seine Geister
> Auch nach meinem Willen leben.
> Seine Wort' und Werke
> Merkt' ich und den Brauch,
> Und mit Geistesstärke
> Tu' ich Wunder auch.

Dann erreicht der Zauberlehrling die Phase der bewussten Inkompetenz – er muss begreifen, dass er das Wort vergessen hat, das zum Meistern der Situation erforderlich wäre:

> Ach, ich merk' es! Wehe! wehe!
> Hab' ich doch das Wort vergessen!

Die dritte und vierte Stufe erreicht der Zauberlehrling nicht einmal mehr – niemals kommt es zu bewusster Kompetenz, wo durch Konzentration das Vorhaben gelingt, oder zur Meisterschaft der unbewussten Kompetenz, wo das Können unreflektiert wirken kann, sozusagen ‚in Fleisch und Blut' übergegangen ist. Statt dessen sehen wir, wie er immer verzweifelter versucht, der Lage Herr zu werden. Endlich ruft er seinen Meister um Hilfe: Herr und Meister! hör' mich rufen! –

---

75   Johan Wolfgang von Goethe, Der Zauberlehrling < 1797>, in: Goethes Werke. Gedichte und Epen I. Hamburger Ausgabe, Band I. C.H. Beck: München, 1998, 276–279.

Herr, die Not ist groß!
Die ich rief, die Geister
Werd' ich nun nicht los.

Die Überlegenheit des Meisters zeigt sich in seiner Intervention im letzten Vers, der ihn als souveränen Herrn der Lage präsentiert:

„In die Ecke,
Besen, Besen!
Seid's gewesen!
Denn als Geister
Ruft euch nur zu seinem Zwecke
Erst hervor der alte Meister."

Solche psychologischen Stufen der Selbsteinschätzung ergänzen Dreyfus und Dreyfus um ein Stufenmodell, das eine Skala zur Fremdeinschätzung von Kompetenz bietet. Dieses Modell wird auch heute noch zur Evaluation von Können (z.B. von Pflegekräften oder Ingenieuren und zur Verbesserung institutioneller Leistungen) verwendet. Dreyfus und Dreyfus stellen dar, wie wir vom Novizen zum Fortgeschrittenen, zum Könner und schließlich zum Meister werden. Dabei geht es eben um eine Verkörperlichung der zunächst nur qua Regeln begriffenen Anforderungen, d.i. um ein Einüben. Allerdings gehen die Stufen nicht bruchlos ineinander über, sondern dem graduellen Lernen konkurriert eine kategorische Differenz des Könnens gegenüber dem Wissen. Um diese Differenz geht es in der Debatte Searle-Dreyfus zur Intentionalität. Im Dreyfus-Kompetenz-Modell ist es gerade nicht (nur) die Selbsteinschätzung aus einem Selbsterleben (und Abschätzen des Erfolgs oder Misserfolgs im Erreichen des gesetzten Zieles), sondern es ist auch die Fremdeinschätzung des Könnens, die die Kompetenz bestimmen hilft. Zunächst geht es nicht primär um das Erreichen des Zieles. Es wird nicht der Erfolg oder Misserfolg evaluiert, oder untersucht, ob das Ziel erreicht wurde oder nicht, sondern es wird die Ausführung der Handlung durch das Individuum begutachtet. Diesen beiden Kompetenz-Modellen, dem Modell der psychologischen Stufen des Lernens und dem Modell der Kompetenzevaluation nach Dreyfus, können wir noch ein drittes Schema beifügen: die Hierarchien-Pyramide unserer Bedürfnisse (needs) nach Maslow; bei Maslow geht es auf der breitesten untersten Stufe um die Erfüllung von basalen biologischen und physischen Bedürfnissen (Lebenserhalt, Fortpflanzung), dann um Sicherheiten (Schutz, Ordnung, Grenzen, Stabilität), drittens um Liebesbedürfnisse (Familie, Zuneigung, persönliche Anerkennung), schließlich um Geltung (Verantwortung, Status, Leistungen, Ruf), letztens um Selbst-Verwirklichung. Auch dem Zauberlehrling geht es um

Geltung, will er doch endlich auch einmal Meister sein und nicht nur Knecht, und will dies erreichen, indem er selbst einen Knecht hat: ‚bist schon lange Knecht gewesen, nun erfülle meinen Willen' (esteem need). Hier wird auch die untergeordnete Rolle der Knechte gegenüber der Meister thematisiert. An erster Stelle geht es um das Erreichen der Meisterschaft, was sich mit besonderer Komik an der Selbstüberhebung im ersten Vers zeigt. Der Lehrling versucht die wunderbare Selbst-Verwirklichung in einer Praxis (Wort und Werk und Brauch), für die sowohl ‚know-how', als auch ‚know-that' (Geistesstärke, Wille) notwendig sind. Synthetisierend an Dreyfus Position ist, wie wir sehen werden, dass er *Reflexion* und *Ausübung* als notwendige Elemente und nicht als zwei getrennte Aspekte der Meisterschaft darstellt. Dies ist der springende Punkt der Dreyfusschen Analyse des Handelns. Damit transzendiert er bereits das von ihm selbst entwickelte Kompetenzschema auf vielfältige und holistische Weise: Der Weg führt vielleicht beim Lernen über verschiedene Stufen (des Regellernens und des Beabsichtigens) hinauf zur Meisterschaft, aber beim Handeln geht es (in allen Stufen) immer um das Meistern als Ziel, um die höchste Stufe der Selbstverwirklichung. Diesem Ziel sind alle anderen Ziele und auch alle praktischen instrumentellen Überlegungen untergeordnet.

ii) Regelfolgen und Verstehen

Hier geht es zunächst um eine Annäherung an das Verstehen von Handlungen; dann werden zwei unterschiedliche, landläufig einander entgegengesetzte Auffassungen des Handlungsbegriffs skizziert – die Searle-Dreyfus-Intentionalitäts-Debatte. Zunächst sehen wir die erste Position (die Searlsche Position) als eine Antwort auf die Frage: Was heißt (erfolgreich) handeln? Dabei wird der Begriff des Handelns instrumentell verstanden bestehend aus dem Setzen eines Zieles, dem Versuchen des Erreichens des Zieles, dem Scheitern oder Gelingen dieses Versuchs. Es werden dann noch verschiedene Stufungen des Absichten-Habens vorgenommen (prior intentions und intentions-in-action) um dem zeitlichen Ablauf und der Dauer von Handlungen gerecht werden, wobei größere Handlungsverläufe als narrative Sequenzen verstanden werden. Ziehharmonika-artig werden die körperlichen Bewegungen subsumiert unter die übergeordneten Absichten, diese wiederum arrangiert in die narrativen Sequenzen; die Art der Verursachung von Handlungen in dieser Erklärung ist ‚konstitutiv', in dem (mentale) Absichten den Sinn und dann auch die retrospektive Erklärung und (Selbst-)Zuschreibung von Handlungen als bestimmte Abfolgen von Kausalketten konstituieren. Dem liegt ein bestimmtes repräsentationales oder meditationales Bild einer (direkt) begriffenen äußeren Welt zu Grunde, auf die ein Wesen, das diese Welt für sich mental repräsentiert, flexibel eingeht, in dem es seine Bewegungen in bestimmte Richtungen lenkt, die mit bestimmten Absichten verbunden werden. Ohne dieses Bild nun vervollständigen zu können, glaube ich, dass vieles daran einleuchtet und dass die notwendigen Problematisierungen des Modells nach Searle zu tun haben mit dem Begriff der ‚Absicht' und dann auch mit dem Begriff der ‚Intentionalität' und damit, wie wir zu den instrumentellen Zielen unseres Wollens überhaupt kommen.

Die zweite, davon zu unterscheidende Auffassung des Handlungsbegriffes erklärt sich aus einer zweiten, alternativen Art, nach demselben Sachverhalt zu fragen – diese Frage lautet: Wer ist ein Meister?

Wenn wir an den Zauberlehrling denken, wird klar, dass beide Fragen – Was heißt erfolgreich handeln? Wer ist ein Meister? – komplementär sind. Der Horizont der beiden Handlungsbegriffe kann zusammengedacht werden. Meinen Beitrag zum Thema ‚Konzepte der Meisterschaft' sehe ich hier in dem Hinweis auf die notwendige Synthese der beiden Hälften des Bildes vom Handeln, skizziert werden hier Schritten in die Richtung dieser Synthese.

Formulieren wir also dementsprechend die Antwort auf die Frage ‚Wer ist ein Meister?' nicht im Gegensatz zu der ersten Antwort (wie Dreyfus dies in seiner Debatte mit Searle noch tut), sondern als eine Reihe von Überlegungen, die die Fragen nach sich ziehen, z.B.: Welche Rolle spielt die Autorisierung des Handelns und worin besteht sie? Oder: Bedarf es einer Initiation in die Meisterschaft? Für Institutionen des Lehrens und Lernens interessante Fragen tauchen auf, wie die nach Autorität, nach Gleichberechtigung und Hierarchie der Rollen, wie die nach Transgression und Grenzüberschreitung, wie wir sie auch im Zauberlehrling sehen, aber auch Fragen nach Gaussschen Verteilungskurven, Benotung, nach Exzellenz, nach Normerfüllung, stellen sich im Anschluss an die Frage: Wer ist ein Meister?

Auf den sprichwörtlich gewordenen Ausruf – „Herr, die Not ist groß, die ich rief die Geister, werd' ich nun nicht los" bleibt nur der Verweis auf die Handlungswirklichkeit der Menschen. Bleiben doch Besen, Zweck und Folgen der Handlung des Zauberlehrlings in Wirklichkeit sein Problem (und nur das Gedicht lässt den alten Meister noch einmal souverän auftreten). Oder anders gesagt: Hinter die (französische) Revolution führt keine Restauration mehr zurück. Rollten die Köpfe der alten Meister erst einmal, so bleibt die menschliche Dimension des Könnens der einzige Maßstab für das Handeln. Dieser Maßstab indes bemisst sich nicht nur an der eigenen Zielsetzung zweckrational, sondern ebenfalls an der Normativität des Handelns, die einerseits als Regelfolgen, andererseits als Verstehen von Handlungssinn rekonstruiert werden kann, die aber auch abgeglichen werden muss mit der Wirklichkeit, in der wir handeln, die wiederum konstituiert wird von einer Gemeinschaft der

Handelnden, die synchron und diachron für das Gelingen dieser Wirklichkeit einsteht.

Geht es also um Maß und Möglichkeit des Handeln, so ist ein zentraler Aspekt einer Beschäftigung mit dem Thema Meisterschaft der des Regelfolgens.[76] Regelfolgen wird kontrovers diskutiert und dies zeigt auch die Diskussion in der Literatur. Eine Synthese der beiden Seiten des Handlungsverstehens bedarf der Vermittlung von Selbsteinschätzung (Was heißt erfolgreich handeln?) und Fremdeinschätzung (Wer ist ein Meister?).

Damit stellen wir erneut die Frage: Was ist Bedeutung? Diese präsentiert sich im Licht einer Analyse des Verstehens als eine Frage nach den Voraussetzungen für ein Verstehen durch die Permanenz von Bedeutungen. Für alle Handlungen (und dies gilt auch für Sprachhandlungen) gilt die Beobachtung, dass einzelne Handlungsvorkommnisse die Instantiierung von Handlungstypen darstellen, die verständlich sind. Sie sind verständlich sowohl für den Beobachter, als auch für den Handelnden. Beurteilen wir das Lernen, so fragen wir uns ebenfalls: Hat das Kind die Regel verstanden? (dies entspricht dem Beobachterverstehen / Fremdeischätzung) Und: Woran erkennt das Kind selbst, dass es die Regel verstanden hat? (Selbsteinschätzung) Das Nachdenken über ein Regelfolgen und über das Verstehen speist sich zunächst aus einem Skeptizismus den Möglichkeiten des Verstehens oder Regelfolgens gegenüber, der annimmt, dass die Fortsetzung der Regel immer nur eine Regelmäßigkeit sein könnte, und insofern die Kompetenz nicht garantiert. Dem entspricht dann als Antwort entweder ein Regeldeterminismus (nur regelgeleitetes Handeln zählt) oder ein strikter Instrumentalismus (es gibt keine Regeln, nur subjektiv rationale Zwecküberlegungen).

Ein Equilibrium zwischen den Polen Determinismus durch Regeln und Regellosigkeit kann erst erreicht werden, wenn die Regeln als bindend, aber an uns liegend, erkannt werden; wenn dem Meister klar ist, dass der Lernende die Regel eventuell besser instantiiert als er selbst, und wenn der Lernende erkennt, dass individueller Ausdruck sich in der Durchführung der Regeln ergibt. Diesen Mittelpunkt legen uns sowohl Hegel, als auch Wittgenstein nahe. Auch Dreyfus sucht die Mitte zwischen den beiden Polen und seiner Antwort widmen wir uns im folgenden. Für den Erhalt des Equilibriums ist ein

---

76   Eine wichtige Anregung zu diesem philosophischen Aspekt des Regelfolgens als über Kunst vermittelt erhielt ich durch die inspirierende Lektüre eines Aufsatzes zu Wagners Meistersänger von Vojtek Kolman.
     In diesem Aufsatz geht es um die Darstellung einer Mittelposition als Antwort auf das Paradox des Regelfolgens, die Kolman Wittgenstein zuschreibt, das sich anschaulich in der Handlung von Wagners Meistersängern zeigt.

Perspektiveneinnehmen notwendig, das sowohl Meister als auch Lernender beherrschen müssen. Dieser Perspektivenwechsel ist dargestellt als das Verstehen der Selbsteinschätzung von der Warte des Beobachters aus, und das Verstehen der Fremdeinschätzung von der Warte des Handelnden aus. Erst ein solches Perspektivenkönnen konstituiert überhaupt die Möglichkeit zum Handeln.

iii) Was meistern wir? Der wiedergewonnene Realismus

> Egologie aber und phänomenologische ἐποχή schlagen um in eine Art von transzendentalem Fremdenhaß: „C'est moi et ma culture qui formons ici la sphère primordiale par rapport a toute culture ‚étrangère'." (Adorno, Metakritik der Erkenntnistheorie, 223, Husserl zitiert nach Méditations Cartésiennes. Introduction a la Phénoménologie, Paris 1931)[77]

Unter einer Welt dürfen wir uns mit Dreyfus nicht eine Art Chor der Könner oder ein Gremium der Meister vorstellen, die über die Lehrlinge *oder* ihren Erfolg urteilen. Die Welt ist vielmehr die kulturelle Situation, in der wir uns kontingent befinden und die jedem einzelnen bestimmte Möglichkeiten des Ausdrucks aufzeigt – ihr Angriffspunkt ans Handeln liegt vor dem Handeln, nicht danach. Sie ist die Kulturwelt aus der bereits zitierten Passage von Stekeler, die dem einzelnen Handlungsformen nahelegt und von der er in diesem Sinne abhängt. Dreyfus positiver Darstellung von Handlungssinn als kulturellem situativem Sinn korrespondiert eine Kritik am ‚principle of charity', das ein Verstehen fremder Welten ermöglichen soll. Diese Kritik bildet das Fundament der positiven Rekonstruktion von pluralem Sinn bei Dreyfus. Die Kritik an Davidson's ‚principle of charity' ist bereits konstitutiv für die These, dass die mannigfaltige Wirklichkeit verschiedene Interpretationen zulassen muss:

> Davidson's (principle of charity) is epistemological: the condition of my understanding you as you think and act in your terms is that I construe you as making sense in my terms most of the time. (...) (Dreyfus, Taylor, Retrieving Realism, 111)[78]

Was gewonnen wird, ist die Annahme, dass jede Kultur sich uns erschließen muss, da wir als menschliche Wesen eine breite Basis des Weltbezugs teilen, die sich allerdings in den feinen Verästelungen der kulturellen Kontingenz

---

77 Theodor W. Adorno, Metakritik der Erkenntnistheorie, Suhrkamp: Frankfurt am Main, 1990.
78 Hubert Dreyfus, Charles Taylor, Retrieving Realism, Harvard University Press: Cambridge MA, 2015.

unterscheidet, über die uns das ‚principle of charity' hinweghilft, in dem wir sozusagen das nächst gröbere Raster der Interpretation anwenden und so das Gemeinsame im Fremden finden können. Aber dieses Verstehen hat einen Preis: „For the problem is that the standing ethnocentric temptation is to make too quick sense of the stranger, that is, sense in one's own terms." (Dreyfus, Taylor, Retrieving Realism, 113) Was dabei verloren geht, ist das Verstehen der Möglichkeit, dass es wirklich von einander verschiedene Weisen des In-der-Welt-Seins geben könnte. Für diese Möglichkeit argumentiert Dreyfus.

Eine positive Darstellung von Handlungssinn eröffnet uns die Analyse des Scheiterns von Don Quijote. Zurück also zu Hubert Dreyfus' erstem veröffentlichtem Artikel. Er behandelt die 17 Episode des 2. Teils von Cervantes Don Quijote. Don Quijote ist erneut auf Abenteuer losgezogen, diesmal begleitet ihn neben Sancho auch ein jüngerer Edelmann. Er spielt in unserer Erklärung die Rolles des Beobachters, der die Fremdeinschätzung vornimmt.

Die Episode hat zwei Teile: Das Quark-Desaster und den Löwenkampf. Don Quijote ist auf einer Landstraße, ein Karren kommt ihm entgegen. Diener Sancho reicht dem sich eilig fürs herannahende Abenteuer rüstenden Don seinen Helm. Nur hat Sancho in diesen, zu allem Unglück, eine Menge Quark zum Aufbewahren getan, den er gerade einem Bauern abkaufte. Don Quijote glaubt nun, als ihm der Quark so über Gesicht und Bart fließt, dass ihm das Gehirn weich wird, oder dass er vor Angst schwitzt. Er verlangt nach einem Lappen, stellt dann bei Inspektion der weißen Masse auf dem Tuch fest, dass es sich nur um Quark handelt und verflucht Sancho (der sich wiederum herausredet, indem er auf böse Zauberer verweist, die ihr Spiel mit ihm treiben.) Im zweiten Teil der Episode ist der Karren herangekommen, der zwei afrikanische Löwen für den Königshof transportiert. Don Quijote fühlt sich herausgefordert. Er besteht auf einem Zweikampf mit den Löwen. Alle anderen Beteiligten bringen sich eilends in Sicherheit. Der Löwenwärter öffnet die Käfigtür, der Löwe gähnt und schaut kurz aus dem Käfig, dann legt er sich schlafen. Der Löwenwärter beschwört Don Quijote es damit gut sein zu lassen und Don Quijote lässt sich widerwillig dazu überreden.

Es gibt unterschiedliche Lesarten der Episode 17. Die Episode wird im Untertitel als Höhepunkt der bisherigen Abenteuer markiert. Ist diese Kennzeichnung ironisch gemeint? Je nachdem, ob man eine subjektivistische oder objektivistische Interpretation vorzieht, verändert sich die Wahrnehmung. Die objektivistische Interpretation sieht einen Höhepunkt, da es sich um eine wirkliche, und nicht nur vorgestellte Gefahr handelt, die subjektivistische Interpretation liest den Titel ironisch, da für die innere Einstellung von Don Quijote die Wirklichkeit der Gefahr keine Rolle spielt. Dreyfus schlägt eine dritte Lesart vor, die den Text zwischen tragischer Innerlichkeit und komischer Clownerie verortet. Die Wirklichkeit, auf die Don Quijote trifft, hält eben beides bereit – Quark-Desaster und Löwenkämpfe.

> Such ignorance is properly the subject of comedy: a man cannot dream himself into a hero or a saint, but only into a clown. Cervantes expects the reader to understand that in facing the lions, Don Quijote is an objective hero, that in minimizing the importance of a real test of courage, he is an inward hero; and that in mistaking curds for brains, he is a fool. (Dreyfus, Broderick, Curds and Lions in Don Quijote, 106)[79]

Die drei Momente ‚objektives Heldentum', ‚innerliches Heldentum' und ‚Idiotie' werden nicht vom Beobachter (Sancho, Don Diego, Löwenbändiger, Karrenfahrer) festgestellt und nicht vom Helden selbst (Don Quijote), sondern die Welt determiniert diese Momente. Dies mache, so Dreyfus, einen traditionellen ‚realistischen Geschichtenerzähler' aus:

> Neither an objectivist, nor a subjectivist, Cervantes finds that while the discrepancy between reality and possibility can afford either comedy or tragedy, this discrepancy itself is dissolved in a more complete reality, a reality which in its varied and often grotesque embodiment of possibilities is itself satisfying.

Welche Rolle jedoch spielt der Leser, die Leserin, d.i. welcher Einschätzung ist die Leserin, der Leser fähig? Sie/Er bewertet sowohl die Selbsteinschätzung Don Quijotes, als auch die Einschätzung des beistehenden Ritters, der den Don für wahnsinnig und rational zugleich hält, als auch die Einschätzung des fiktiven Erzählers. An dieser Konstellation erklärt sich der Realismus bei Dreyfus: Das nur *partielle* Scheitern des Don Quijote zeigt Dreyfus Kritik am Repräsentationalismus und auch die *Mittelposition*, die Dreyfus vorschlägt. Die mannigfaltige Realität, die uns scheinbar der realistische Erzähler Cervantes nahelegt, und die sich selbstgenügsam in ihren verschiedenen Formen instantiiert, erkennt der kleine Bootsjunge Pip in Melvilles Moby Dick bei seinem Sturz über Bord als ‚herzlos und immens':

> It is as if he saw both that what ultimately grounds the universe is meaningless – like the unintelligent coral insects – and also that there are nevertheless wonderful meanings – like the rainbow-colored colossal orbs of coral they produce. Both of these insights are true, according to Melville, but one cannot live in them

---

79   Hubert Dreyfus, James H. Broderick, Curds and Lions in *Don Quijote* – A Study of Chapter 17, Book II, Modern Language Quarterly, Vol. 18, Issue 2, 100–106.

simultaneously. Together they drove poor, insubstantial Pip across the precipice of sanity. (Dreyfus, All Things Shining, 178)[80]

Die Kritik am Repräsentationalismus beinhaltet, dass es beim sinnvollen Handeln auf den Kontakt der Handelnden mit der Kulturwelt ankommen muss. In Dreyfus Rekonstruktion der westlichen Ideengeschichte führt die Idee des Monotheismus in einen Nihilismus, denn das Hinterfragen der Autorität des einen Meisters resultiert im Tod nicht nur Gottes, sondern aller Götter. Handeln ist in einer solchen ‚nihilistischen Zeit' bedeutungslos (mechanisch, instrumentell, ohne inneren Sinn). Die verschiedenen Handlungsformen der Kulturwelt halten uns in einer Gemeinschaft von ‚human meanings' und schützen uns (durch Sprache) vor der Einsamkeit, in der die beiden einander auslöschenden Einsichten – Bedeutungsleere und Bedeutungsfülle – in einem Nihilismus enden.

---

80 Dreyfus, Hubert, Kelly, Sean: All Things Shining – Sean Dorrance, All Things Shining – Reading the Western Classics to find Meaning in a Secular Age, Free Press: New York, 2011.

TEIL V

Sprache als Mitsein

KAPITEL 12

Probleme der Bedeutungspermanenz

Bedeutungspermanenz ist ein Schlüsselbegriff für ein aufgeklärtes Verständnis unseres ideengeschichtlichen Status Quo. Wegweisend sind diesem Text die Fragen des Feminismus nach Solidarität und Gleichberechtigung, vor allem mit Blick auf analytische Theorien des Deontischen, die dieses ganz außerhalb der Geschichte, als bloße logische Form verstehen. Sehen wir diese logische Form als Lebensform oder Praxisform, so erweitern wir den Gesichtskreis hin zur Phänomenologie. Weiterhin soll aber das, was wir sollen und können, in Form von Pflichten und Rechten, uns zur rationalen oder auch: grammatischen Struktur einer Wirk-lichkeit gereichen, die nicht bloß so erscheint (und erlebt wird), sondern verbindlich ist. Im Unterschied zu verschiedenen Entwürfen des Existentialismus, z.B. bei Sartre, ist geschichtliche Wirklichkeit nicht willkürlich und darum aneigenbar, sondern gesetzt und darum verpflichtend.[81] Darüber hinaus möchte ich festhalten, dass uns in der von mir rekonstruierten Bedeutungstheorie gerade die Selbstgesetztheit der Bedeutung zu unserer Verpflichtung auf sie verhilft. Der Einzelne wird als Handelnder an der Bedeutung in die Verantwortung genommen. Die Textexegese der Hermeneutik verhandelt seit jeher das Historische der Begriffe. Wobei auch die analytischen Systematiker ebenfalls pragmatischer Weise auf einen Korpus von quasi-kanonischen Texten zurückgreifen, um ihren Diskurs zu ermöglichen. Nur ausgehend von Ideen im Austausch mit anderen, d.i. dialogisch, ist philosophisches Fortkommen möglich. Der vorliegende Entwurf steht mit vielen Texten, auch einigen aus der hermeneutischen Schule, im Austausch. Es geht mir aber nicht primär um ‚Deutung', sondern um Bedeutung als Aspekt der Rechte und Pflichten, die uns einen Ermöglichungshorizont (des Handelns) schaffen. In diesem Sinn steht der Text in der Tradition der aus der analytischen Sprachphilosophie stammenden Sozialontologie. In meinem Text sind viele Stimmen zu hören. Es ist ein Prinzip des Textes, das Polyphone zu erlauben und selbst zu thematisieren: Die Standpunkte der unterschiedlichen Sprecher tragen nicht nur zur Wahrheitsfindung, sondern zur Konstitution von Bedeutung überhaupt notwendig bei.

Die ‚Probleme der Bedeutungspermanenz' betreffen drei Dimensionen: Erstens die Probleme, die eine zeitgenössische Sozialontologie hat, wenn sie

---

81 Siehe z.B. Jean-Paul Sartre, L'être et le néant. Essai d'ontologie phénoménologique, <1943>, dt.: Das Sein und das Nichts. Rowohlt: Hamburg, 1993.

Bedeutungspermanenz nicht angemessen theoretisiert, und zweitens die Probleme, die für eine Sozialontologie, die kritisch-feministische Fragen rezipiert, darin bestehen, dass Bedeutungen Ungleichheit festschreiben. Die dritte Dimension hat nicht die Probleme der Theorie *mit* der Bedeutungspermanenz zum Thema, sondern ist eine zu entwickelnde ‚Theorie der Bedeutungspermanenz'. Der Fokus liegt hier besonders auf einem Verständnis von Bedeutung als von uns gemacht und als andauernd. Dieses Verständnis wird ermöglicht durch die Auffassung von Bedeutung als relational und prozesshaft. Eine Hauptaufgabe der kritischen Sozialontologie ist in meinen Augen das Thematisieren von Bedeutungspermanenz. Ich denke sie in Anlehnung an Apels ‚Drittes Paradigma einer Ersten Philosophie' als viertes Paradigma der kritischen Sozialontologie.

Ad 1) „Bedeutungspermanenz" als Problem der idealen und nicht-idealen Sozialontologie

In der Sozialontologie als der Disziplin, die den hier skizzierten Ideen Patin steht, ist ein Paradigmenwechsel zu verzeichnen, der zwar mit einem Generationenwechsel der Denkerinnen zusammenfällt, jedoch mehr mit einem veränderten Selbstverständnis und Anliegen der Philosophinnen in dieser Disziplin zu tun hat: „there is a paradigm shift from ideal to nonideal social ontology underway, and (...) this shift ought to be fully followed through" (Burman, Non-Ideal Social Ontology, 121) schreibt Åsa Burman in ‚Non-ideal Social Ontology', das sie gleichermaßen als Handbuch neuerer Entwicklungen in der Sozialontologie, als auch als deren kritische Evaluation konzipiert.

Burman unterscheidet ideale und nicht-ideale Sozialontologie und innerhalb der zweiten noch als Untergruppe die emanzipatorische Sozialontologie. Ein Blick auf diese Kategorisierung hilft, Aufgabe und Vorgehen der von mir hier angedachten kritischen Sozialontologie als einem ‚vierten Paradigma einer Ersten Philosophie' genauer zu umreißen: mit Karl-Otto Apel unterscheiden wir die drei ersten Paradigmen der Ersten Philosophie'.[82] Erlauben wir uns, das offensichtlich Paradoxe an einem ‚Paradigma der Ontologie' einzuklammern. Apel folgend ist das erste Paradigma die Metaphysik bei Aristoteles, eine „traditionelle(n) Konzeption der Metaphysik, die m.E. dogmatisch sein muß, weil sie von einem quasigöttlichen Standpunkt externer Sicht der Welt als eines begrenzten Ganzen entworfen ist." (Apel, Paradigmen, 7). Die

---

82 Karl-Otto Apel, Paradigmen der Ersten Philosophie, 2011, nachfolgend zitiert als: Apel, Paradigmen.

Ablösung dieses Paradigmas erfolgt durch einen ersten Rekurs auf das ‚in te ipsum redi' bei Augustinus, sie wird etabliert bei Descartes und durchgeführt von Kant als transzendentale Reflexion auf die Bedingungen der Möglichkeit der objektiven Gültigkeit von Erkenntnis; so begründet sich das *zweite Paradigma* der Ersten Philosophie. Dieses Paradigma wird bei Hegel reflexiv mit Blick auf Geschichtlichkeit radikalisiert (Apel, Paradigmen, 8). Dogmatisch bleibt es hier jedoch noch, weil absolute Reflexion und kontingente Zukunftsdimension möglicher Erfahrung ineinanderfallen. Zugleich wird ein ‚drittes Paradigma der Ersten Philosophie' möglich aufgrund einer „in vieler Hinsicht neuartigen *Transformation der Transzendentalphilosophie*" (ebenda) vor allem basierend auf den Erkenntnissen moderner Sprachphilosophie. Diese zweite Transformation zum dritten Paradigma bereitet sich vor sowohl in der ‚seinshermeneutischen Wende' (bei Heidegger oder Gadamer), als auch in der frühen analytischen Philosophie bei Wittgenstein und im Pragmatismus, der für Apel schließlich zum Impulsgeber für die Formulierung des Paradigmas wird. Neu ist für das dritte Paradigma nach Apel das theoretische Miteinbeziehen der triadischen Zeichenfunktion. Anders noch als bei Wittgenstein als *kommunikativ-verstehend* oder Gadamer als zurückgehend auf Traditionsformen, soll die Ersten Philosophie in ihrem *dritten Paradigma* eine ‚zukunftsbezogene Integrationsdimension' aufweisen. Diese sei dann in Anlehnung an Peirce eine mögliche Antwort auf die Kantische Frage nach den Gründen der Validität logischer Gesetze. Apel erstrebt eine ‚semiotische Transformation der transzendentalen Logik', die nicht mehr auf Regel-Vermögen, „sondern auf die Voraussetzung einer zugleich realen und darin kontrafaktisch antizipierten idealen Kommunikationsgemeinschaft" rekurriert. (Apel, Paradigmen, 10) Dies ermöglicht einen Standpunkt *innerhalb* der Welt, der darum als undogmatisch verstanden werden kann. Das von mir avisierte *vierte* Paradigma sieht die Notwendigkeit einer dritten Transformation, die nicht nur das transzendentale Bewusstseinssubjekt mit Husserl (Apel, Paradigmen, 10) in einer transzendentalen Semiotik übersteigt und hin zu einer Intersubjektivität in Sprache öffnet, sondern die diese sprachpragmatische Einsicht, rückgreifend auf Kant, als eine rationale und sittliche Verpflichtung versteht, d.i. als einen kategorischen Imperativ formuliert, der unsere Zueignung zu den verschiedenen aktualen und vorgestellten, synchronen und diachronen Kommunikationsgemeinschaften als eine *Realität des Sollens* interpretiert. Die feministischen Kritiken an der Philosophie legen so verstanden also nicht ihr Ende, sondern gerade ihre mit den Belangen der Welt betraute Fortsetzung nahe.

Die ideale und nicht-ideale Sozialontologie verstehen sich in Abgrenzung voneinander vor allem *methodisch* unterschieden. Eine nicht-ideale Sozialontologie fordert das Absehen vom Idealen und das Anerkennen von Differenz in der Empirie der Fallstudien und in der Geschichtlichkeit von Beispielen.[83] Dies tut sie gerade in Abgrenzung von einer historisch früher entstandenen, von den nicht-idealen Sozialontologen so genannten idealen Sozialontologie. Diese arbeitet mit kontrafaktischen Idealbeispielen und systematisch im ahistorischen Raum allgemein benennbarer logischer (Grund-)Strukturen.[84] Mit Blick auf die grundsätzliche Kritik an idealer Theorie (z.B. bei Mills), kann die Bezeichnung ‚ideale' Sozialontologie durchaus als negative Konnotation verstanden werden. Ich möchte aber den Begriff ‚ideal' im vierten Paradigma positiv rehabilitieren. Von entscheidender Bedeutung für Burmans Charakterisierung und Einschätzung der unterschiedlichen Zweige der Sozialontologie sind einerseits die Adäquatheitsbedingungen, die diese Theorien für sich selbst aufstellen. Zum anderen werden sie zur Vollständigkeit des Erfassens sozialer Phänomene extern differenziert und bewertet. Sally Haslanger und Johan Bränmark, deren Modelle Burman als Vertreter der nicht-idealen Sozialontologie analysiert, bleiben, laut Burman, trotz der Absicht, ihre Theorie in den Dienst der Kritik zu stellen und entsprechende nicht-ideale Beispiele zu wählen, z.B. Rassismus und Misogynie, bei der beschreibenden Metaphysik. Die emanzipatorische Richtung der nicht-idealen Sozialontologie könne auch soziale Phänomene erfassen, die nicht vom Dafürhalten der Mitglieder einer Gemeinschaft abhängen. ‚Klasse' als mögliche Ursache von Unterdrückung kann so bisher nur von der emanzipatorischen Sozialontologie dargestellt werden:

> „Any type of analysis that directly rests on people's attitudes cannot be extended to economic class because class does not depend on other people's attitudes in the same way that many other social kinds do." (Burman, Non-Ideal Social Ontology, 174)

Emanzipatorische Sozialontologie hingegen, für die Burman Katharine Jenkins' Theorie der ‚ontic injustice' als Hauptbeispiel anführt, unterscheide sich in Ziel und Methode sowohl von idealen und den anderen nicht-idealen Sozialontologien. „For emancipatory social ontology, the primary aim is social change rather than descriptive metaphysics." (ebenda) Was hingegen in allen erwähnten Modellen nicht befriedigend geleistet werde, sei eine umfassende Beschreibung von sozialer Klasse (economic class), notwendig für die umfassende Beschreibung sozialer Wirklichkeit als Grundlage der Sozialwissenschaften und ebenfalls für ein kritisch-reformerisches Anliegen.

---

83 Siehe: Burman, Non-Ideal Social Ontology, OUP: Oxford, 2023.
84 Siehe z.B. John Searle, Construction of Social Reality, Free Press: New York, 1995, die die gesellschaftliche Wirklichkeit anhand von ‚building blocks' systematisch erklärt.

(ebenda) Burmans theoretisches Ziel ist es deshalb eine Taxonomie sozialer Tatsachen anhand einer umfassenderen Beschreibung von ‚social power', also Machtstrukturen, zu leisten, in deren Zentrum die ‚telic power', also zielrichtende Einflussnahme, steht.

Die Nähe dieser Theorie zu Apels Übernehmen der ‚regulativen Idee' von Peirce für seine transzendentalpragmatische Bedeutungstheorie machen sie für den vorliegenden Entwurf interessant. Apel übernimmt strukturell die Kantische ‚regulative Idee', die er bei Peirce impliziert sieht, und findet in ihr eine „entscheidende Voraussetzung des noch möglichen, *sinnkritischen bzw. transzendentalsemiotischen Paradigmas der Ersten Philosophie.*" (Apel, Paragidmen, 187) Andernfalls bleibe nur ein ‚relativistischer Kontextualismus', der keinen Anspruch auf universale Gültigkeit oder auf die Möglichkeit eines prozessual sich korrigierenden ‚Diskurs-und Forschungsprozesses der Wissenschaft' mehr stellt, und den Apel darum als ‚Quasi-Diskurs' ablehnt (Apel, Paradigmen, 188). Der Erkenntnisprozess muss dauerhaft teleologisch angeleitet werden und sich an einem im Prozess stets zu korrigierenden Ideal orientieren, um seiner (evolutionären *und* logischen) Funktion und unserer motivationalen Anlage als ‚coopartive knowers' gerecht zu werden.

Ein wichtiger Unterschied zwischen idealer und non-idealer Sozialontologie ist das Selbstverständnis der Theorie, die sich entweder als wissenschaftliche Beschreibung oder als normsetzende Kritik versteht. Einer Theorie mit wissenschaftlichem Anspruch geht es um das Feststellen des Bestehenden, sie verfolgt ein deskriptives Projekt, während es der Kritik um das Ermöglichen eines handelnden Eingreifens an der Wirklichkeit im Beschreiben ihrer Mängel geht. Sie hat ein normativ-reformatorisches Anliegen. Ob ideale und nicht-ideale Theorie einander ausschließen, liegt vor allem in der Selbstauffassung der Aufgabe der Theorie. Oder auch: in der Theorie, die die Theoretikerinnen ‚wollen', im Sinne eines Entwickelns von angemessenen Konzepten, die deskriptive und normative Ziele vereinen; diese (beiden) Ziele sind wiederum verpflichtend und werden letztlich durch die Teilnahme an einer idealen Sprechergemeinschaft garantiert.

In der Sozialontologie ist aus meiner Sicht das Vorgehen in der klassischen, d.i. am Idealen operierenden, und in der nicht-idealen, d.i. historische Kontingenz kritisierenden Sozialontologie wesensverwandt: Beiden gemeinsam ist das Betonen der deontologischen Strukturen, die es gibt, also der Rechte- und Pflichtendimensionen der sozialen Welt, an der wir handelnd teilnehmen. Das deskriptive und das normative Projekt bedingen einander hier, da die Sozialontologie von deskriptiven Tatsachen ausgeht, die entweder auf der Typen- oder Tokenebene von unserem Dafürhalten abhängen. (Burman, Non-ideal Social Ontology, 172) Die ideale Sozialontologie wählt dabei meist Beispiele, in denen Konsens und Kooperation die Interaktion kennzeichnen, während nicht-ideale Sozialontologien betonen, dass Strukturen der Ungleichheit, Dissens und Konflikte benannt werden müssen. Gemeinsam ist ihnen das Nichtthematisieren von Bedeutungspermanenz, das dem jeweiligen Projekt bereits eingeschrieben ist: Die ‚ideale' (oder analytische) Sozialontologie zielt darauf, ewige oder ‚logische' Strukturen zu benennen, die in diesem Sinne nicht andauern, sondern immer gegeben sind; die ‚nicht-ideale' (oder kritische) Sozialontologie muss konsequenterweise das Feststellen von Allgemeingültigem hinterfragen und kann darum nicht von einer Permanenz der Bedeutungen ausgehen, sondern will historisch gewordene Situationen aufklären, um Veränderung zu ermöglichen. Die Schwierigkeit beim Theoretisieren von Bedeutungspermanenz liegt auf der Hand – entweder die Enthaltung von oder ein Zurückfallen in Idealität. Der Grund hierfür ist die Doppelstruktur von Bedeutungen, die einerseits die Teilnahme an realen, andererseits die Orientierung an kontrafaktisch-ideal-überzeitlichen Sprechergemeinschaften voraussetzt. Burman beschreibt eine solche Struktur in ihrer Theorie der telischen Gewalt (telic power). Doch da auch ihre Beschreibung sich im Bereich der quasi-soziologischen Rekonstruktion von dem, was der Fall ist, bewegt, bleibt in Burmans Analyse die Kritik wegweisend, eine Korrektur allerdings noch nicht realisiert. Apel, der seine transzendentale Sprachpragmatik in Antwort auf Dekonstruktion von Bedeutungsansprüchen formuliert, verweist uns auf das Scheitern einer solchen Dekonstruktion in der post-kritischen Philosophie: „Weder Heidegger noch Gadamer noch Wittgenstein (noch Rorty oder Derrida oder Lyotard) fragen nach den Bedingungen der Möglichkeit und Gültigkeit ihrer eigenen Destruktion bzw. der Dekonstruktionen des abendländischen *Logos*." (Apel, Paradigmen, 14) Apel möchte hier auf ein selbstenthebendes Paradox aufmerksam machen: Es ist nicht möglich das Gelten der eigenen Analyse zu behaupten, wenn das Gesamtziel die Überwindung von Geltung allgemein ist. Dieses logische Problem einer Absage an Bedeutung kann auf verschiedene Weise entschärft oder vermieden werden. *Vermieden* wird es, wenn z.B. von der Ebene der Theorie abgesehen wird und eine Aktionsebene des Handelns gegen Bedeutung angeführt wird. Das Undurchführbare an dieser Strategie zeige ich im ‚Sprachschreck', denn es gibt keine ‚sprachlose Tat'. *Entschärft* wird das Problem, wenn Ziel ‚jenseits der Theorie' angenommen wird, d.h. wenn angenommen wird, dass das gegenwärtige ‚Theorietun' nur ein Platzhalter sei, der irgendwann einmal durch anderes, z.B. naturwissenschaftliche Erkenntnis, ersetzt werden könne. Wir sehen diese Strategie zum Teil in der Sozialontologie. Sei es aus kulturpessimistischen, sei es aus messianischen oder therapeutischen Gründen finden wir die Performanz des paradoxen beredten Schweigens auch im ‚deutschen' Nihilismus bei Heidegger, und auch bei Wittgenstein, der möchte, dass wir die Sätze des Tractatus für ein Verstehen der Intention des Sprechers *Ludwig Wittgenstein* überkommen. Mein Versuch ist auch der der Aufklärung solcher Fiktion vom Ende der Philosophie, eine Fiktion, die Philosophen in einem performativen Paradox aus unterschiedlichen Motiven und mit unterschiedlicher Begründung in Betracht ziehen. Im zweiten Teil dieser Abhandlung bin ich ausführlicher auf die Motive und Argumente solcher performativen Paradoxa der Selbstenthebung eingegangen.

Anfänglich ging die Sozialontologie mit dem Ziel, kollektive Intentionalität in einer Handlungstheorie abbilden zu können, von idealisierten konsensbasierenden Beispielen aus. So können aber weder Konflikte noch die Phänomene großer, z.B. anonymer und in der Zeit bestehender, institutionalisierter, Gruppen angemessen rekonstruiert werden. Das, was den Hintergrund zu unserer Intentionalität und unserem intentionalen Handeln bildet, die kulturellen, institutionellen Ermöglichungsstrukturen, auf die wir in deontischen Beziehungen rekurrieren, wird nur postuliert. Die Darstellung dieses Handlungshintergrundes stellt auch eine wichtige Schnittstelle für unterschiedliche Philosophietraditionen dar, anhand derer ihre Unterschiede begriffen und ihre Einsichten zur Synthese gebracht werden können. Eine ideale Sozialontologie kann schwerlich auf eine feministische Kritik reagieren, die die Grenzen der Vorstellung eines zur Selbstaufklärung verpflichteten Individuums aufzeigt und anhand dieser Beschreibung die blinden Flecken der Philosophie.

Mein Anliegen ist es, in dieser Zusammenschau im Sinne der feministischen Aufklärung kritisch an einige *transzendentalpragmatische* Einsichten zu erinnern. Bei einer Aufklärung betrachten wir das je selbstverständlich Gewordene. Sie ist Kritik an nicht mehr thematisierten Grundannahmen, die kritikwürdig sind. Kritik ist seit Kant *propädeutisch*, sie etabliert einführend begriffliche Unterscheidungen, auf denen eine systematische Rekonstruktion dann aufbauen kann. Feministisch ist die hier verfolgte Aufklärung, insofern sie sich gegen die Außergeschichtlichkeit von Einsichten wendet, indem sie gegen eine Vorstellung der Perspektivlosigkeit von Wahrheit die Einsicht in ihre notwendige Perspektivenvielfalt stellt. Die Philosophie versteht sich selbst manchmal als paradigmenlose Wissenschaft. Die Erinnerung an ihre Gewordenheit und an die Geschichtlichkeit von Ideen bedeutet einerseits das Markieren von Einsichten in einer kontextabhängigen Perspektivität, andererseits bedeutet dies nicht das Aufgeben ihrer Verbindlichkeit oder jeglicher Verbindlichkeit als ‚Objektivität'. Aufzuklären gilt es gerade die Bedeutungs-Vergessenheit der gegenwärtigen Sozialontologie, die sich dem feministischen Projekt annähert. Dass sich die gegenwärtige Sozialontologie tiefer und eingehender mit feministischer Kritik beschäftigt, ist notwendig und gut. Es trägt nicht nur zu ihrer Relevanz, sondern vor allem zur Komplexität und Angemessenheit der Theorie bei. Die Bedeutungs-Vergessenheit ist ein Überbleibsel aus der Evolution der disziplinären Phase, der Rekonstituierung der idealen als nicht-ideale Sozialontologie. Andererseits haben beide – ideale und nicht-ideale Sozialontologie – eine inhärente Tendenz zur Abwertung von Bedeutungspermanenz. Der ersteren geht es um Idealformen (oder logische Strukturen), der letzteren um Fallstudien. Die erstere steht damit näher am Projekt des Erklärens, die letztere eher in der Tradition des kritischen Verstehens. Beiden geht es um die Darstellung der Konstitution von Gesellschaft in kollektiver Intentionalität, beiden daher auch um das Konstituierende und Konstituierte des handelnden Individuums. Um diese Ziele zu erreichen, ist es aber notwendig, sowohl die Einzelfälle dieser Konstitution, wie die nicht-ideale Ontologie fordert, aber auch, à la Kant, die Strukturen der Möglichkeit solcher Konstitution überhaupt zu untersuchen, also dem realen und kontrafaktisch-zukünftigen Moment von Bedeutung Rechnung zu tragen.

Sozial-Ontologie selbst ist eine etwas barocke Wortbildung, die sich mit ‚Ontologie' nach der einen, ahistorischen, und mit ‚sozial' nach einer anderen, geschichtsprozesshaften oder evolutionsbiologischen, Seite wendet. Ontologie bezeichnet ‚Sein', Sozialität ‚Werden', mag die Faustregel lauten. Auch Raimo Tuomela, ein Gründervater der zeitgenössischen Sozialontologie, sprach sich bei der Taufe, auf der Collective Intentionality VI in Berkeley, gegen die Namensgebung der neuen Richtung als ‚Social Ontology' aus. Bis dahin hatten sich die philosophischen Bemühungen um Fragen zur Klärung kollektiver Intentionalität gedreht, ausgehend vom Verständnis der Intentionalität (und Handlungsrationalität) einzelner; daher auch der Name der Konferenzen, auf denen sich die ‚community' mit solchen Fragen auseinandersetzte: ‚collective intentionality'. In diesem Begriff können Annahmen zu einem gemeinsamen ‚ethos' oder einem ‚pro-group we-mode', also die Prämissen einer stets bestehenden Gemeinschaft, d.i. auch einer Kommunikationsgemeinschaft, in der Bedeutungen und Handlungen als verstehbar bereits etabliert sind, stillschweigend als gegeben angenommen werden.[85] Mit dem neuen Namen verlieren wir dieses implizite Selbstverständnis der Zueignung auf den Konsens der Gemeinschaft und erst durch diesen Verlust ist es möglich, Bedeutung und ihre Permanenz als zentralen Aspekt der Sozialontologie aus den Augen zu verlieren und zu dekonstruieren.

---

85 Raimo Tuomelas Beitrag zur Sozialontologie liegt vor allem im Theoretisieren des ‚ethos' von Gruppen. Siehe: Tuomela, The Importance of Us, 1995, oder: Tuomela, The Philosophy of Social Practices: A Collective Acceptance View, 2002.

Das Beiwort ‚kritische' Sozialontologie vereinfacht die Lage nicht, betont es doch noch einmal die aufklärerische Komponente, d.i. ein Aufzeigen der Grenzen in der Aufklärung des Gewordenen, und damit den zeitlich gebundenen Aspekt der Disziplin, der auch auf die Anschlussfähigkeit an Nicht-Theoretisches-Tun verweist, soll die Theorie doch irgendwie praxisrelevant werden können. Eine pragmatische Schule im Feminismus verweigert sich darum an einem bestimmten Punkt der ‚Dekadenz' des bloßen Nachdenkens und schlägt in einen Aktivismus um. Die gegenwärtig vielleicht wichtigste aufklärerische Bewegung, deren Hauptsorge die Zukunft des Planeten als Ort unserer Existenz ist, die so genannte Klima-Bewegung, zeigt in vielen Texten, z.B. in Charles Eisensteins „Climate – a New Story", diese Tendenz zur Mittelstellung zwischen Theorie und Aktivismus. Meine Untersuchung rezipieren z.T. meta-theoretische Überlegungen zur kollektiven Funktion von ‚Fortschritt und Rückschritt' (Rahel Jaeggi). Diese, sowie andere wichtige Strömungen, z.B. zurückgehend auf marxistische Theorien, rücken aber nicht ins Zentrum der hier formulierten Kritik und Rekonstruktion der Sozialontologie.[86] Ebenso verhält es sich mit den tiefen Wurzeln in der Phänomenologie und philosophischen Anthropologie, die einen Ideenfunken in diesen Text geben und so einzelne Aspekte erhellen helfen.

Mein Entwurf ist deontologisch insofern er auf einer nicht-reduktiven Auffassung von Bedeutung aufbaut. Auf Kant gestützt ist dies in einem etwas anderen Sinn ‚kritisch' als z.B. Ástas Projekt in ‚Categories We Live By', das sich direkt als feministisch versteht, und auch von Bränmarks Theorie, die zum Werkzeug politischer Theorie gereichen soll, ebenfalls von Jenkins emanzipatorischer Darstellung von Ungerechtigkeit, die von sich behauptet, direkt auf sozialen Wandel zu zielen.[87] Obwohl ‚kritisch' und ‚emanzipatorisch' also etwas Ähnliches bedeuten können, werden sie von mir in unterschiedlicher Weise verwendet. Das emanzipatorische Anliegen von Jenkins, Fletchers und Haslangers Theorien z.B. ist es, laut Burman, über unsichtbare soziale Kategorien und Ausübungen von Einfluss auf das Handeln und Wohlergehen einzelner aufzuklären. Das kritische Element meines Entwurfs ist ‚aufklärerisch' in einem eher an Kant orientierten Sinn, d.i. im Aufzeigen von Möglichkeiten und Grenzen von Begriffen und auch Begriffsrahmen, in diesem Fall der Bedeutungstheorie als philosophischer Anthropologie. Meine Theorie ist eine am Ideal orientierte Theorie, weil die Logik (oder: Grammatik) der

---

86 Rahel Jaeggi, Fortschritt und Regression, Suhrkamp: Berlin, 2023.
87 Ástas, Categories We Live By, 2018. Johan Bränmark, *Contested Institutional Facts*, Erkenntnis: 2019. Katharine Jenkins, *Ontic Injustice*, Journal of the American Philosophical Association, 2020.

Bedeutungen uns auf Wahrheit und Nachhaltigkeit (als telos) für zukünftige Sprechergemeinschaften verpflichtet.

Um die beiden von mir ins Auge gefassten Ziele der Sozialontologie, die Darstellung kollektiver Konstitution von Gesellschaft und der handelnden Teilhabe ihrer Individuen, zu erreichen, müssen wir *Bedeutung* relational-deontisch und prozesshaft-historisch verstehen können. Bedeutungspermanenz spricht sowohl zu und hängt ab von der faktischen (historischen) und kontrafaktischen (zukünftigen) Kommunikationsgemeinschaft, die Apel postuliert, und die ich beide als ‚Ideale' denke. Dieses logische Vorausschauen der Bedeutung wird zum Schlüssel eines Verständnisses von Mitsein in Sprache.

Ad 2) Metaphysik als Werkzeug der Kritik

Metaphysik erscheint manchen als ein Synonym für Doxa oder Dogmen und mag daher als Gegner des Aufgeklärten erscheinen. Das Verhältnis von Selbstaufklärung und Autorität, z.B. textueller, ist aber komplex, verlangt doch die Autorität von Texten immer eine wie auch immer geartete Aneignung durch den Leser; das, was wir glauben, ist immer auch ‚unser' Glaube. Was rechtfertigt eine ‚Rückkehr zur Metaphysik'? Adorno wendet sich gegen die bewahrende Intention der Metaphysik. Schon Kant will sie einhegen. Carnap will sie ganz aufgeben. Muss nicht jede Theoriebildung im Anschluss an die feministische Kritik oder kritische Theorie ein Ende der Metaphysik in der Metaphysikkritik verfolgen?

Entgegen einer landläufigen Meinung steht Metaphysik nicht im Gegensatz zur Kritik, sondern selbst als kritisches Werkzeug dem Philosophierenden zu Verfügung. Das Anwenden eines Aufklärungsschemas kritischer Fragen, z.B. des Feminismus, an die Philosophie, und speziell mit Blick auf das Hauptthema der Sozialontologie – Bedeutung, ist die Aufgabe, die ich mir hier gestellt habe. Mit ihr verfolge ich eine zerstörende und bewahrende Intention, wie dies Adorno der Metaphysik negativ attestiert.[88] Ich gehe aber (vs. Adorno) davon aus, dass eine feministische Aufklärung in einem positiven Sinn metaphysisch sein kann: Können hier doch die Interpretationsrahmen neu gesetzt werden, die eine Umgestaltung von Wirklichkeit ermöglichen, so dass Ungleichheit lediglich noch als ein *abusus* auftaucht, nicht als der Ordnung notwendig eingeschriebene Konsequenz, indem die Strukturen der Ungleichheit auf der Oberfläche und in der Tiefe durch die Begriffsklärungen der Philosophie sichtbar und damit abbaubar werden. In diesem Sinn ist

---

88 Adorno, Theodor W., Metaphysik – Begriff und Probleme <1965>, Suhrkamp: Frankfurt am Main, 2006.

dieser Text auch eine Aufklärung von Annahmen über die Philosophien der Vergangenheit, die ich in der erneuten Befragung als das zu ordnende Erbe der kritischen Sozialontologie verstehe.

Ein angewandtes Beispiel der Diskussion um dieses Erbe ist die Frage, wie und ob Kants Philosophie gegen den Rassismus-Vorwurf an ihren Autoren bestehen kann. Eine *konsequente* Darstellung, z.B. bei Charles Mills, kommt in meinen Augen notwendig zum Schluss, dass es in der Auseinandersetzung mit dem Kanonischen nicht nur um das Benennen eines Missbrauchs oder einer momentanen Schwäche einer an sich guten Theorie gehen kann, die nur in diesem einen Aspekt zu ‚bereinigen' wäre, sondern es folgt, dass Kants Rassismus, wenn er theoriebildend ist, seiner gesamten Theorie eingeschrieben ist, die es darum zu verwerfen gelte.[89] Dies ist eben das Argument, das feministisch geführt, ein Ende der Philosophie fordert. Sind die Verirrungen früherer Philosophien nicht Fehler oder Abusus einer zur Kritik (und Selbstkritik) und Reform (und Selbstreform) fähigen Disziplin, sondern sind sie konstitutiv für diese Disziplin und ihre Wirkung auf die Wirklichkeit, in der sie Leid durch Ungleichheit verursachen, dann sollte unsere Beschäftigung mit Philosophie genau an eben dieser Stelle enden. Es bleibt zu erörtern, ob und inwiefern Kants Texte zum positiven Werkzeug von Aufklärung geeignet sind und darüber hinaus, das Philosophieren (oder: die Theorie) insgesamt eine zukunftsfähige und nützliche gemeinsame Form des reflektierenden Handelns, oder ‚Theorietuns', darstellt. Erstens steht die Forderung des Endes der (oder: einer, oder: jeglicher) Philosophie, die Ungleichheit voraussetzt, im Raum, also die Forderung einer Neukonzeption der Bedingungen von Philosophie.

Es gibt aber noch ein weiteres Problem mit Bedeutung, mit dem die kritische Sozialontologie umzugehen hat: Dem Einzelnen stehen die Bedeutungen, die kollektiv festgeschrieben sind, als Zwänge entgegen. Dem Einzelnen, z.B. nach Stirner, der sich der Teilnahme am öffentlichen Raum der Bedeutungen versagt aus Furcht, die Festschreibung der Wortbedeutungen schränke ihn zu sehr ein, gehen diese Bedeutungen verloren. Wir haben diese Furcht der Ohnmacht des Selbstverlustes als einen Teil des Sprachschrecks kennengelernt, der den Allmachtphantasien der Naturbeherrschung durch die moderne Wissenschaft im Dienst der Technik und ihren Neuerungen korrespondiert. Einen guten Zugang zu diesem Problem stellen die Sozialontologien dar, die sich um Erklärungen von Gesellschaftlichkeit als kollektivem Handeln bemühen. Stirners Problem mit der Bedeutung kann gelöst werden, wenn am Grund der Erklärung von Gesellschaftlichkeit nicht der freie Einzelne steht,

---

89 Mills, Kant's Untermenschen, in: Valls, Race and Racism in Modern Philosophy.

dessen einziges Eigentum er selbst ist (um Stirner zu paraphrasieren). Epistemische Überlegungen zum kollektiven Handeln werden so auch politisch relevant. In „We, Together" beschreibt Schmid das Anliegen seiner Studien als epistemisch, eher denn als praktisch:

> This venture of plural self-meditation differs from politics in that it is not done with the purpose of achieving collective rationality in plural self-organization. It has epistemic rather than practical goals. But it is politically (and morally) relevant in that it points out ways in which we tend to misconceive of who we are and thus fail to live well together on our own pre-reflectively self-determined terms. (Schmid, We Together, 278)[90]

Er bricht in seinem Text, der das Grundanliegen der modernen Sozialontologie einer Erklärung von Gesellschaftlichkeit anhand kollektiver Strukturen weiterführt, nicht nur eine Lanze für die moralische Relevanz eines tiefen Verständnisses von pluralem Selbstbewusstsein, sondern vor allem auch für das rationale Element einer solchen Selbst-Konstitution. Die Reflexion der präreflexiven selbst-bestimmten Bedingungen des gemeinsamen Lebens, eben seiner *Begriffe*, könne das gute gemeinsame Leben garantieren. (Schmid, ebenda)

Metaphysik als Begriffsreflexion hat in diesem Sinn nicht nur ein milderndes, sondern auch ein revolutionäres Potential. In meinen Augen geht es nicht nur um eine Apologetik der Metaphysik, etwa weil die Metaphysik den Diskurs zähmen hilft, wie es z.B. Tegtmeyer nahelegt.[91] Metaphysik, so Tegtmeyer, ist wichtiger Bestandteil von Aufklärung, als Kritik an dem, was metaphysisch, d.h. begrifflich, nicht haltbar ist, und auch als Teil von Religionskritik. Sie steht in einem engen Verhältnis zur Ethik, wenn z.B. die notwendigen Grenzen des menschlichen Eingreifens in die Natur thematisiert werden. Tegtmeyer beschreibt die verschiedenen notwendigen Beiträge der Metaphysik zum Diskurs, dem ohne metaphysische Rückkopplung der argumentative Boden wegbricht, z.B. auch in einer Diskussion um Menschenrechte. Darüber hinaus geht es m.E. um die Einsicht, dass Begriffsklärung nicht optional ist. Sie beinhaltet drei Dinge: die historische Einordnung der Begriffe als historisch geworden im Sinne einer selbstkritischen Epoché; das Betrachten der Begriffe in Relation zu den Dingen und ihrer Natur, d.i. eine kritische Evaluation ihrer Referenzfunktion (z.B. bei Begriffen wie ‚gender'); und um das Hinterfragen

---

90   Bernhard Schmid, We Together – The Social Ontology of Us, OUP: Oxford, 2023.
91   Tegtmeyer, *Metaphysik als Kritik. Anmerkungen zur Bedeutung einer missverstandenen Disziplin*, in: Gobsch, Wolfram, Held, Jonas, Orientierung durch Kritik. Essays zum philosophischen Werk Pirmin Stekeler-Weithofers, Felix Meiner: Hamburg, 2021, 59–76.

der deontischen Strukturen, der Rechte und Pflichten, die mit Begriffen konstituiert, ermöglicht, festgeschrieben und perpetuiert werden. Bedeutungen müssen andauern, und wir müssen mit ihnen umgehen, in dem wie sie ‚realisieren'. Das, was hinter der Physik steht, ist der kulturelle, überindividuelle Umgang mit Wissen um die Welt. Wir müssen *Bedeutung* als Teil dieses Wissens bewahren, wenn Kultur weitergehen soll.

Sally Haslangers Aufsatz zur Intentionalität unserer Konzepte, „Race, Gender – (What) Are They? (What) Do We Want Them To Be?", ist in diesem Sinn richtungsweisend für die nicht-ideale Sozialontologie.[92] Konzeptanalyse als Ingenieurwissenschaft beschreibt auch Fletcher in ihrem Aufsatz „Canberra Planning for Gender Kinds".[93] Hier geht es vor allem um die Frage, ob unsere vortheoretischen Annahmen die Basis für unsere Begriffskritik bilden können und sollen. Eine Art Carnapsche Strategie der Entzauberung wendet Fletcher an, um als Aufgabe der Begriffskritik das Aufzeigen von begrifflichen Unhaltbarkeiten zu zeigen. Ihre Lösung liegt im Miteinbeziehen von Forderungen (sozialer) Gerechtigkeit bei der Analyse und Revision von Begriffen. Wie oben bei Tegtmeyer ist es aber nicht nur das mildernde und bodenständige Potential solcher Forderungen, sondern viel eher das Reformpotential der Begriffsanalyse selbst auf die Zukunft hin gedacht, das die Theorie nachhaltig macht, und uns logisch zur Anerkennung von Aufklärung zwingt.

Apels Endlichkeitsthese besagt, dass das Verstehen von Bedeutung abhängt vom Begreifen unseres eigenen, begrenzten Beitrags zu einem übergeordneten Bedeutungsprojekt, synchron und diachron. Wir können sie vom eigenen Tod her denken, etwa indem wir uns sagen: Mein Beitrag zum Projekt der überindividuellen Bedeutung ist begrenzt, weil meine eigene Existenz begrenzt ist. Wir können sie aber auch von unserer Geburt her denken, etwa: Mein Beitrag zum Projekt der in diesem Sinn transzendenten Bedeutung ist möglich, weil meine eigene Existenz durch Geburt in dieses Projekt hinein beginnt und ich zu einem Beitrag nicht nur fähig, sondern auch verpflichtet bin. Ich lese die Endlichkeitsthese aber nicht nur in diesem Sinn individuell, sondern auf uns als Spezies bezogen, deren Evolution kulturell geworden ist. Eine Philosophie, die sich um Nachhaltigkeit sorgt, sieht die Trennung von Natur, Wissenschaft und Kultur in Auflösung begriffen:

---

92 Sally Haslanger, Race, Gender – What are They? What Do We Want them To Be? Noûs (1): 2000, 31–55.
93 Jade Fletcher, Canberra Planning for Gender Kinds, Journal of Social Ontology 9 (1), 2023, 1–25.

> It is impossible to understand what is happening to us without turning to the sciences – the sciences have been the first to sound the alarm. And yet, to understand them, it is impossible to settle for the image offered by the old epistemology; the sciences are now and will remain from now on so intermingled with the entire culture that we need to turn to the humanities to understand how they really function. (Latour, Facing Gaia, 4)

Naheliegend hier die pessimistische Frage: Warum soll unsere Spezies überhaupt fortdauern? Vor allem die von uns Menschen angerichteten Zerstörungen im Anthropozän rechtfertigt diese Frage. Wenn ein Fortdauern in einer Welt nach dem Krieg gegen die Natur (und hier möchte ich jegliche Form von Krieg als Krieg gegen unsere eigene Natur mitmeinen) möglich ist, ist es den Zukünftigen in einer zukünftigen Welt zumutbar? Die Frage jedoch, ob ein Weiterleben sinnvoll sei, kann *sinnvoll* nicht gefragt werden. Sinn hängt ab von einem Erlernen von Sinn, das ihn konstituiert, d.h. wenn wir das Sinnerlernen als zentrale Praxis unseres Menschseins aufgeben, dann haben wir uns bereits in einen Raum außerhalb der Sprache begeben, in dem es keinen Sinn und auch keine sinnvollen Fragen gibt. Die Sprache, mit der in ihr eingeschriebenen Logik der Bedeutungspermanenz, ist unser wichtigstes Werkzeug, das unser kollektives Überleben sichert. Das Weiterbestehen von Bedeutung ist ein Ziel, das wir aus logischen Gründen nicht aufgeben können.

Ad 3) Bedeutungen als relational und prozesshaft

Ein mögliches ‚viertes Paradigma einer Ersten Philosophie', wie ich es vorschlage, muss zunächst die ersten ‚drei Paradigmen' der Metaphysik rezipieren und sie dann übersteigen. Apel beschreibt die ersten drei Paradigmen der Metaphysik. Anders als bei einem Kuhnschen Paradigmenwechsel, der von der Unvereinbarkeit der Paradigmen ausgeht, oder in Adornos Vorstellung von Metaphysik, mit ihrer zerstörenden und bewahrenden Intention, muss ein Paradigma seine Vorgänger nicht, um zu bewahren, zerstören. Stattdessen konstituiert sich ein viertes Paradigma als Korrektur: Apel übernimmt die Idee des ‚Paradigmas' von Kuhn, nicht ohne sich der Schwierigkeit bewusst zu sein, die das Charakterisieren der Ersten Philosophie als Paradigma bereitet. „Bei Aristoteles ist die Konzeption der *Ersten Philosophie* – die des *Seienden als des Seienden*, die später ‚Metaphysik' bzw. ‚Ontologie' genannt wurde – als Basiskonzeption der Philosophie von vornherein einem historischen Paradigmenwechsel entzogen," schreibt er bereits im Vorwort (Apel, Paradigmen, 7), um sein Abweichen von der klassischen Vorstellung der Metaphysik, aber auch der klassisch Kuhnschen Idee des Paradigmenwechsels zu klären. Paradigmen zeigen Wandel der Kategorien des Verstehens an und sind in die

Theorie eingeführt worden, um eben dies zu beschreiben. Erste Philosophie zielt aber darauf ab, überzeitlich gültig sein. Das hat sie mit allen anderen Weltanschauungen (als Paradigmen) gemeinsam, die ebenfalls allumfassend für ihre Denkerinnen erscheinen. Von Kuhns Vorschlag eines rational „kaum begründbaren Wechsels *inkommensurabler* Paradigmen" (Apel, Paradigmen, 7), die Apel z.B. mit Heidegger assoziiert, weicht Apel ab, indem er die Paradigmenwechsel für rational einsehbar und die Paradigmen in gewissem Sinn nicht nur aufeinander folgend, sondern aufeinander aufbauend denkt. Eine epochale Auffassung der Geschichte der Ersten Philosophie, nach Apel, beinhaltet erstens, dass Erste Philosophie sich verändern kann. Apel unterstellt zweitens noch weiter, dass sie sich entwickelt. Bei Apel sind die einander ablösenden Paradigmen nicht inkommensurabel. Er setzt drittens voraus, dass das von ihm vorgeschlagene Paradigma rational einsehbar und in einem nicht mehr hintergehbaren, damit unbestreitbaren Punkt letztbegründbar ist. Damit entzieht er die Erste Philosophie de facto wieder der Entwicklung in der Zeit, wenn erst einmal der Punkt der Letztbegründung eingesehen ist. Die im dritten Paradigma verankerte Offenheit, die das Prozessuale und Relationale in der Bedeutungstheorie festschreibt, soll dieses Zurückfallen ins Paradox verhindern. Sie beinhaltet indes auch, dass es nach dem *dritten* auch ein *viertes* Paradigma wird geben können. Mein Vorhaben ist es, in einer Anpassung der Apelschen Theorie dieses vierte Paradigma zu denken. Apel rezipiert Peirces Zeichentheorie, vor allem in der Darstellung der Zeichenrelation, also der Semioisis, als einer nicht weiter reduzierbaren dreistelligen Relation zwischen Zeichen, Zeichen-Interpret und Bezeichnetem. Ein Paradigma der Ersten Philosophie müsse diese Dreistelligkeit angemessen berücksichtigen. Verschiedene Reduktionismen, so zeigt Apel, sind rekonstruierbar als (unzulässige) Reduktionen der Semiosis (Apel, Paradigmen, 24). Alle drei Pole der Relation sind in Abhängigkeit voneinander zu denken. So kann man z.B. sehen, dass das Apriori der sprachlichen Verständigung die Zeichen-Sinn-Interpretation und die Wahrheits-Konsensbildung in einer unbegrenzten Interpretationsgemeinschaft der Forscher situiert ist.

> Durch diese Transformation der Subjektseite (wird auch der) Transformation der Objektseite der Erkenntnis (Rechnung getragen): Wenn nämlich das Ding-an-sich zwar nicht als unerkennbar, wohl aber als unendlich erkennbar bestimmt wird, dann impliziert dies das Postulat einer ebenfalls unendlichen Interpretationsgemeinschaft der Erkennenden. (Apel, Paradigmen der Ersten Philosophie, 35)

Dies formuliert Apel im Anschluss an Peirce als Dimension der regulativen Idee einer Bedeutungstheorie, die immer in einem unabgeschlossenen, auf eine zukünftige idealere Gemeinschaft hin orientierten Wahrheitsfindungsfeld offenbleibt. In dieser Zukunft z.B. wird es Forscher und Sprecher geben, die unsere Fehler korrigieren können. Wir sind es also nicht nur uns selbst, unseren Vorfahren und unseren Zeitgenossen schuldig, nach Wahrheit zu suchen, sondern vor allem unseren Kindeskindern. Eine neue Reflexionstheorie wird gesucht, die die Unvermeidlichkeit dieser *transzendenten* (überindividuellen, überzeitlichen) Dimension der Reflexion darstellt und damit die Möglichkeit der reflexiven Letztbegründung theoretischer und praktischer Philosophie in ihrer Darstellung der Praxisformen umsetzt. Dies ist die Aufgabe des von Apel postulierten ‚Dritten Paradigmas der Ersten Philosophie', das ich vor allem dahin ‚korrigieren' möchte, dass stärker betont wird, wie die logisch mitbeinhaltete Doppelorientierung auf faktisch-reale und kontrafaktisch-zukünftige Sprechergemeinschaft eine deontische Komponente bildet und uns (in einem Kantischen Sinn) auf unsere Äußerungen *verpflichtet*.

Bedeutung ist aus unserem Leben nicht wegzudenken: Mit dem dritten Paradigma, und auch nicht mit der Korrektur des vierten, wird allerdings kein existentielles Projekt angedacht, bei dem es um die Beständigkeit von Sinn als (individueller) Lebenssinn geht, sondern *Bedeutung* (in einem weiten Verständnis als Sprachbedeutung) als andauernd wird untersucht. Das Vorhaben ist also sprachanalytisch. *Leben* wird als *gemeinsames, gesellschaftliches* verstanden, d.i. es werden der Analyse Praxisformen zu Grunde gelegt; und *wegdenken* lässt sich Bedeutung nicht, nicht im Sinne einer pragmatischen Notwendigkeit, sondern als Formulierung der logischen Einsicht, dass (sprachliche, grammatische) Bedeutung das Selbst im Weltbezug konstituiert. Transzendentalpragmatisch sind die folgenden Prämissen, zu deren Verständnis dieser Text beitragen möchte: Ein *transzendentales* Subjekt ist kontrafaktisch Teil einer idealen Kommunikationsgemeinschaft und als solches Handlungssubjekt. Seine Blickrichtung: vorwärts. Handeln und Sprach-Handeln sind prospektivisch, und Bedeutung ist das, was bei diesen prospektivischen Handlungen entsteht und auf dem sie beruhen. Handlungsformen sind normativ, also nur pragmatischer Weise zweckrational zu verstehen. Alle Zwecke sind letztlich für das transzendentale Subjekt *auf andere gerichtet*. Obwohl diese These sich anthropologisch als motivationale Anlage, die zur Sprachentwicklung nötig ist, bestätigt, ist diese Feststellung nicht ‚darwinistisch', sondern als logisch-grammatische Bemerkung zu verstehen. Zugleich aber ist das Handlungssubjekt Teil einer aktualen Sprach-und Handlungsgemeinschaft. In dieser schreiben Bedeutungen Ungleichheiten fest und sind nicht-ideale Konstellationen, d.i. z.B. das Zusammenagieren großer Gruppen, die nicht-konsensbasierende Kommunikation und materielle Ungleichheit, die Bedingungen von individuellen und kollektiven Möglichkeiten. Sie sind wirklich, denn sie formen wirkmächtig die Situationen, an denen das Subjekt tätig und leidend beteiligt ist. Die Aufklärung dieser Konstellationen soll mit Hilfe eines letztbegründeten, *undogmatischen*, im Sinne eines rational einsehbaren, infiniten Schemas nach Apel erfolgen. Zu fragen ist, ob ein solches Schema rational einsehbar und infinit ist und zugleich mit dem historisch-kritischen Projekt der nicht-idealen Sozialontologie vereinbar.

Ganz am Anfang der hier unternommenen Entwürfe stand ein Seminar zum Feminismus, das ich an der PLUS unterrichten wollte. Meine Kollegin Helen Mussell empfahl mir das Buch ‚Philosophy without Women. The Birth of Sexism in Western Thought' von Vigdis Songe-Møller. Songe-Møllers Darstellung der ideengeschichtlichen Wurzeln eines philosophischen Sexismus, ihr Studium und ihre Neulektüre antiker Texte, aber auch ihre Kritik an Foucault, der in seiner Rezeption antiker Praktiken das gegenwärtige Sittenleben besonders klar zeigt, so Songe-Møller, die davon in nicht geringem Maß frustriert ist, regte mich unheimlich auf und an. Ich hatte zugleich das Gefühl, dass der kanonische Blick notwendig ist, ungeachtet der Tatsache, dass der Astigmatismus eines Sexismus ihn früh krümmt, und zweitens, dass Foucault uns als ‚Meister unserer Selbst' zeigt und damit eine genaue Beschreibung unseres Status Quo liefert, d.h. dass die Kritik nicht (nur) an Foucault zu richten sei, sondern viel eher an unser Konzept der Meisterschaft. Je länger ich mich mit den Themen Songe-Møllers beschäftigte und sie auf meine eigenen, bis dahin unternommenen Arbeiten bezog, umso mehr hatte ich den Eindruck, dass am Grund der verschiedenen Probleme: der Ungleichheit als Thema, dem sich die Sozialontologie zu widmen hatte; der Meisterschaft als Grundannahme einer analytischen Handlungstheorie, das es zu kritisieren galt; der Standpunkttheorie, auf die eine unapologetische, logisch durchführbare Antwort auf dem Feld der Wissenschaftstheorie der Sozialwissenschaften zu suchen war; endlich der Bedeutungstheorie, zu der ich bereits meine Studien des Sprachschrecks beigesteuert hatte, dessen Aporie es zu überwinden galt; dass diese unabgeschlossenen Themen alle mit der Frage nach Bedeutungspermanenz wesentlich zu tun haben und durch eine Beschäftigung mit Bedeutungspermanenz nicht nur als inhaltlich verbunden verstanden werden konnten, sondern auch aus dieser Perspektive fruchtbar neu zu beschreiben seien. Dann fand ich im Zuge einer Arbeit zur Hermeneutik im Anschluss an eine Beschäftigung mit Husserls Krisis-Schrift zu Apel und seinem Buch ‚Paradigmen einer Ersten Philosophie', das wie der Bote des Königs eine Lösung zu meinem Problem mitbrachte: die Paradigmen der Ersten Philosophie. Ich begann zu schreiben.

Die hier betrachteten Fragen und skizzierten Ideen entstanden vor allem aus der Vorbeschäftigung mit der Theorie des kommunikativen Handelns (nach Meggle) und der Sprechakttheorie (nach Searle). Für beide ist die

Intention des Sprechers zweckrational und diese Zweckrationalität verbindet die performative mit der propositionalen zu einer Doppelstruktur.[94] Die Konventionalität der Bedeutung ist also einerseits das, was der Sprecher performativ ausnutzen kann, um ein Ziel zu erreichen; sie ist, laut Searle und ihn als Kantianer auszeichnend, jedoch auch das, was den Sprecher logisch an die Form der Aussage bindet. Die Intentionalität, also das Handeln-von mentaler Zustände, das dann auch externalisiert werden kann, z.B. in Texten, die die Intentionalität ihres Schreibers wiedergeben, ist es, die den referenzsemantischen Rahmen der Bedeutungstheorie überschreitet und ihn erweitert hin auf eine Pragmatik des Meinens in einer dann handlungstheoretisch übersetzbaren Theorie dessen, was wir mit Worten tun können (nach Austins ‚How to Do Things with Words'). Der intersubjektive Sinn wird selbstreferentiell durch den Anspruch an Wahrheit, an normative Gültigkeit und an Aufrichtigkeit ausgedrückt. Meggle zeigt gegen Searle, dass außer dem gemeinsamen Wissen keine weiteren Annahmen zur Wir-Intention nötig sind. D.h. die Wir-Intentionen, die für Searle in seiner ‚Konstruktion gesellschaftlicher Wirklichkeit' so wichtig werden und die er für nicht reduzierbar hält, können als iterierte wechselseitige Wissen-ums-Wissen-Annahmen verstanden werden. Kollektives Wissen kann als Konventionalisierung des Wissens einzelner rekonstruiert werden. Mit Apel nach Peirce können wir hinzufügen, dass die Dreistelligkeit der Zeichenrelation zwischen Bezeichnetem, Zeichen und Interpret, die regulative Idee der Bedeutung auf die zukünftig-ideale Gemeinschaft der Sprechenden zielen lässt und bewirkt, dass selbst der einzelne sich nicht Eigentum ist, sondern dass er einer Gemeinschaft von Sprechern (an)gehört, denen er Rechenschaft schuldig ist und durch die er selbst als Individuum erst ermöglicht ist.

Auch Searles ‚x zählt als y im Kontext c' beschreibt eine logische Struktur; mit ihr soll die der sozialen Wirklichkeit erfasst werden. In diesem Sinn ist diese Beschreibung keine naturwissenschaftliche, etwa soziologisch durch statistische Erhebungen beobachtbare, wenn man die ‚Beobachtung' von logischen Strukturen der Sprache, d.i. Grammatik ausnimmt. Sie kann also als *deontisch* beschrieben werden: Die Rechte- und Pflichtenbeziehungen, die die Deontik ausmachen und die, laut Searle, über die Zuschreibung von Status-Funktionen, also Rollen in einem Spiel der Handlungsermächtigung, entstehen, erklären sich vor einem kulturellen Handlungshintergrund, der den einzelnen gegeben ist und der nur momentan und punktuell zur Revision ansteht. Obwohl wir

---

94   Georg Meggle, Kommunikation, Bedeutung, Implikatur – Eine Skizze, in: Meggle (Hrsg.), Handlung, Kommunikation, Bedeutung, Suhrkamp: Frankfurt am Main, 1993; John Searle, Rationality in Action, Bratford Books: Bradford, 2001.

hier an Husserls ‚Lebenswelt' erinnert sind, ist der Handlungshintergrund der Searleschen Theorie doch eher eine Funktion der Theorie und steht nicht für die Vor-Urteile oder Geschichtlichkeit von Ideen, die Husserl in seiner Krisis-Schrift in Erinnerung rufen möchte, oder für seinen Appell an die Wirklichkeit der Belange von Menschen in ihrer alltäglichen Lebenswirklichkeit, aus der heraus erst Wissenschaft praktiziert werden kann und die die Lebensweltlichkeit von Wissenschaft selbst mitmeint. Marmor beschreibt in seinen ‚Grundlagen der institutionellen Wirklichkeit' gegen Searle eine hierarchische und Machtbasierte Kooperationslogik, die es den Soziologen und Historikern überlassen möchte, nach dem Warum einer solchen Entwicklung zu fragen, die aber die Entstehung sozialer Regeln und machtstrukturierender Meta-Regeln erklärt aus der Notwendigkeit des Entscheidens und Herrschens einiger über andere.[95] Auch Searle behandelt das Thema Macht und beschreibt die Macht aller über alle, die darin besteht und ausgeübt wird, andere zur Regel-Konformität zwingen zu können. Dies formuliert Searle als eine Art Antwort auf Foucault. Es bleibt gegen Marmor und für Searle ein entscheidender Unterschied, ob wir hier ein quasi-Kantisches, logisch-vernünftiges Regelfolgen oder eine realpolitische Autorisierung der Herrschaft einiger über andere unserer Theorie der sozialen Wirklichkeit und Gesellschaft zu Grunde legen. An dieser Stelle zeigt sich eine mögliche Nähe der kritischen zur emanzipatorischen Sozialontologie, wenn die Werthaltigkeit von Prämissen der Theoriesetzung deutlich wird.

Wendy Browns Tanner Lecture von 2019 zu Max Weber, veröffentlicht 2024 als ‚Nihilistic Times', scheint mir nahe am Thema meiner Untersuchung, die Stoßrichtung des Textes – in nihilistischen Zeiten auf Werte zu schauen, wird durch ihre Relativierung im Text selbst zurückgenommen:

> Rather, classrooms are where values may be studied as more than opinions, ideologies, party or religious loyalties, but also as more than distractions from the empirical, technical, instrumental, or practical. Above all, it is where they can be framed by responsible teachers as without foundations, yet all-important in both grasping and responding to the multiple crisis of our time. (Wendy Brown, Nihilistic Times, 102)

Was zunächst wie eine Rehabilitierung von Werten – sie sind mehr als Meinungen und Ideologien und mehr als Ablenkung vom Empirisch-Technisch-Instrumentell-Praktischen –, wandelt sich ins Kontextrelative verschiedener

---

95 Marmor, Foundation of Institutional Reality, OUP: Oxford, 2022; siehe auch Kobow, Rezension zu Marmors ‚Foundation of Institutional Reality' im Philosophischen Jahrbuch, im Erscheinen begriffen.

Deliberationsprozesse, dass Werte als ‚grundlos', aber wichtig zum Verständnis von Krisen gezeigt werden. Der einzige Wert, den wir also voraussetzen dürfen, ist das Verantwortungsbewusstsein der Lehrer, das Brown auch für sich reserviert. Die Position der Lehrmeister ist in jedem Nihilismus problematisch – sei es bei Strauss und den ‚young nihilists', die das fruchtbare und *furchtbare* Nichts des Krieges gegen die Welt lehren; sei es bei Ueda und der Frage nach der Möglichkeit des Dialogischen der Erkenntnis des Nichts; sei es bei Heidegger, der als begnadeter Philosoph seine Schüler messianisch im Dunkel belässt; sei es im Symposium, wo der homoerotische Eros schlussendlich jede Gemeinschaft hinter sich lässt.

Alle Teilnehmer an Kommunikationsgemeinschaften müssen indes auf gleiche Weise verantwortungsbewusst sein. Dies nivelliert einerseits die Hierarchie zwischen verantwortungsbewussten Lehrern und Lernenden und es betont andererseits, dass alle sich als impliziert in die Krisen unserer Zeit verstehen und dies als Aufruf zur Arbeit an Werten, die zwar kontextabhängig (im Sinne einer noch-nicht-Idealität), aber verbindlich sind und universell, wenngleich mit einem Zeit/Ort-Index versehen.

Mit dem ‚Ende der Philosophie' in der Metaphysik und dem ‚Sprachschreck' haben wir zwei performative Paradoxe betrachtet, in denen die Sprecher ihr eigenes Ende (als Sprecher) vorhersagen. Das Ende der Philosophie wird über einen Neubeginn motiviert – entweder, wir werden Philosophie, als fehlerhafte Disziplin, nicht mehr brauchen, wenn wir sie zur Kritik verwendet haben, mit deren Hilfe wir die Grenzen unseres Verstandes, unserer Sprache, unserer Begriffe dargestellt haben und die wir dann getrost, wie eine Leiter, wegwerfen können. Doch Vorsicht: wenn wir eine Anabasis vorhaben, sei es hinauf zu den Ideen und dann zurück hinab in die dunkle Höhle der Lebenswelt, oder eine Katabasis, eine Höllenfahrt hinunter zu den Geistern, die unser Schicksal vorhersagen, und dann zurück hinauf ins Tageslicht der Welt, dann ist das Wegstoßen der Leiter ein unverzeihlicher Fehler. Andererseits endet die alte Philosophie, um den Neubeginn einer ganz *neuen* Metaphysik oder Philosophie zu ermöglichen, zu der aber die meisten, alle die, die ihr Leben nicht mit dem Blick in die Sterne verbringen, gar nichts werden sagen können und auch der Philosoph noch nicht, der noch im Dunkel des Wahren umhertappt, und die sich unvermittelbar, unversehens im Philosophen ankündigt und für die er sich nicht wird rechtfertigen können oder müssen (meint Heidegger). Denken wir hierbei an Nietzsches Lampenträger, der uns ebenfalls warnt vor den Folgen einer Idee, die wir wohl oder übel bereits auf die Wirklichkeit losgelassen haben, wobei er seherhaft scheint, ein für Rechtfertigung blinder Visionär. Im Sprachschreck wird die Unsagbarkeit (nur) in der Durchführung des Sagens überwunden, wobei und indem die These von der Unsagbarkeit beibehalten wird. In der Beschreibung von heuristischen Fiktionen und Als-ob-Strukturen habe ich versucht, einen Weg aus der Aporie des Sprachschrecks zu weisen. In dem hier vorgelegten neuen Versuch möchte ich darüber hinaus das Thema ‚Bedeutungspermanenz' als wegweisend für die Philosophie nach dem Sprachschreck markieren und mit der möglichen Orientierung auf die Zukünftigkeit der Bedeutung auch eine Philosophie praktizieren, die weder apokalyptisch noch apologetisch auf ihr eigenes Ende hoffen muss.

‚Bilder für den Tempel' sind kurze Bildbetrachtungen, die die vier im Zentrum meiner Untersuchung stehenden Themen für eine kritische Sozialontologie aufzeigen: Anselm Kiefers ‚Der bestirnte Himmel über mir und das moralische Gesetz in mir' referiert auf die Zugehörigkeit zu den ‚zwei Welten', des Kosmisch-Lebendigen und der Gesetzhaft-Vernünftigen, die Kants Kritik der praktischen Vernunft beschließt, die es jedoch zu überwinden gilt; die Standpunktlosigkeit der Objektivität als Blick auf ‚alles', das zwar Ordnung, nicht aber die Orientierung eines Standpunktes bietet in Andreas Gurskys Landschaftsphotographien; die Prosopa, also Rollen-Masken, deren Doppelcharakter als Korsett und Rüstung in einem ‚coming of age' Vee Speer in ‚Bullet Proof' metaphorisch abbildet; und die Absage an eine Meisterschaft des Herrseins in der Gegenwart mit Blick auf eine nicht-instrumentell verfügbare Zukunft in Hilma af Klints ‚Bildern für den Tempel'. Diese Bildaspekte theoretisch zu beschreiben und Antworten auf die in ihnen anklingende Kritik vorzuschlagen ist die Aufgabe der vier zentralen Kapitel zu den Themen: Bedeutungspermanenz als konatives Streben; ‚Wissen-als' als Kategorie, die sowohl Standpunkt als auch Epoché reflektiert; Nativität und Narrativität als Ermöglichungsstrukturen des Handelns; und die Grenzen und Pflichten der Meisterschaft. Diese Themen verweisen uns auf ein feministisches Projekt der erneuten Beschäftigung mit dem philosophischen Kanon. Soll der Kanon nicht nur eine Ansammlung überkommener Ideen sein, anhand derer wir unsere Immunisierungen auffrischen, sondern eine Quelle von Bedeutung, die wir beständig überarbeiten, vervollständigen, verhandeln, um das Neue anhand des Bestehenden zu formulieren, müssen wir den Kanon zur Erscheinung bringen, indem wir selbst in ihm erscheinen. Die Themen, die ich auf diese Weise behandle greifen die vier Kantischen Fragen auf: Was können wir wissen? Was dürfen wir hoffen? Was sollen wir tun? Was sind die Menschen? Wobei die drei ersten gemeinsam die vierte erhellen. Genauer: erst nachdem wir die ersten drei Fragen beantwortet haben, dürfen wir uns der vierten zuwenden und diese mit Hilfe der Erkenntnisse aus den ersten drei Antworten untersuchen.

Die Plural-Variation der originalen Fragen von Kant mag den speziellen Zugang dieses Textes zum Thema Bedeutungspermanenz erläutern und auf die Frage antworten: Warum ist Bedeutungspermanenz überhaupt ein Problem?

Kant formuliert drei Fragen als Fragen der ersten Person, die alles Interesse der spekulativen und praktischen Vernunft in sich vereinen – Was kann ich wissen? Was soll ich tun? Was darf ich hoffen? Sie können durch erkenntnistheoretische, ethische und vernunft-urteilende Überlegungen beantwortet werden. Die vierte ist eine anthropologische Frage: Was ist der Mensch? Sie fasst die Ergebnisse der vorangegangenen Untersuchungen zusammen und kann als Höhepunkt der Kantischen Kritischen Philosophie verstanden werden, d.h. der Höhepunkt der Untersuchung der Vernunft, ihrer Grenzen und ihres Ermöglichungshorizonts mit Hilfe der Vernunft selbst. Nach vielen Diskussionen mit Philosophinnen um die Gültigkeit und Vollständigkeit dieser Fragen als Grundfragen des Philosophierens bin ich zu dem Schluss gekommen, dass es die *Perspektiven* des Fragens sind, die vervollständigt werden müssen. Der Kantischen Untersuchung der Grenzen der Vernunft mit Hilfe der Vernunft mag die erste Person Perspektive logisch vorgeschrieben sein. Einer Untersuchung, die die Nachhaltigkeit und Zukunftsfähigkeit von ‚Bedeutung' als logische Komponente des kategorischen Imperativs zum Thema hat, werden weitere Perspektiven zum Schlüssel: In einer zweiten Person-Perspektive, z.B. in der Frage ‚Was darfst Du hoffen?', wird begreifbar, wie Bedeutung den Einzelnen dem anderen zugeeignet. Die man-Perspektive (vierte Person Singular), die im Satz ‚Wer ist ein Mensch?' anklingt, verweist auf die Versehrtheit des Menschen durch den Menschen, deren Anerkennung Levi und Adorno als neue Bedingung des Menschseins, ja als neuen Kategorische Imperativ, einfordern. Das Werden, das feministische Interpretationen antiker Gründungstexte, z.B. Cavarero in der Lektüre von Parmenides, vermissen, sehe ich im unbestimmten Artikel – ‚ein Mensch' – als Möglichkeit der Entfaltung des einzelnen Individuums im Sein, das nicht mehr auf ein ideales Jenseits gerichtet ist, beinhaltet. Die plurale Konstitution der Menschen, die den Begriff ‚Individuum' an den notwendig mitgehörten Begriff ‚Kollektiv' bindet, legt die Formulierung ‚Wer sind die Menschen?' nahe. In der perspektivisch aufgeklärten ersten Person der Frage: Was kann ich wissen? hören wir nun die Themen der Verkörperung und des Standpunktes des Wissens – ein Wissen-als – mit. Und in ‚Was sollen wir tun?' klingt die oikologische Perspektive der Sorge über uns selbst und über uns selbst hinaus für die Welt der anderen, auch Zukünftigen, an. Wir hören ebenfalls den Verweis auf die kollektive Konstitution des Handeln-Könnens. Bedeutungspermanenz wird erst im Feststellen des Fehlens dieser Perspektiven überhaupt zum Problem. Zu formulieren ist ein neuer Imperativ, der nicht, wie Hans Jonas vorschlägt, die zukünftigen Folgen unserer Handlungen bei der Objektivierung mit in den Blick nimmt, sondern einer, der unser ‚Theorietun' zum Inhalt hat: Du musst bessere Theorie schreiben! Oder auch: Beteilige Dich am Diskurs zur Metaphysik, so dass Dein Beitrag den Status Quo der Wissensgemeinschaft weiter voranbringt. Die Forderung, Philosophie zu beenden, wird also umgekehrt in die Pflicht zur Beschäftigung mit den Ideen, die unsere Wirklichkeit formend beschreiben. Ausblickend bleibt die Frage, ob die hier geleistete kritisch-aufklärerische Intervention für die Erneuerung der Idee eines Oikos ausreicht, also der Konstitution einer Gemeinschaft, die das Fundament der Teilnahme an der Verwaltungsstruktur der Polis und ihren demokratischen Entscheidungsgremien bildet. Wer darf teilnehmen? Welche Verantwortung beinhaltet die Teilnahme? Was kostet sie (uns)?

Zusammenfassend zeigt sich, dass – entgegen bisherigen Lesarten und auch entgegen Apels Verständnis – die Arbitrarität, also Gesetztheit – und damit Willkür, sive: Veränderbarkeit –, der Bedeutung für uns gerade die Verantwortung gegenüber unserer faktischen Sprechergemeinschaft konstituiert; dass es, andererseits, gerade die Unbegrenztheit unserer Handlungskapazität ist, die uns zu einem Handeln im Sinne und in der Verantwortlichkeit der kontrafaktischen (d.i. vorgestellten zukünftigen) Idealgemeinschaft anhält. Im Sinne einer Logik des Nicht-Ortes, der wörtlich das utopische dieser Idee bezeichnet, wird die Sprache als ‚Ort' des Mitseins für ein ‚Selbst' erwägt, an dem es sich über seine indexikalischen Grenzen als Subjekt im Hier und Jetzt hinaus liminal, als Ich zwischen sich und seinen synchronen und diachronen Gegenübern, entfalten kann.

So sind in dieser abschließenden und einordnenden Skizze das Vorgehen der Arbeit, wie auch einige Quellen noch einmal benannt und in Bezug zueinander gesetzt. Gefragt wurde nach dem ‚vierten Paradigma einer ‚Ersten Philosophie" als einer Bedeutungstheorie. Mitsein stellt sich im Sinne einer verantwortlichen *Zueignung* auf andere Wesen und zur Welt in der Struktur der andauernden Bedeutung dar. Der Ort dieses Mitseins wird in der Sprache vermutet.

KAPITEL 13

Wer sind die Menschen? Sprache als Mitsein

13.1 Futurolinguistics

> A man can only control what he comprehends, and comprehend only what he is able to put into words. The inexpressible is therefore unknowable. By examining future stages in the evolution of language we come to learn what discoveries, changes, and social revolutions the language will be capable of some day reflecting. (Stanislav Lem, The Futurological Congress, 1971)

In seinem absurden Bericht zum Futurologenkongreß zitiert Stanislav Lem die paradoxe Methode der (erfundenen) Futurolinguistics. Wie sollte man in der Gegenwart bereits wissen können, welche zukünftigen Entwicklungsstufen die Sprache einmal durchlaufen wird? Professor Trottelreiner, Experte für Futurolinguistics, erklärt uns die Methode: Für jedes Wort, das wir uns ausdenken, können wir uns auch eine Gesellschaft vorstellen, die dieses Wort braucht, um Werte, Praktiken oder Wirklichkeit zu beschreiben. Ohne an dieser Stelle eine lange Diskussion zum Unsinn und zur Sagbarkeit beginnen zu können, möchte ich diesen Entwurf mit einigen Überlegungen zur Machbarkeit der auf ersten Blick paradoxen Vorgehensweise der Zukunftslinguisten beenden.

Texte, wie dieser, den Sie vor sich haben, stehen in einer Entfernung von Ihnen Lesern. In lateinischen Briefen wurde dieser Entfernung z.B. Rechnung getragen, indem die Vergangenheit als Zeitform für die Gegenwart des Briefeschreibers gewählt wurde, weil zum Zeitpunkt des Lesens des Briefes durch den Adressaten dieses Jetzt des Briefschreibens bereits Vergangenheit geworden sein würde.[96] Die Bedeutung eines Textes (und natürlich auch des gesprochenen Satzes, der sie entlehnt ist) liegt einerseits beim Sprecher und seiner Bedeutungsintention, andererseits kann sie auch in der Verstehensleistung des Adressaten verortet werden und noch eine dritte Perspektive gibt es – die Bedeutung des Textes qua Konventionalität der in ihm verwendeten Symbole. Dieses Dreierlei der Kontextgebundenheit von sprachlichen Bedeutungen läuft der eben untersuchten Dreistelligkeit bei Peirce und Apel parallel. Es stellt uns vor die Frage, wie die Bedeutung eines Textes erfasst werden kann. Oder auch:

---

96   Einige der nachfolgenden Gedanken zu Sappho wurden auf einem Symposium für Georg Meggle in Salzburg von mir zusammen mit Sava Wedman vorgetragen und diskutiert; ein Teil des Beitrags erschien in den Proceedings zu diesem Symposium, in: Beatrice Kobow und Sava Wedman, Weltbezug und Zeitlichkeit, 2011.

Wie wir die Bedeutung eines Textes begreifen. Bedeutungstheorien platzieren sich, geleitet von Intuitionen, die diese drei Kontexte betreffen, zur Erklärung von Bedeutung entweder auf der Seite des Sprechers und seiner Intentionen, oder auf der Seite des Adressaten und seiner Interpretationen, oder auf Seiten des Textes mit seinen grammatischen, logischen und historischen Bedeutungsaspekten, oder sie lassen verschiedene Aspekte der Bedeutung aus allen drei Perspektiven zu.[97]

Alle drei Bedeutungsperspektiven verweisen uns auf die Permanenz oder Impermanenz von Bedeutungen, die die Distanz zwischen dem Gesagten und seinem Verstehen ausmachen. Eine *formalpragmatische Bedeutungserklärung* trägt pragmatischen und rationalen Aspekten des Verstehens Rechnung, wenn sie feststellt: *„einen Ausdruck zu verstehen heißt zu wissen, wie man sich seiner bedienen kann, um sich mit jemandem über etwas zu verständigen."* (Habermas, Rationalitäts-und Sprachtheorie, 98)[98]. Dieser Zugang zu Bedeutung ermöglicht in einer Zusammenschau die Einsichten verschiedener Bedeutungstheorien zu kombinieren. In ihrem Funktionalismus eingeschlossen ist daher auch die Perspektive des Kanon. Eine der theoretischen Herausforderung an die pragmatische Bedeutungstheorie ist die Bedeutungstradierung in der Zeit und die durch sie entstehende und erst möglich werdende Komplexität einer Bedeutungswelt, durch die in ihr realisierbare deontische Positionen und Handlungshorizonte entstehen. Wir haben hierzu bereits oben Apels Vergleich von Dilthey und Wittgenstein zur Übertragung von Bedeutung von Lebensform zu Lebensform rezipiert.

Die Missverständnisse und Probleme des Verstehens, die sich durch Bedeutungsverschiebungen und mit wachsender Distanz zur gelebten Komplexität von Bedeutungskontexten ergeben, stehen uns ebenso *beispielhaft* vor Augen, wenn wir an die Übersetzung antiker Lyrik, wie z.B. der Verse von Sappho, denken. An der Rekonstruktion einer Zeile von Sappho zeigt sich thematisch die Reflexion der Standpunktbezogenheit von Bedeutung auch als Thema der Dichtung selbst. Aus den Fragmenten der überlieferten Texte, die selbst wiederum Kopien sind, macht sich die Übersetzung einen Reim, wobei aus einer fremden, nicht länger gesprochenen Sprache, aus einem kulturell entfernten und nicht mehr existenten Kontext, aus Fragmenten verschiedener Abschriften ein neuer Ausdruck gefunden werden muss, der trotz allem die Nähe zur ursprünglichen Aussageabsicht sucht und uns den Eindruck vermittelt, wir könnten im Verstehen über die Zeit hinweg einer Dichterin die Hand reichen, und sie uns:

---

97 Vgl. Jürgen Habermas, Nachmetaphysisches Denken II, Suhrkamp Verlag: Berlin, 2012, 77.
98 Jürgen Habermas, Rationalitäts-und Sprachtheorie, Suhrkamp: Frankfurt am Main, 2009.

(1)Μνάσεσθαί (2)τινά (3) φαιμι (4)καὶ (5)ἕτερον (6)ἀμμέων[99]

Transliteration:
(1) (Dass) erinnert / erwähnt zu werden
(2) von Jemandem (einer),
(3) erkläre ich,
(4) auch
(5) eine andere (von zweien)
(6) als unserer <Zeit>

mögliche Übersetzung:
Erinnert zu werden, auch in einer anderen als unserer Zeit, das erkläre ich.[6]

Hier geht es darum, Bedeutungsverschiebungen zu erfassen, die das Tradieren von Texten mit sich bringt. Können wir in (fremde) Lebenswelten eintreten? Je weiter wir uns annähern, desto genauer sichtbar werden in der Exegese einerseits die Lücken in der Überlieferung und das Stummbleiben des Sinns, dem ein Kontext fehlt, andererseits aber auch die Selbstverständlichkeit des rekonstruierenden Verstehens. Theoretisch betrachtet scheint das Rekonstruieren von Bedeutungen von der Kenntnis der Bedeutungskonventionen abzuhängen, die ein Text oder eine Rede bemühen. Es ist schwierig zu erklären, wie neue Bedeutungen geschaffen werden oder Bedeutungen überhaupt konstituiert werden, wenn sie doch auf bereits vorhandene Bedeutungskonventionen aufbauen müssen. Ist eine Antwort auf diese erste Frage formuliert, so kann man auch zu erklären versuchen, wie Bedeutungspermanenz über weit entfernte, kulturell unterschiedliche, phänomenal disparate Kontexte hinweg bestehen bleiben kann, in denen Konventionen durch Bedeutungsverschiebungen unerreichbar geworden sind. Die Permanenz von Bedeutung macht die ‚Unsterblichkeit' von Dichtern (und Sprechern allgemein) möglich. In der feministischen Fundamentalkritik an der Metaphysik, z.B. mit Cavarero, haben wir bereits erahnen können, dass ‚Unsterblichkeit' aber vielleicht gerade nicht das Ziel von Bedeutung und von einzelnen sein sollte. Bedeutungspermanenz ermöglicht andererseits erst unser präsentisches Teilnehmen an konkreten

---

99 Μνάσεσθαί τινά φαμι καὶ ὕστερον ἀμμέων – manchmal wird das Fragment so wiedergegeben; hier weist ὕστερον auf die zeitliche Komponente hin, also ‚später' wie in ‚zu einem späteren Zeitpunkt'.
Übersetzungen: I declare / That later on / Even in an age unlike our own, / someone will remember who we are. (Aaron Poochigian); someone will remember us / I say / even in another time (Anne Carson); allgemein auch: Someone, I tell you, will remember us, even in another time; und: I say that someone will also remember us later. Gottwein: Auch manch andrer hat unser, sag ich, erinnernd gedacht.

Bedeutungskontexten, das logisch (‚grammatisch', könnte man sagen) vom Telos der gemeinsamen Suche ‚nach Wahrheit' im Ausdruck ermöglicht wird.

In ‚Locating a Collective Lyric „I"' und in ihrem Buch „Public Feminism in Times of Crisis" schreiben Leila Easa und Jennifer Stager zu den vergessenen Plural-Formen des Lyrischen Ich. Wenn Sappho ‚ich' sagt, wer ist damit gemeint? Easa und Stager identifizieren die (aus heutiger Sicht) zentralen Topoi solchen Fragens als Identifikation und Repräsentation. „This same tension between we and I exists in public feminism more broadly as each public voice, while often encountered as an individual I, always intersects with collective politics," schreiben Easa und Stager.[100] Dies klingt wie das Echo einer Antwort auf die Frage von Ásta: To whom are we accountable in our theorizing? D.i. verantwortlich nicht nur im Theorietun, sondern auch: im lyrischen Gesang, im Sprechen allgemein. *It's complicated*, meinen Easa und Stager. Sie vermuten im Aus-dem-Blick-geraten der Pluralität des lyrischen ‚Ich', ähnlich wie Cavarero, eine explizite oder implizite Funktion des patriarchalen Diskurses:

> While this idea of a plural „I" has a deep history, its collectivity has always stood in some tension with the singular „I" of an individual speaking subject. Over time, its pluralities have been de-emphasized in favor of a singular „I" that has been a primary mode of patriarchal culture and therefore foundational to understandings of subjectivity in modernity. (Leila Easa, Jennifer Stager, Locating a Collective ‚I', The Hopkins Review, Volume 17, Number 1, Winter 2024, 36)

Vielleicht ist das Thema, das im Fragen nach dem lyrischen ‚Ich' und ‚Du' aufscheint, in der Befragung von Identifikation und Repräsentation, und über diese mit dem einzelnen Sprecher sich wandelnden ‚Indexicals' hinausweisend, die selbstreferentielle Frage nach Bedeutungspermanenz, wie im von mir rekonstruierten Sappho-Fragment. Ein Hauch Aktivismus schwingt mit, wenn Easa und Stager uns zum Widerstand herausfordern: „This folio begins, then, with a challenge: to consider questions of the „I" and „you" in both the singular and plural cases in order to better glimpse such contestations and perhaps better find opportunities for resistance." (Easa, Stager, ebenda) Eine zentrale Frage der kritischen Sozialontologie (aus dem theoretischen Erbe des Feminismus) lässt sich gut an diesem Aufruf konkretisieren: Wenn einzelne nicht in der verallgemeinernden männlichen Appellation ‚ein Mensch', bei Cavarero: uomo, benannt werden können, wenn sie aber auch nicht ein allgemeines ‚man' bilden, das dann in einem Kontext des Politischen

---

[100] Leila Easa, Jennifer Stager: Public Feminism in Times of Crisis – From Sappho's Fragments to Viral Hashtags, Rowman & Littlefield: Lanham, 2022.

Regeln für das Zusammenleben solcher Allgemeinheit aushandelt (Regeln für den Menschenpark?[101]), von welchen konkret-abstrakten einzel-kollektiven vergangen-zukünftigen Sprechern gehen wir dann aus?

Fragen, die sich in jüngster Zeit auf dringend erscheinende Weise an Sprecher und Schreiber stellen, nach der Angemessenheit und Vergleichbarkeit von Gedanken (in Freges Verwendung: als die bestimmte Repräsentation eines ‚Gegenstandes' in einem Satz) in AI-generierten Texten, zeigen uns dieses Problem deutlich. Bedeutungen sind stets kollektiv verfasst, erlauben aber den Ausdruck und das Eintreten des individuellen Wissen-als in den Raum des Nicht-Privaten. In diesem Sinn hat das Kollektive der Bedeutungen, auf denen die Programme aufbauen und an denen sie geschult werden, überhaupt nichts Neues oder Skandalöses. Warum sich Gedanken aber dennoch nicht ohne Weiteres von individuierten Denkern trennen lassen, diskutiert Michele Elam in ihrem Aufsatz ‚Poetry Will Not Optimize'. Sie lokalisiert das Problem der Bedeutungspermanenz des ‚diffusen Standpunkts' auf der Seite des Verstehens. Schauen wir also zunächst aus dieser Perspektive auf die Frage, ob Poesie sich optimieren lässt, die Elam in ‚Poetry Will Not Optimize; or, What is Literature to AI?' untersucht. Elam beginnt den Artikel mit einer Sequenz, die ‚Fiction as Friction' betitelt ist.[102] „Consider, for instance, that literature does not aspire to a seamless user experience. In fact, it turns our attention to those seams we are seduced into not seeing. After all, fiction is not frictionless; poetry will not optimize." (Elam, Poetry Will not Optimize, 283)

Aus der Perspektive der Autorintention zeigt sich z.B. Stephen Marche, den Elam aus seinem Aufsatz ‚The Computers Are Getting Better at Writing' zitiert, überzeugt von den sich abzeichnenden Möglichkeiten eines erneuten Fokus auf der Autorintention unter Vernachlässigung des ‚handwerklichen' Aspekts der Textproduktion: „The intention will be the art, the craft of language an afterthought.' At a minimum, this approach to art – shifting its value from the apparently lowly craft of writing to intent – will strike many as reductive if not insulting (...)" (Elam, Poetry Will Not Optimize, 283) Was Elam kritisch als ‚beleidigend' oder ‚reduktiv' von sich weist, erinnert Marche an die Musenanrufung der ältesten Texte im westlichen Kanon. GPT-3 erscheint dann als eine solche mysteriöse, unbegreifliche Präsenz, die um Beistand angerufen

---

101 Siehe: Peter Sloterdijk, Regeln für den Menschenpark, Suhrkamp: Frankfurt am Main, 1999, zur Auseinandersetzung mit dem ‚Politikos' von Platon.
102 Huw Prices Artikel ‚Truth as useful Friction' mag dieser Überschrift Pate gestanden haben Huw Price, Truth as Useful Friction, The Journal of Philosophy, Apr., 2003, Vol. 100, No. 4 (Apr., 2003), pp. 167–190. Kurz gesagt geht es in der Diskussion bei Price gerade um eine pragmatisch reduzierte Auffassung von ‚Wahrheit', die die Funktion hat, den Diskurs in Gang zu halten.

wird. Vielleicht gerät die romantisierende Vorstellung der weiblichen *metis* (bei Cavarero) als verkörpertes Wissen-als-Können einer utopischen, nicht-politischen Existenz des nicht-entfremdeten Tätigseins ob dieser Gewichtsverschiebung hin zu einem neuen technologie-gestützten Intentionalismus ins Wanken. Andererseits suggeriert die Kollektivität des möglichen Zugriffs auf ein gemeinsames kulturelles Archiv wenigstens von der Idee her die Umsetzung der von Cavarero geforderten solidarischen Gemeinsamkeit; wobei in der Praxis natürlich bereits der Rechtsstreit um das intellektuelle Eigentum an den Texten entbrannt ist, an denen Programme wie ChatGPT ‚trainiert' werden, und um die verschiedenen durch diesen Kanon implizierten Vorurteile und Verzerrungen, die als systemische ‚Fehler' dennoch von den Nutzern dieser Hilfsmittel verantwortet werden.

Schwerwiegender sind die Schäden, die AI-generierte Texte im Gewebe des Sinns hinterlassen könnten, so Elam, wenn wir auf das Verstehen und Rezipieren von Texten schauen. AI-generierte Texte haben in gewissem Sinn einen ‚objektiven' Standpunkt, weil sie theoretisch möglicher Weise jedenfalls *vorurteilsfrei* eine große Menge Information auf Suchkriterien hin durchkämmen und für uns zusammenfassen. Elam beendet ihren Aufsatz denn auch mit einigen literarischen Beispielen, die zeigen, wie AI-Generierung zu einem poetischen Werkzeug werden kann (wie üblicher Weise neue Medien und Möglichkeiten poetologisch zu Buche schlagen und im Schaffensprozess Verwendung finden, sowie reflektiert werden). Natürlich sind die von den Programmen generierten ‚Informationen' immer nur die, die bereits im Quellenmaterial enthalten sind. Aber in gewissem Sinn ist das Verstehen als ein Aneignen von Sinn nichts anderes als das Rezipieren bereits gegebener Bedeutungen. Allerdings werden diese im Akt des Verstehens über Wiedererkennen und Ähnlichkeit entschlüsselt und dann weiterverwendet. Im Sinne der einst notwendigen feministisch-phänomenologischen Kritik an einer ‚körperlosen' Handlungstheorie, wie wir sie bei Young finden, kritisiert Elam die ‚algorithmic ahistoricity', die nicht ohne Folgen für Literaturrezeption, aber auch unseren Zugang zu Bedeutungspermanenz allgemein bleibt. Vor allem das Vorherrschen bestimmter narrativer Formen aus extra-literarischen, nicht-AI-basierten Gründen, nämlich auf Plattformen und in Algorithmen, die auf Profitmaximierung ausgerichtet sind, ist das Problem:

> The problem is not with natural language prediction per se but with the increasing monopoly of that particularly structural approach to language systems. Partnered with corporate interests in pushing at scale particular kinds of intentionally ‚sticky', ‚addictive' storytelling, the content and the form of language increasingly lead to a culling of narratives and narrative forms that do not serve that addiction." (Elam, Poetry Will Not Optimize, 301)

Dieses Mißbrauchs-Argument ergänzt Elams Vorstellung, dass die ahistorische Verwendung von historischen Bedeutungen zu Verzerrungen führen muss. „To be clear, of course one can train an algorithm on historically accurate data – that is not my point. Rather, the challenge lies with what gets counted as usable data in the first place: the historical information for training sets is necessarily treated as a set of static points – information already reduced and rendered interpretable as usable data." (Elam, Poetry Will Not Optimize, 285)

Unsere Fähigkeit, Texte als an uns gerichtete Botschaften von Sprechern zu verstehen, die ihrerseits je eine besondere Situiertheit des Wissen-als mitbringen, aus der heraus sie mit uns und wir mit ihnen interagieren, mag nicht verlorengehen, wenn Sprecher bestimmte Hilfsmittel des Textgenerierens verwenden. Was aber in den Hintergrund rückt, ist die Solidarität, die diese Sprecher mit uns im Sprechen haben, sofern diese von algorithmisch gesteuerten Optimierungsprozessen im Dienst von ‚corporate interests' ersetzt wird; wenn also Geschichten vor allem generiert werden, um instrumentell Profite zu erzielen.

Um die Grundforderung der Solidarität als ‚nurture' zwischen verschiedenen Positionen des Wissen-als, die notwendig für die eudaimonische Verwirklichung unseres lyrischen Plural-Selbst ist, geht es auch im klassischen Text von Audre Lorde:

13.2   The Master's Tools Will Never Dismantle the Master's House[103]

Die Ordnungen, die uns Bedeutungen vermitteln, sind Rahmen unseres Handelns. Kant beschreibt eine vor-sprachliche Ordnung, die des bestirnten Himmels über mir, gegenüber dem moralischen Gesetz, das meine Freiheit gleichsam ‚von innen heraus' ermöglicht. Diese zweite Ordnung bedarf der beständigen Ausformulierung, wobei ich auf Hilfe von anderen angewiesen bin, allerdings nicht auf Bevormundung durch sie. Die Entwicklung eines neuen Oikos hat also viel zu tun mit unseren Vorstellungen von Pädagogik. Es führte zu weit, darauf hier näher einzugehen. Die Frage, welche Art von Schulen in Utopia existieren, die sich bereits Dewey stellte, ist die vielleicht wichtigste Frage für die Denkerinnen des neuen Oikos. Eine erste skizzenhafte Auseinandersetzung mit nur einem Aspekt dieser Frage, nämlich damit, ob und wie wir Vormundschaft vermeiden können, möchte ich im Folgenden zur Diskussion stellen.

---

103   Audre Lorde, The Master's Tools Will Never Dismantle The Master's House, Sister Outsider: Essays & Speeches, The Crossing Press: Berkeley, 1984 / 2007, 110–113.

„What does it mean when the tools of a racist patriarchy are used to examine the fruits of that same patriarchy? It means that only the most narrow perimeters of change are possible and allowable." (Audre Lorde, The Master's Tools Will Never Dismantle the Master's House, 110)

In ihrem kurzen Text stellt Lorde zwei zentrale Forderungen. Erstens fordert sie die Beachtung der verschiedenen Perspektiven unterschiedlicher Frauen, d.i. also die Forderungen der Intersektionalität als wichtigen Punkt auf der Agenda im feministischen Diskurs zu setzen. Zweitens fordert sie das Anerkennen des Begehrens der Frauen nach gegenseitiger erziehender Pflege: „nurture". Damit ist die Aktivität des pflegenden Erziehens gemeint, das typischerweise nur im Umfeld der Mütterlichkeit situiert wird. Dieses Bedürfnis (einzugestehen) sei erlösend: „For women, the need and desire to nurture each other is not pathological but redemptive" und in dieser gegenseitig aufziehenden Pflege und Sorge für einander liegt eine Kraft, die, so Lorde, das Patriarchat fürchtet. *Abhängigkeiten* können dann als befreiend verstanden werden: „Interdependency between women is the way to a freedom which allows the *I* to *be*, not in order to be used, but in order to be creative. This is a difference between the passive *be* and the active *being*." (Lorde, ebenda, 111)

Beide Forderungen sind nur in Abhängigkeit voneinander zu lesen. Bloße Toleranz für Unterschiede zu fordern sei, so Lorde, „the grossest reformism", krasser Reformismus, denn es sei die Leugnung der kreativen Funktion von Differenz in unseren Leben. Differenz habe eine positiv-schaffende Funktion für uns und darum ist nicht bloße Toleranz, sondern wirkliche Abhängigkeit als notwendige Gemeinsamkeit zu fordern. Es ist gerade in diesem Sinn, dass Lorde den provokanten Titel von des Meisters Haus, das mit seinen Werkzeugen nicht zu niederzureißen sei, meint. Am Beispiel der Mütterlichkeit als restriktiver Kategorie ist dies gut sichtbar: „Only within a patriarchal structure is maternity the only social power open to women." (Lorde, The Master's Tools, 112) Wenn jedoch die patriarchale Lesart von nurture aufgegeben werden kann, dann sind Co-Dependenzen positiv befreiend und schaffend (creative). Unterschiede, wenn nicht bloß geduldet, sondern als notwendige Polarität gesehen, zwischen denen unsere Schaffenskraft einen dialektischen Funken schlagen kann, so Lorde, ermöglichen es dann gerade, Abhängigkeit und Differenz als positiv zu verstehen. „Difference is that raw and powerful connection from which our personal power is forged." (Lorde, ebenda) Differenz ist es, was nicht trennt, sondern was im Bild der Elektrizität, die zwischen zwei Polen fließt, gerade als Verbindung unser persönliches Vermögen formt. Es geht nicht um den Waffenstillstand im Inneren, zwischen individueller Person und der Situation ihrer Unterdrückung, so Lorde, sondern um die Befreiung von

Unterdrückung in Gemeinschaft. Diese Gemeinschaft ist die Alternative, von der her Rückhalt kommen kann, außerhalb des Haus des Meisters.

Lorde findet scharfe Worte für die fehlende Solidarität ihrer feministischen Zeitgenossinnen: „(...)how do you deal with the fact that the women who clean your houses and tend your children while you attend conferences on feminist theory are, for the most part, poor women and women of Color?" fragt sie. (Lorde, The Master's Tools, 112) Aber die Frage, hinter dieser Polemik ist: ‚What is the theory behind racist feminism?', denn rassistischer Feminismus ist selbstaufhebend. Das Diktum der siegreichen Caesaren, schreibt Lorde, d.i. eine Kriegsstrategie, müsse zu einer Strategie des Möglichen umformuliert werden: nicht länger ‚divide and conquer', sondern ‚define and empower', umschreiben/bestimmen und ermöglichen/stärken. Was Lorde als Schlüssel zum Überleben der feministischen Bewegung und zu ihrem Sieg sieht ist, dass wir uns unserer Differenzen als Quelle der Macht klar werden. In diesem Sinn ist ein viertes Paradigma notwendig für uns und das Fortbestehen von Bedeutung.

Wenn es richtig sein mag, dass es eine althergebrachte Technik der Unterdrückung ist, die Knechte mit den Belangen der Herren zu beschäftigen und so von ihren eigenen Interessen abzulenken (Lorde, The Master's Tools, 113), so mag es angebracht sein, auf die Belange *aller* hinzuweisen, um das vierte Paradigma angemessen zu begreifen. Das Eingeständnis, das Lorde einfordert, dass in einer von Rassismus und Homophobie geprägten Gesellschaft eine Abscheu vor dem Anderen verinnerlicht werde, muss ergänzt werden. Im vierten Paradigma fügen wir den Verweis auf die Abhängigkeit jeder Bedeutung von *Ähnlichkeit* hinzu, die gerade die Differenz braucht, um realisiert zu werden. Nach dem Eingeständnis der Differenzen erst kann das Persönliche-als-das-Politische unser Handeln erhellen, schließt Lorde. D.h. aber auch: Wir müssen Bedeutungen *realisieren* (das Persönliche), indem wir ihre Ähnlichkeit zu vergangenen Bedeutungsmomenten erkennen und unseren Beitrag zu ihrer Bedeutung auf die Zukunft hin orientieren (das Politische).

Das Persönliche ist das Instantiieren von Bedeutung, es ist in diesem Sinn ein Aspekt des Neubeginnens. Das Politische ist das Erkennen, dass diese Teilnahme an der Begriffsbildung in einer Gemeinschaft, der ‚Polis', von Gleichen, im Sinne von: gleichberechtigt am Prozess der Begriffsbildung, notwendig ist mit Blick auf das Fortbestehen des Kreises. Es ist ein Kreis von Berechtigten, die je gleich weit entfernt von der Quelle der Macht, also der Bedeutungsbildung sind, und je an die Reihe kommen, um ihren Standpunkt auf der Kreislinie beizutragen und zum Tragen zu bringen. Dabei ist die Übergabe der Macht friedlich und durch das An-die-Reihe-Kommen organisiert.

Lordes Feminismus der Differenz, wie sie ihn in ihrem prägnanten Essay „The Master's Tools Will Never Dismantle The Masters House" als Forderung nach Solidarität formuliert, möchte ich in Beziehung setzen zu Le Doeuffs Kritik am Ambitus der ‚Mütterlichkeit', um so einen dialektischen Funken zwischen diesen beiden Polen zu schlagen:

Le Doeuff äußert sich in „Le sexe du savoir" von 1998 (hier nach der englischen Übersetzung von Hamer und Code, 2003, zitiert)[104] kritisch gegenüber Irigaray, indem sie ihr ein Festhalten an den begrenzenden Kategorien des Patriarchalen vorwirft – es gehe um Herd und Heim, um Mütterlichkeit und Irrationalität.

> Everywhere you find references to nature and the mother, right down to the slogan: „rediscover respect for the mother and for nature." In fact, in her writing we find the three K's of Nazism, cooking with Hestia (Küche), children (Kinder) with the right to motherhood, and the church (Kirche) with leaden references to edifying (female) deities. The text thus is not very different from what the worst of men, and conservative women with them, have wanted for women ... (LeDoeuff, The Sex of Knowing, 65)

Zwar werden diese Kategorien von Irigaray mit positiven Vorzeichen versehen, es geht z.B. um Hestia als weibliche Gottheit, und scheinbar in einen Diskurs der Stärke umgewandelt, aber eine Befreiung oder wirksame Aufklärung der Kategorien, als das, was sie sind, fehlt: einengend, da sie die eine Seite der Ungleichheit konstituieren, sei diese nun negativ oder positiv konnotiert. Wir hören hier ein Echo auf Lordes Bemerkung, dass *nurture* im patriarchalen Diskurs nur mit Mütterlichkeit in Verbindung gebracht wird und Mütterlichkeit als einziger Zugang zur Repräsentation des Weiblichen als Macht.

Das Problem der Differenz als Konformität zeigt sich als Ausgangspunkt von LeDoeuffs Kritik an Irigaray. Die spöttische Frage: Wenn wir Frauen sprechen lassen, worüber sollten sie sprechen, was könnten sie sagen? zeigt, dass eine Differenz zu affirmieren kann gerade als Konformität erscheinen kann, die der Meister voraussetzt: „Those (women) ... show as much by conforming to what a master is alleged to have thought about a difference that amounts to subordination. Into the requirement of difference slips that of aligning oneself with the will of the master." (LeDoeuff, ebenda) LeDoeuff vermutet, dass Frauen, die Irigaray in ihrer Nostalgie für Hestia und den beiden Heiligen Anne und Mary folgen, dies vor allem tun, weil sie befürchten müssen, keinen Platz in der professionellen Welt der de Beauvoirs zu ergattern und sich darum psychologisch schon einmal auf Heim und Herd einstellen, die sie mit Irigaray

---

104 Michele LeDoeuff, The Sex of Knowing, translated from the French by Kathryn Hamer and Lorraine Code, Routledge: London, 2003.

positiv aufwerten können. In der ersten Welle des modernen Feminismus ging es zunächst um das Etablieren der Einsicht, dass Frauen nicht weniger kapabel seien als Denkerinnen. Auf philosophischer Ausbildung und Argumenten zu bestehen ist, in LeDoeuffs Sinn, die beste Strategie, um den Fluch des „Willens des Meisters" zu brechen.

Der dialektische Funken, der zwischen Lorde und LeDoeuff schlägt, entzündet sich an der unterschiedlichen Bewertung der „Werkzeuge des Meisters" und der Frage nach einer möglichen Veränderung der Verhältnisse: Ist das rationale Argument ein Werkzeug des krassen Reformismus, oder ein Werkzeug zur Selbstbefreiung? LeDoeuff beschäftigt sich in ihren geschichtsphilosophischen Auseinandersetzung mit dem philosophischen Kanon vor allem mit dem Problem der Konformität, als deren Theoretikerin Irigaray negativ benannt wird: Die getreuliche Wiedergabe der Lehre (das *Nomophatische* an den Texten) durch die weiblichen Autorinnen der Schule von Pythagoras, deren Verschwinden aus dem Kanon LeDoeuff nachzeichnet, wird z.B. nicht als Expertise ausgelegt, sondern als Konformität mit dem Meister: „the nomophatic of these texts is certainly good, these women surely were their master's voice and were thus real women." (LeDoeuff, The Sex of Knowing, 64) Teilnahme am Diskurs, Kanonizität und Expertise reichen ironischer Weise noch nicht aus, um Gehör zu finden. Lorde verweist auf das Fehlen der Perspektive unterschiedlicher Erfahrungen von Unterdrückung, auf das besondere Leiden am Zusammenkommen verschiedener Formen der Unterdrückung, etwa von Rassismus, Homophobie, Xenophobie, Misogynie, Ageismus, Klassismus, Islamophobie, und weiteren möglichen Formen der Diskriminierung. Diese Kritik muss gerade zusammen mit der starken Forderung nach Solidarität, die Lorde formuliert, gehört werden. Sie bildet den Anfang einer Überlegungen zur Geschichte der Philosophie in Auseinandersetzung mit dem Problem der Konformität, das LeDoeuff beschreibt.

13.3 Oikos und Polis

> This is your country, this is your world, this is your body, and you must find some way to live within the all of it. (Ta Nehisi Coates, Between the World and Me)[105]

Ta Nehisi Coates Appell, dass ‚man einen Weg finden muss, in all dem zu leben' richtet er an seinen jugendlichen Sohn, der die Welt und ihre (unvollkommene, unmögliche) Ordnung erben wird, wenn er überhaupt eine Welt haben soll. Metaphysik trägt hier also zur Debatte über eine mögliche und nachhaltige

---

105 Ta Nehisi Coates, Between the World and Me, Spiegel & Grau: New York, 2015.

Zukunft der Menschheit bei, die nicht nur das Politische, sondern vor allem auch die Grenzen des Handelns ‚in die Natur' thematisiert, indem der Handlungsbegriff neu verhandelt wird.

Etymologisch gesehen steht das *Ökologische* selbst im Widerspruch zum *Politischen* und ist in eine kosmologische Perspektive eingebettet. *Oikos* ist der Herd für das Opfer an die Götter; dann auch: der Ort der eigenen Behausung, der Wohnort. Im antiken Griechenland, wo der Begriff geprägt wurde, umfasste er auch das gesamte Eigentum (Immobilien und Mobiliar, Länderein) des Hauses sowie alle die dort lebenden Menschen – der Besitzer des Oikos, seine Frau, seine Kinder, seine Sklaven. Was es einem (dem Mann) ermöglicht, an der repräsentativen Arbeit der Polis teilzunehmen, ist ein ausreichend gut ausgestatteter Oikos, der Einkommen und Kontinuität garantierte. Sobald sie volljährig waren, wurden die männlichen Kinder des Bürgers selbst zu *homonoi*, Gleichberechtigten, die an der geordneten Machtübergabe in der neu etablierten demokratischen Regierungsform teilnehmen konnten. Der Kreis symbolisiert diese Regierungsform, bei der alle den gleichen Abstand zum Machtzentrum haben und das Gleichgewicht durch ein Rotationssystem entlang der Positionen auf der Kreislinie aufrechterhalten wird. Diese Regierungsform ist selbst eine Art, die Form des Kreises im Kosmos widerzuspiegeln; die Ordnung dieser Einheit wird so in der menschlichen Gesellschaft widergespiegelt und verwirklicht.

Eine Möglichkeit, das ursprüngliche Projekt der Philosophie als Disziplin zu verstehen, besteht darin, die folgende Prämisse ernst zu nehmen: Die Ordnung des Kosmos ist ewig und die Einsicht in seine Formen ermöglicht es der Philosophie (zu der derzeit alle Wissenschaften gehören), ihre Arbeit zu erledigen. Die Metaphysik zum Beispiel ist eine Spezialistin für Begrifflichkeit; sie erklärt die Vermittlung von Form und Materie (oder: wie die Form im Material verwirklicht wird), indem sie die (sprachliche) Darstellung kosmischer Ordnung im menschlichen Bereich analysiert. Die Beziehung des Materials und seiner formgebenden Ideen wird jedoch dadurch erschwert, dass ihre Beziehung das Potenzial bestimmt (ermöglicht, einschränkt).

Wir haben bereits über den Oikos negativ als das „Haus des Meisters" bei Lorde gesprochen und ihre Aussage gehört, dass nur eine Gemeinschaft *außerhalb* des Meisters Haus die nötigen Ressourcen für echte Gemeinsamkeit durch gelebte Differenz aufbringen kann. Das hier zu thematisierende Problem dieser Auffassung ist, dass damit auch mitgemeint sein kann, dass jedwede Teilnahme am Kanon entweder willentlich oder unwissend zur Befestigung des Hauses des Meisters als Metapher für Strukturen der Ungleichheit beiträgt. Wir stünden nackt und verblendet vor der Wahrheit, dass es keine Möglichkeit des Ausgangs aus der selbst- oder fremdverschuldeten Unmündigkeit gibt, wenigstens nicht innerhalb der Sprache, sondern vielleicht nur in einer außersprachlichen Verzweiflungstat, die selbst unverstanden bleiben und selbstzerstörerisch sein wird. Selbstzerstörerisch nicht nur, weil eine solche Tat immer gewaltsam sein muss, weil sie Zustimmung ausschließt, sondern durch die Selbstenthebung, die das Ausscheiden aus erzählbarer Bedeutung selbst bedeutet. Ein möglicher Weg ist der ins Paradox: Wenn wir das Haus des Meisters als einen Nicht-Ort beschreiben, dann können wir uns auch an seiner Statt einen alternativen z.B. kontrafaktisch zukünftigen Nicht-Ort vorstellen. Es geht aber eben nicht um das Jenseits, sondern um die Verwaltung unserer Posten im Diesseits, wie Kant uns nahelegt. Insofern ist der Nicht-Ort logisch nur eine Art Messlatte für unser Sprechen in einer konkreten realen Gemeinschaft.

Halten wir uns die Aufgaben vor Augen, denen sich die Philosophie heute, vielleicht mit Hilfe einiger der Ideen, die in diesem Versuch zu einer kritischen Sozialontologie angedacht wurden, stellen sollte: Die Schlüsselfragen nach Gleichheit, sozialem Zusammenhalt und Solidarität, die heute meine Aufmerksamkeit erfordern, vor allem mit Blick auf die soziale Welt und ihre Ontologie, die in der feministischen Kritik als Lacunae der Disziplin angesprochen werden, können umfassend als ‚ökologische Belange' verstanden werden. Beispielsweise kann das Streben nach globaler Gerechtigkeit als wirtschaftliche Gleichheit von Nord nach Süd heute als Anliegen der ‚Klimagerechtigkeit' geäußert und verstanden werden. Einige wichtige Anliegen, wie der Klimastabilität und Ernährungssicherheit, aber vor allem auch die Beendigung neuer Kriege und die Abrüstung, fallen ebenfalls in diese Kategorie. Sie alle bedrohen den Fortbestand ‚unseres Oikos'. Angesichts dieser weitreichenden ‚ökologischen Bedrohungen', gegen die wir einen Oikos als Wohnstatt für uns und unsere Kinder aufrechterhalten müssen, sind wir uns über die dringende Notwendigkeit weiterer Bemühungen in der Philosophie einig.

Es geht also einerseits um eine disziplinäre Befragung: Was kann die Philosophie beitragen?, die zugleich die Frage mit feministischem Anliegen beantworten hilft: Welche Leben zählen? Whose lives matter?, Sie deutet an, bei der Lösung welcher Probleme die Philosophie helfen soll. Formulierbar wird eine Lösung als Forderung der Solidarität und Beschäftigung mit den möglichen menschlichen Handlungsrahmen, wo es um die gerechte Ordnung der gegenwärtigen Gesellschaften der Welt und die Tragbarkeit dieser Ordnung in Zukunft geht. Die Leben von heutigen und zukünftigen *homonoi*, also Gleichen als Gleichberechtigten, zählen. Homonoi sind gleich im Sinne ihres deontischen Zugangs zur Zukunft der Bedeutung, also darin, dass sie gleichermaßen Rechte und Pflichten haben, die Ordnung handelnd zu gestalten. Sie sind gleichberechtigt zur Möglichkeit in einem Raum des Handelns zu erscheinen und damit die menschliche Bestimmung nach Arendt auszuleben. Die Sorge um diesen Raum beinhaltet die Fürsorge für das nicht-menschliche Leben in einer so gemeinsam gestalteten Wirklichkeit und das Zusammenfügen der Wirklichkeiten zu einer Welt, die lebensmöglich ist und bleibt.

Anders gefragt: Wo liegt das schaffende Potential der Philosophie? Es liegt darin, Gemeinschaft zu denken, die den Waffenstillstand zwischen der Unterdrückung und ihren Subjekten aufhebt und ersetzt durch ein auf die Zukunft hin orientiertes Mitsein, nicht unter dem Dach des Herren, sondern im Offenen der Unabgeschlossenheit der Bedeutung, kontrafaktisch, ideal gedacht. Das Bemühen um ‚Eudaimonia', d.i. um ein gelingendes und glückliches Leben, ist nicht – wie Lebenshilfen uns heute glauben machen – eine persönliche Leistung oder auch nur abhängig von einer persönlichen Haltung, sondern ist ein gemeinsames gesellschaftliches Unterfangen. Wir sollten also nicht jeder nach dem größtmöglichen Glück streben (Adam Smith schreibt hierzu seine ‚Theory of Moral Sentiments'), sondern müssen die uns umgebende und von uns mit-konstituierte Gesellschaftlichkeit als gemeinsam konstituierte Ermöglichungsstruktur begreifen.

Epilog

> An Stelle von Heimat / Halte ich die Verwandlungen der Welt.
>
> (Nelly Sachs, 1962)[106]

Der Philosoph, der auf dem Marktplatz angeklagt steht, weil er die Jugend verführt, weist auf seine Pflicht zur Sorge für die von ihm übernommene Aufgabe hin. Er, Sokrates, ist es doch, der ohne Ansehen der Folgen die Sache der Wahrheit besorge. Die anderen, seine Ankläger, haben eitle Interessen, wägen die Folgen für sich. Er schaue nicht auf sich, sondern auf die Wahrheit. So ähnlich verteidigen sich die ‚Philosophinnen' gegen die Anklage der Konvention, der sie ihre Sorge für die wichtigeren Belange der Welt entgegenhalten. Aus dieser Wertung dessen, um was wir uns als Philosophinnen zu sorgen haben, lässt sich ein rechtes Maß erkennen: Der ‚Blick zu den Sternen', das, was wir Theorietun nennen könnten, ist es, was sich mit den Belangen der Welt beschäftigt und selbstlos Sorge dafür trägt.

Privatheit und Einsamkeit sind die beiden Zustände, die wir, sobald wir sie sprachlich fassen, nur als performatives Paradox formulieren können. Wer spricht, der ist nie nur bei sich. Nach Arendt ist das Private ein Zustand des Mangels, in dem mir etwas fehlt, das mir genommen wurde – *privare* bedeutet ‚berauben': Mir fehlt der Erscheinungsraum der Polis, in dem die Gleichen im Wechsel zur Repräsentation kommen und Gehör finden. Die Verherrlichung des Nur-bei-sich-Sein ist ein Symptom des Sprachschrecks. Zum Sprachschreck führt uns aber noch ein weiterer Zustand: der Zustand des Weltverlustes. Der Weltverlust, sei es durch aktives Entsagen, sei es als erlittenes Widerfahrnis, macht uns sprachlos. Die vielen Heimatlosen, die auf den Booten, die wir Privilegierte so gern von unseren Häfen fernhalten möchten, ankommen, sind so sprachlos, dass die aus ihrem Schicksal resultierenden psychischen Probleme *Odysseus-Syndrom* genannt werden. Es äußert sich unter anderem in Migräne, Schlaflosigkeit, Anspannung, in Angstzuständen, Erschöpfung, Desorientierung, und Antriebsarmut. So leidet der, der an Entfremdung leidet. Weltverlust einerseits, Entfremdung andererseits, passiert denen, denen eine Welt endet, ohne dass oder bevor sie in einer anderen Welt eine Heimat finden. Brown beschreibt diesen Zustand als Nihilismus.

Die *Heimat* aber ist kein Ort, sondern das positive Aufgehobensein in Bedeutung, die uns relational mit anderen und in der Zeit mit Vergangenem

---

106 Die letzten beiden Zeilen des Gedichts ‚In der Flucht', in: Nelly Sachs, Gedichte, hg. von Hilde Domin. Frankfurt am Main 1977, 73.

und Zukünftigem verbindet. Die Sprache ist der ‚Nicht-Ort' dieses Aufgehobenseins. Wenn wir anfangs die Dreistelligkeit der Bedeutungsrelation rekonstruierten: Bezeichnetes Reales, Zeichen-Interpret, Zeichen; oder: Welt, Geist, Sprache; so gehen uns mit der einen Koordinate auch die anderen beiden verloren. Wer Sprache verliert, hat keine Welt mehr und damit auch nichts mehr zu interpretieren; wer Welt verliert, braucht keine Sprache, hört auf, Subjekt zu sein. Wer kein Subjekt mehr ist, hat weder Sprache noch Welt. Das unaufhörliche Wiederholen des Gegenwärtigen, die Gleichzeitigkeit aller Erinnerungen und Ereignisse, die Leere des Moments, sind die Merkmale des Traumas. Das Hier, Jetzt, Ich ist eingebettet in den logischen Kontext der Bedeutung, durch den wir wissen, dass die Koordinaten, die indexikalisch jetzt, hier meinen Standpunkt bezeichnen, im nächsten Moment, der früher oder später oder gleichzeitig, hier oder anderswo, einen anderen Standpunkt bezeichnen wird, und dass beide (oder alle) Standpunkte für die Konstitution von Bedeutung logisch nicht nur gleichwichtig werden, sondern konstitutiv sind. Das U-topische der Sprache wird ausgedrückt in dieser Offenheit der Standpunkte auf eine Zukunft hin, als ihre Unabgeschlossenheit.

Um uns nicht in einer leeren Gegenwart wiederzufinden, müssen wir auf der Permanenz der Bedeutung bestehen. Denken wir etwa an Husserls Ablehnung des neuzeitlichen Objektivismus, der Wissenschaft ohne Bezug auf Lebenswelt durchführt. Diese Ablehnung weist zugleich zurück auf das Versprechen eines Lebens aus der Vernunft heraus, mit dem die Philosophie antritt. Die *Sorge um* Bedeutungspermanenz ist ein diesem Leben aus der Vernunft heraus gewidmetes Unterfangen; sie ist nicht nur in einem grammatischen Sinn vernünftig, indem sie den Bedeutungen eingeschrieben ist; noch in einem auf die Subjektposition transzendental-pragmatischen beschränkten Sinn, wie Apel beschreibt, sondern auch in einem kritischen Sinn, der die *Sorge für* die Bedeutungen als eine Verpflichtung auf lebensweltlich-nachhaltige Handlungsnormen meint.

Die Aktivistinnen unter den Feministinnen, aber *auch* die Theoretikerinnen unter ihnen, fragen nach den wirklichen Belangen derer, die zu jeder Zeit, die mit ironischer Performanz, mit instrumentellem Egoismus und mit unaufrichtigem Glauben an eine exklusive Sprechergemeinschaft gefüllt ist, leiden. Für das Theoretun genügt nicht das ‚leidenschaftliche Herz', das z.B. die Philosophen im Sprachschreck verbindet, also das aufrichtige Bemühen, sondern es bedarf vor allem der Verpflichtung auf das Ideal einer realen und zukünftigen Sprechergemeinschaft, auf den Ort des *Mitseins in der Sprache*.

Erscheinen ist traditionell ein negativ besetzter Besitz, der das bloß Erscheinende z.B. einer Repräsentation mit dem ‚Wahren', ‚Gegebenen' z.B. einer ewigen Idee kontrastiert. Das Abbild ist immer weniger wert als der

Gegenstand, den es abbildet, wenn wir in der Währung des Seienden denken. Das Abbild hat immer weniger Sein, denn es erhält sein Sein ja durch die Nachahmung des Echten. Die Nachahmung und die Ähnlichkeit sind aber die Grundbedingungen von Sprechen und Verstehen. Indem wir als Sprachlerner andere Sprecher imitieren, können wir Sprache erwerben: Indem wir über ein Verstehen von Ähnlichkeit von uns wahrgenommene Worte als einen Begriff wiedererkennen, verstehen wir diesen über die Ähnlichkeitsbeziehung als Sammelbegriff für das in der Wirklichkeit uns in individueller Vielfalt Begegnende. Erscheinen soll hier und in diesem Kontext des Bedeutens also nicht auf das Abbildende einer Erscheinung hinweisen, welches von pragmatischen Bedeutungstheorien bereits im Verständnis des Sprechens und Zuhörens als ‚Tun' gekennzeichnet wurde, und das in einem zweiten Schritt die diachrone und im Kollektiv stattfindende Ausbreitung dieser zunächst dialogischen Verstehenspraxis erklärt und damit die wichtigste Praxisform der Wirklichkeitskonstitution beschreibt. Erscheinen bezeichnet stattdessen das mögliche Erscheinen der Person im Raum der Bedeutungen. Dieses Erscheinen als Bedeutung wird ermöglicht durch die Teilnahme einer neuen Person an der Sprechergemeinschaft. In dieser Teilnahme ermöglicht sich ihre Geburt.

Bibliographie

Adorno, Theodor W., Zur Metakritik der Erkenntnistheorie – Studien über Husserl und die phänomenologischen Antinomien, Suhrkamp: Frankfurt am Main, 1990.

Adorno, Theodor W., Metaphysik – Begriff und Probleme <1965>, Suhrkamp: Frankfurt am Main, 2006.

Adorno, Theodor W., Horkheimer, Max, Dialektik der Aufklärung – Philosophische Fragmente, Querido Verlag: Amsterdam, 1947.

Altman, William H.F., *Leo Strauss on ‚German Nihilism': Learning the Art of Writing*, Journal of the History of Ideas, Vol. 68, No. 4 (Oct., 2007), 587–612.

Apel, Karl-Otto, Paradigmen der Ersten Philosophie, Suhrkamp: Berlin, 2011.

Apel, Karl-Otto, Wittgenstein und das Problem des hermeneutischen Verstehens, Zeitschrift fuer Theologie und Kirche, Vol. 63, No. 1, 1966, 49–87.

Arendt, Hannah, The Human Condition, University of Chicago Press: Chicago, 1958.

Assmann, Aleida, Formen des Vergessens, Wallstein Verlag: Göttingen, 2016.

Assmann, Aleida, *Hofmannsthals Chandos-Brief und die Hieroglyphen der Moderne*, in: Hofmannsthal Jahrbuch, 2003, 267–279.

Ásta, Categories We Live By – The Construction of Sex, Gender, Race and Other Social Categories, OUP: Oxford, 2018.

Ásta, To Do Metaphysics as a Feminist, Fall 2017 APA Newsletter on Feminism and Philosophy, 2017, 1–9.

Bargu, Banu, Bottici, Chiara (Hrsg.), Feminism, Capitalism, and Critique – Essays in Honor of Nancy Fraser, Palgrave Macmillan: London, 2017.

Benhabib, Seyla, Butler, Judith, Cornell, Drucilla, Fraser, Nancy, Feminist Contentions – A Philosophical Exchange (Introduction by Linda Nicholson), Routledge: New York, 1995.

Bränmark, Johan, Contested Institutional Facts, Erkenntnis 84 (5): 2019, 1047–1064.

Brown, Wendy, Nihilistic Times – Thinking with Max Weber, The Belknap Press of Harvard University Press: Cambridge, MA, 2023.

Burkart, Judith, Sehner, Sandro, Cumulative culture – the result of our double legacy as cooperatively breeding apes? Zeitschrift für Entwicklungspsychologie und Pädagogische Psychologie, 2023.

Burman, Åsa, Nonideal Social Ontology – The Power View, OUP: Oxford, 2023.

Butler, Judith, Who is Afraid of Gender? Farrar, Straus & Giroux: New York, 2024.

Carr, David, Interpreting Husserl – Critical and Comparative Studies, Martinus Nijhoff Publishers: Dordrecht, 1987.

Cavallaro, Dani, French Feminist Theory – An Introduction, Continuum: London, New York, 2003.

Cavarero, Adriana, Nonostante Platone, Editori Riuniti: Roma, 1990. Zitiert nach: Platon zum Trotz, Rotbuch Verlag: Berlin, 1992.

Coates, Ta Nehisi, Between the World an Me, Spiegel & Grau: New York, 2015.

Dreyfus, Hubert, James H. Broderick, Curds and Lions in *Don Quijote* – A Study of Chapter 17, Book II, Modern Language Quarterly, Vol. 18, Issue 2, 100–106.

Dreyfus, Stuart E., Dreyfus, Hubert L., A five-stage model of the mental activities involved in directed skill acquisition, UCBerkeley Operations Research Center: Berkeley, 1980.

Dreyfus, Hubert, Kelly, Sean Dorrance, All Things Shining – Reading the Western Classics to find Meaning in a Secular Age, Free Press: New York, 2011.

Dreyfus, Hubert L., Taylor, Charles, Retrieving Realism, Harvard University Press: Cambridge MA, 2015.

Elam, Michele, *Poetry Will Not Optimize; or, What Is Literature to AI?*, American Literature (2023) 95 (2): 281–303.

Ferguson, Ann, Nagel, Mechthild (Hrsg.), Dancing with Iris – The Philosophy of Iris Marion Young, OUP: Oxford, 2009.

Fischer, Joachim, *Max Scheler: „Zur Idee des Menschen" 1914 und „Die Stellung des Menschen im Kosmos" 1928 – Philosophische Anthropologie als Challenge und Response*, Jahrbuch für interdisziplinäre Anthropologie, 2/2014, 253–278.

Fisher, Linda, Embree, Lester (Hrsg.), Feminist Phenomenology, Kluwer Academic Publisher: Dordrecht, 2000.

Fletcher, Jade, *Canberra Planning for Gender Kinds*, Journal of Social Ontology 9 (1), 2023, 1–25.

Fraser, Nancy, Fortunes of Feminism: From State-Managed Capitalism to Neoliberal Crisis, Verso: London, New York, 2013.

Frege, Gottlob, Über Sinn und Bedeutung, Zeitschrift für Philosophie und philosophische Kritik, NF 100, 1892, 25–50.

Gadamer, Hans-Georg, Wahrheit und Methode – Grundzüge einer philosophischen Hermeneutik, 2. Auflage, Mohr Siebeck: Tübingen, 1965.

Gabriel, Gottfried, Zwischen Logik und Literatur. Erkenntnisformen von Dichtung, Philosophie und Wissenschaft, Springer: Stuttgart 1991.

Goethe, Johan Wolfgang von, Der Zauberlehrling < 1797 >, in: Goethes Werke. Gedichte und Epen I. Hamburger Ausgabe, Band I. C.H. Beck: München, 1998, 276–279.

Habermas, Jürgen, Rationalitäts-und Sprachtheorie, Suhrkamp: Frankfurt am Main, 2009.

Habermas, Jürgen, Nachmetaphysisches Denken II, Suhrkamp Verlag: Berlin, 2012,

Hanisch, Carol, *The Personal is Political*, in: Shulamite Firestone, Anne Koedt (Hrsg.), Notes from the Second Yea: Women's Liberation, 1970.

Haraway, Donna, Simians, Cyborgs and Women: The Reinvention of Nature, Routledge: New York, 1991.

Harcourt, Wendy (Hrsg.), Feminist Perspectives on Sustainable Development, Zen Books: London, 1994.

Harman, Graham, Object-Oriented Ontology: A New Theory of Everything, Pelican Books: London, 2018.

Haslanger, Sally, *Race, Gender – What Are They? What Do We Want Them to Be?*, Noûs 34 (1): 2000, 31–55.

Hay, Carol, Think Like a Feminist – The Philosophy behind the Revolution, W. W. Norton: New York, 2020.

Hay, Carol, Kantianism, Liberalism, and Feminism – Resisting Oppression, Palgrave Macmillan: London 2013.

Hermand, Jost, Kiefer, Anselm: Hoffmann von Fallersleben. Die Etsch (1977), in: Jost Hermand, Politische Denkbilder. Von Caspar David Friedrich bis Neo Rauch, Böhlau: Köln, Weimar, Wien, 2011, 33–244.

Hofmannsthal, Hugo von, Ein Brief, in: Die prosaischen Schriften. Band 1, S. Fischer: Berlin 1907, 53–76.

Holland, Nancy, Is Women' Philosophy Possible?, Rowman / Littlefield: Savage, 1990.

Husserl, Edmund, Cartesianische Meditationen und Pariser Vorträge, Martinus Nijhoff: Den Haag, 1950.

Husserl, Edmund, Die Krisis der europäischen Wissenschaften, Husserliana. Edmund Husserl, Gesammelte Werke, Band VI, hrsg. Biemel, Walter, Martinus Nijhoff Publishers: Den Haag, 1956; zitiert nach: Meiner: Hamburg, 2012.

Iser, Wolfgang, Das Fiktive und das Imaginäre – Perspektiven literarischer Anthropologie, Suhrkamp: Frankfurt am Main, 1993.

Jaeggi, Rahel, Forschritt und Regression, Suhrkamp: Berlin, 2023.

Jenkins, Katharine, Ontic Injustice, Journal of the American Philosophical Association 6(2), 188–205, 2020.

Kant, Immanuel, Träume eines Geistersehers erläutert durch die Träume der Metaphysik, <1776>, Meiner Verlag: Hamburg, 2022.

Kant, Immanuel, Was ist Aufklärung? Berlinische Monatsschrift, 1784, H. 12, 481–494.

Kern, Iso, Husserl und Kant – eine Untersuchung über Husserls Verhältnis zu Kant und zum Neukantianismus, Martinus Nijhoff: Den Haag, 1964.

Kobow, Beatrice, Der Sprung in die Sprache oder Denken als-ob, mentis: Paderborn, 2019.

Kobow, Beatrice, *The Erotic and the Eternal*, Conatus No. 6, Vol. 6, No.2, 2021, 213–236.

Kobow, Beatrice und Wedman, Sava, Weltbezug und Zeitlichkeit, in: Analytische Explikationen & Interventionen, mentis/Brill: Leiden, 2021.

Kolakowski, Leszek, Husserl and the Search for Certitude, Yale University Press: New Haven, London, 1975.

Kolman, Vojtech, *Wittgenstein and Die Meistersinger – The Aesthetic Road to a Sceptical Solution of the Sceptical Paradox*, Estetika: The European Journal of Aesthetics 57 (1):44–63.

Kondylis, Panajotis, Das Politische und der Mensch – Grundzüge der Sozialontologie, Band 1, aus dem Nachlass herausgegeben von Falk Horst, Akademie Verlag: Berlin, 1999.

Kramer, Matthew, Critical Legal Theory and the Challenge of Feminism: A Philosophical Reconception, Rowman & Littlefield: Lanham, 1994.

Latour, Bruno, Facing Gaia – Eight Lectures on the New Climatic Regime, Polity Press: New York, 2017.

LeDoeuff, Michèle, Hipparchia's Choice – An Essay Concerning Women, Philosophy, etc., translated by Trista Selous, Blackwell: Oxford, 1991. (Original: L'Etude et le rouet, Les Editions Du Seuil: Paris, 1989.)

LeDoeuff, Michèle, The Sex of Knowing, translated by Kathryn Hamer and Lorraine Code, Routledge: New York, London, 2003. (Original: Le Sexe du savoir, Aubier: Paris, 1998.)

LeDoeuff, Michèle, Anderson, Pamela Sue (Hrsg.), In Dialogue with Michèle Le Doeuff, Bloomsbury: London, 2023.

Lem, Stanislav, Kongres futurologiczny – The Futurological Congress, Seabury Press / HarperOne: San Francisco, 1971

Lloyd, Genevieve, Feminism and History of Philosophy, Oxford Readings in Feminism, OUP: Oxford, 2002.

Lorde, Audre, Sister Outsider: Essays & Speeches, The Crossing Press: Berkeley, 1984 / 2007.

Lovelock, John, Gaia – A New Look at Life on Earth <1978> with a new preface, OUP: Oxford, 2016.

Marmor, Andrei, Foundations of Institutional Reality, OUP: Oxford, 2022.

Martin Alcoff, Linda, Feder Kittay, Eva (Hrsg.), The Blackwell Guide to Feminist Philosophy, Blackwell Publishing: Oxford, 2007.

Fritz Mauthner, Erinnerungen, Müller: München, 1918.

Meggle, Georg, Kommunikation, Bedeutung, Implikatur – Eine Skizze, in: Meggle (Hrsg.), Handlung, Kommunikation, Bedeutung, Suhrkamp: Frankfurt am Main, 1993.

Mills, Charles, Kant's Untermenschen, in: Valls, Andrew (Hrsg.), Race and Racism in Modern Philosophy, Cornell University Press: Ithaca, 2005, S. 169–193.

Mohanty, J.N., Husserl and Frege, Indiana University Press: Bloomington: 1982.

Nagl-Docekal, Herta, Innere Freiheit – Grenzen der nachmetaphysischen Moralkonzeptionen, 2014, de Gruyter: Berlin, 2014.

Nagl-Docekal, Herta, Why Kant's ‚Ethical State' Might Prove Instrumental in Challenging Current Social Pathologies" in: Kantian Journal, 2021, Vol. 40, No. 4, 156–186.

Nagl-Docekal, Herta, Klinger, Cornelia, Continental Philosophy in Feminist Perspective – Rereading the Canon in German, The Pennsylvania State University Press: Pennsylvania, 2000.

Nietzsche, Friedrich, Sämtliche Werke, Kritische Studienausgabe, KSA, in 15 Bänden, hg. von Giorgio Colli und Mazzino Montinari. dtv: München, 1980.
Platon: Symposium, herausgegeben von Franz Boll, Wolfgang Buchwald, 8., aktualisierte Auflage, Artemis, München/Zürich 1989.
Price, Huw, *Truth as Useful Friction*, The Journal of Philosophy, Apr., 2003, Vol. 100, No. 4 (Apr., 2003), 167–190.
Psarros, Nikolaos, The Ontology of Time – A Phenomenological Approach, in: Burckhardt, Hans, Gerogiorgakis, Stamatios (Hrsg.), Time and Tense, Philosophia Verlag: München 2015, 383–428.
Quine, W.O., *Two Dogmas of Empiricism*, The Philosophical Review, 60 (1) 20–43.
Sachs, Nelly, Gedichte, herausgegeben von Hilde Domin. Suhrkamp: Frankfurt am Main, 1977.
Sartre, Jean-Paul, L'être et le néant. Essai d'ontologie phénoménologique, <1943>, dt.: Das Sein und das Nichts. Rowohlt: Hamburg, 1993.
Scheler, Max, Die Stellung des Menschen im Kosmos, <1928>, Meiner: Hamburg, 2018.
Schmid, Bernhard, We Together – The Social Ontology of Us, OUP: Oxford, 2023.
Searle, John, Rationality in Action, Bratford Books: Bradford, 2001.
Searle, John, Construction of Social Reality, Free Press: New York, 1995.
Sloterdijk, Peter, Regeln für den Menschenpark, Suhrkamp: Frankfurt am Main, 1999,
Songe-Møller, Vigdis, Philosophy without Women – The Birth of Sexism in Western Thought, Continuum: London, 2002.
Stekeler, Pirmin und Georg Friedrich Hegel, Hegels Phänomenologie des Geistes. Ein dialogischer Kommentar, Meiner: Hamburg, 2014.
Strauss, Leo, The Rebirth of Classical Political Rationalism – Essays and Lectures by Leo Strauss, selected and introduced by Thomas L. Pangle, The University of Chicago Press: Chicago, 1989.
Leo Strauss, *German Nihilism* <1941>, Interpretation, Vol. 26, No. 3, 1999, 355–378.
Tegtmeyer, Henning, *Metaphysik als Kritik. Anmerkungen zur Bedeutung einer missverstandenen Disziplin*, in: Gobsch, Wolfram, Held, Jonas, Orientierung durch Kritik. Essays zum philosophischen Werk Pirmin Stekeler-Weithofers, Felix Meiner: Hamburg, 2021, 59–76.
Tomkins, Calvin, *The Big Picture*, in: The New Yorker, 22.1.2001, 62–71.
Tuomela, Raimo, The Importance of Us: A Philosophical Study of Basic Social Notions. Stanford University Press: Stanford, 1995.
Tuomela, Raimo, The Philosophy of Social Practices: A Collective Acceptance View, Cambridge University Press: Cambridge. 2002.
Ueda, Shizuteru, Das absolute Nichts im Zen, bei Eckhart und bei Nietzsche, in: Ohashi (Hg.), Die Philosophie der Kyoto-Schule, Karl Alber: Baden-Baden, 2014.
Von Wright, Georg Henrik, Explanation and Understanding, Cornell University Press: Ithaca, 1971.

Von Wright, Georg Henrik, The Tree of Knowledge and Other Essays, Brill: Leiden, 1993.
Ward, Julie K. (Hrsg.), Feminism and Ancient Philosophy, Routledge: New York, London, 1996.
Weber, Max, Wirtschaft und Gesellschaft, <1921>, 5. Auflage, Mohr Siebeck: Tübingen, 1972.
Weingartner, Paul, *Wittgensteins Bedeutung von ‚Bedeutung' PU43*, in: Windholz, Sascha, Feigl, Walter (Hrsg.), Wissenschaftstheorie, Sprachkritik und Wittgenstein (in memoriam Elisabeth und Werner Leinfellner), ontos Verlag: Frankfurt, 2011, 209–228.
Wittgenstein, Ludwig, Philosophische Untersuchungen, Suhrkamp: Frankfurt am Main, 2003.
Wittgenstein, Ludwig, Über Gewissheit, Suhrkmamp: Frankfurt am Main, 1970.
Young, Iris Marion, Throwing Like a Girl, Human Studies (3), 1980, 137–156.